海外交流の窓

朝鮮国通信使之碑(対馬市)

アリラン祭り(対馬市)

原の辻遺跡船着き場跡ジオラマ(壱岐市)

南蛮船来航之地(南島原市)

旧長崎税関口之津支署庁舎(南島原市)

お掛け絵「洗礼者ヨハネ」
（カクレキリシタン信仰。平戸市）

お水取り（風止めの願立て）
（カクレキリシタン信仰。平戸市）

久賀島のキリシタン墓碑（五島市）

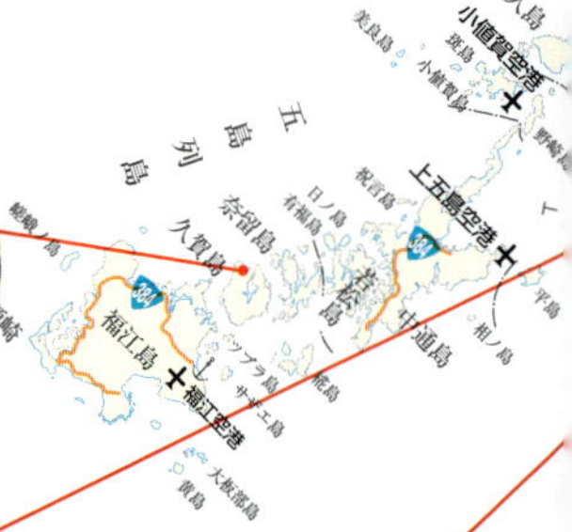

聖フランシスコ・ザビエル像と平戸殉教者顕彰慰霊之碑（平戸市）

キリスト教信仰復活之地（佐世保市）

信仰の世界

やくま祭り
（天道信仰。対馬市）

豆酘多久頭魂神社
（天道信仰との習合。対馬市）

中国盆会
（長崎市崇福寺）

精霊流し（長崎市）

{幕末維新期の肖像}

楠本端山（くすもとたんざん）
（儒者。平戸藩校維新館教授。佐世保市）

石井筆子（いしいふでこ）
（女性の社会参画と知的障害児教育に尽力。大村市）

上野彦馬（うえのひこま）
（写真術の先駆者。長崎市）

本木昌造（もときしょうぞう）
（和蘭通詞、近代活版印刷の先駆者。長崎市）

長岡半太郎（ながおかはんたろう）
（物理学者、原子構造の研究に寄与。大村市）

長与専斎（ながよせんさい）
（日本医事制度の基礎を確立。大村市）

楠本いね（くすもといね）
（シーボルトの娘、女医の草分け的存在。長崎市）

楠本正隆（くすもとまさたか）
（東京府知事、衆議院議長を歴任。大村市）

「百菓之図」と復元菓子（上：カスドース 下：花かすていら）（平戸市）

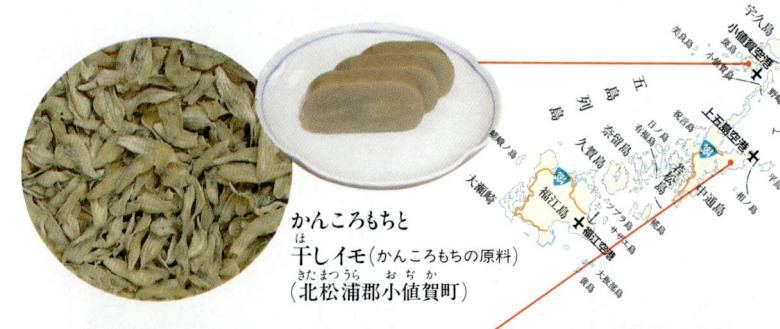

かんころもちと
干しイモ（かんころもちの原料）
（北松浦郡小値賀町）

五島手延べうどん（南松浦郡新上五島町）

卓袱料理（長崎市）

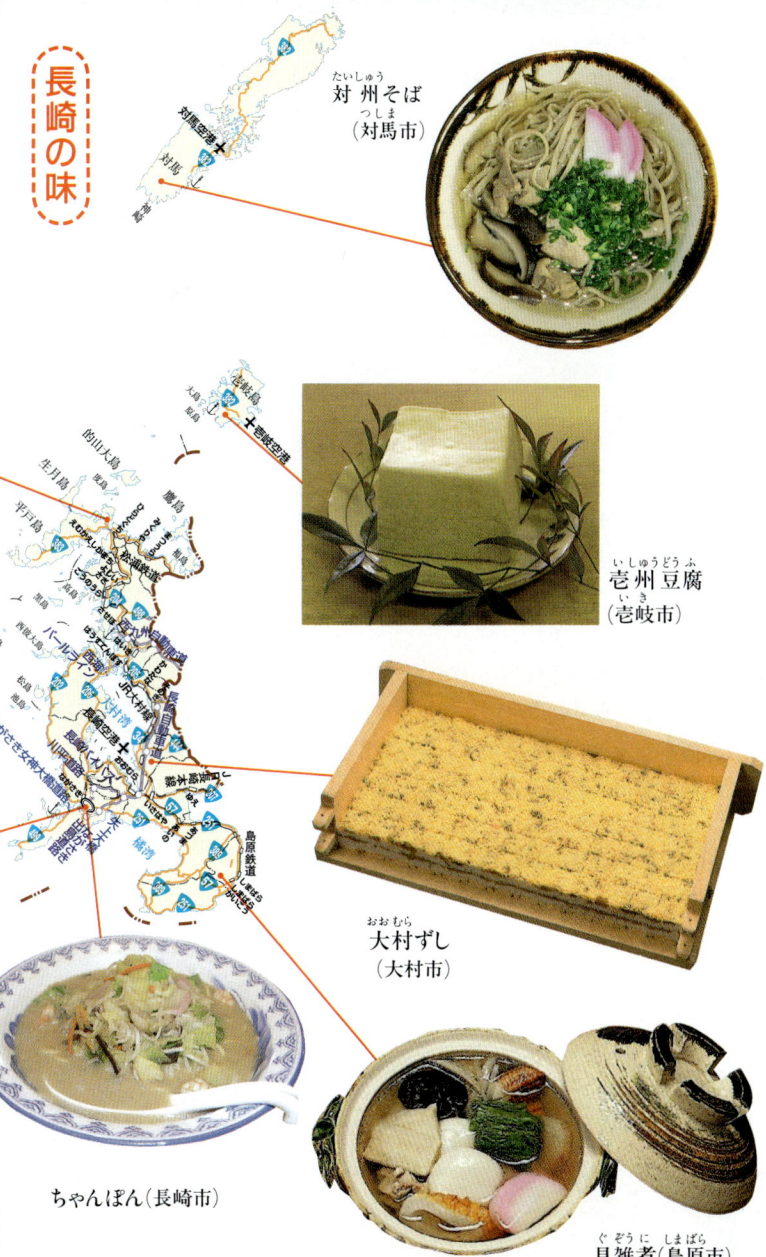

長崎の味

対州そば（対馬市）

壱州豆腐（壱岐市）

大村ずし（大村市）

ちゃんぽん（長崎市）

具雑煮（島原市）

もくじ　　赤字はコラム

異文化織りなす坂のまち

❶ 大波止通りから県庁坂へ ・・・・・・・・・・・・・・・・・・・・・・・・・・・・・・・・・・ 4
　長崎港／唐通事会所跡／キリシタンの長崎／新町活版所跡／ミゼリコルディア本部跡／医学伝習所跡／長崎奉行所西役所跡

❷ 西坂から諏訪神社・鳴滝まで ・・・・・・・・・・・・・・・・・・・・・・・・・・・・・・ 14
　日本二十六聖人殉教地／聖福寺／長崎奉行所立山役所跡／長崎県立長崎図書館と長崎公園／諏訪神社／長崎くんち／春徳寺／シーボルト宅跡（鳴滝塾）

❸ 出島商館跡から旧居留地へ ・・・・・・・・・・・・・・・・・・・・・・・・・・・・・・・・ 28
　出島和蘭商館跡／先覚者の群像／唐人屋敷跡／オランダ坂と東山手の洋館群／長崎貿易のながれ／大浦天主堂／ちゃんぽん／グラバー住宅と南山手の洋館群

❹ 眼鏡橋から寺町界隈 ・・・・・・・・・・・・・・・・・・・・・・・・・・・・・・・・・・・・・ 39
　眼鏡橋と石橋群／興福寺／亀山社中跡／崇福寺／寺町ぶらぶら／高島秋帆旧宅／花月

❺ 浦上川から祈りの丘へ ・・・・・・・・・・・・・・・・・・・・・・・・・・・・・・・・・・・・ 46
　聖徳寺／坂本国際外国人墓地／平和祈念像／浦上天主堂／如己堂／悟真寺／長崎造船所

❻ 長崎街道日見峠をこえて ・・・・・・・・・・・・・・・・・・・・・・・・・・・・・・・・・・ 54
　一瀬橋／芒塚句碑／長崎街道／矢上神社／本田家住宅

❼ 旧炭鉱の島々をのぞむ長崎半島の史跡 ・・・・・・・・・・・・・・・・・・・・・・ 63
　茂木街道／城下町深堀と旧炭鉱の島々／観音寺／権現山展望公園

❽ 西彼杵半島をめぐる ・・・・・・・・・・・・・・・・・・・・・・・・・・・・・・・・・・・・・ 69

長崎甚左衛門の墓／遠藤周作文学館／ド・ロ神父遺跡／横瀬浦(南蛮船来航の地)／ホゲットウ石鍋製作所跡

多良連山のふもと

❶ 県央の田園都市諫早 ······················· 78
諫早公園／天祐寺／慶巌寺／西郷の板碑／大雄寺の五百羅漢／千々石ミゲル夫妻の墓石／風観岳支石墓群／天初院／伊東静雄／和銅寺／長戸鬼塚古墳

❷ 琴湖のほとりの城下町大村 ··············· 87
大村市立史料館／玖島城跡／三城跡／旧円融寺庭園／旧武家屋敷群／五教館跡／本経寺／黒丸踊り

❸ キリシタン信仰の跡 ······················· 94
坂口館跡／放虎原斬罪所跡と郡崩れ／大村ずし／今富キリシタン墓碑／富の原遺跡／大村純忠

❹ 彼杵宿界隈の史跡 ························· 101
中岳古戦場／野岳湖／郡七山十坊／ひさご塚古墳／千綿の人形浄瑠璃／彼杵宿

❺ 虚空蔵山のふもと ························· 107
河良城跡(七浄寺跡)の永仁の五輪塔／キリシタン墓碑／特攻殉国の碑／陶磁器のワラ荷造り／肥前波佐見陶磁器窯跡

雲仙をのぞむ島原半島

❶ 雲仙と湧水の都島原 ・・・・・・・・・・・・・・・・・・・・・・・・・・・・・・・・・・・ 116

島原城跡と武家屋敷跡／白土湖周辺／漂流記『墨是可新話』／まだれいな銘キリシタン墓碑／「島原大変」と平成の大噴火／旧島原藩薬園跡／雲仙(雲仙天草国立公園)／「耳採」地名考／橘神社

❷ 南目(島原半島南部)の史跡 ・・・・・・・・・・・・・・・・・・・・・・・・・・・・ 127

山ノ寺梶木遺跡／有家のキリシタン墓碑／日野江城跡／原城跡／縄文の館／南蛮船来航の地／セミナリヨとコレジヨ／岩戸山樹叢／島原の乱

❸ 北目(島原半島北部)の史跡 ・・・・・・・・・・・・・・・・・・・・・・・・・・・・ 137

野井城跡／山田城跡／杉峰城跡／鶴亀(神代)城跡／高下古墳／結城城跡

松浦党跳梁の舞台

❶ 港町させぼ今昔 ・・・・・・・・・・・・・・・・・・・・・・・・・・・・・・・・・・・・・・・ 148

国際通り界隈／早岐瀬戸／井手平城跡／千年の街ハウステンボス／西海橋／浦頭引揚記念平和公園／やきものの町三川内／泉福寺洞窟／三川内焼の技法／岩下洞穴／飯盛城跡／黒島天主堂／佐世保と現代文学／東漸寺

❷ 平戸往還に沿う町並み ・・・・・・・・・・・・・・・・・・・・・・・・・・・・・・・・・ 164

東光寺山城跡／市ノ瀬窯跡／福井洞窟／直谷城跡／山下家の酒蔵・江迎本陣跡／大野台支石墓群／里田原遺跡／田平天主堂／庄野の六

もくじ

地蔵塔／松浦党梶谷城跡／元寇の舞台鷹島／本土最西端鉄道の歴史／捕鯨とカクレキリシタンの島生月

❸ 城下町 Firando の面影 ･････････････････････････････ 178
松浦史料博物館(御館)／平戸瀬戸(雷の瀬戸)／平戸和蘭商館跡／亀岡城跡／平戸神楽とジャンガラ念仏／最教寺／積徳堂跡／三浦按針之墓／教会と寺院群／鄭成功とその関係史跡／雄香寺／吉田松陰の平戸遊学／幸橋(オランダ橋)／中野窯跡／根獅子の浜／式内社志々伎神社跡

大陸とのかけ橋

❶ 玄界灘に浮かぶ「一支國」の島 ･･･････････････････ 200
壱岐郷土館／亀丘城跡／天手長男神社／触／黒崎砲台跡／壱岐風土記の丘／双六古墳／鬼の窟古墳・壱岐国分寺跡／勝本城跡／文永の役新城古戦場跡／安国寺／原の辻遺跡／壱州豆腐・壱岐焼酎／雪連宅満の墓／松永安左エ門

❷ 国境の島対馬 ･･･････････････････････････････････ 214
対馬歴史民俗資料館／万松院と旧金石城庭園／対馬／矢立山古墳と元寇古戦場／豆酘内院の石塔群／対馬の祭りと食文化／根曽古墳群／陶山訥庵と雨森芳洲／金田城跡／和多都美神社／木坂海神神社と山辺遺跡／対馬の動植物／志多留の古墳と貝塚／鰐浦と塔の首遺跡

❸ 黒潮に浮かぶ五島列島 ･････････････････････････ 231
石田城跡／五島の民俗芸能／六角井／大円寺と明星院／堂崎教会／バラモン凧／遣唐使船寄泊の地／大宝寺／山崎の石壘／嵯峨ノ島周辺の史跡／江上天主堂／中通島の史跡／鉄川与助／頭ヶ島教会／五島うどん(細麺の手延べうどん)／青砂ヶ浦天主堂／極楽寺／日島曲石塔群／小値賀島の史跡／小田家と小値賀の捕鯨／宇久島の史跡

あとがき／長崎県のあゆみ／地域の概観／文化財公開施設／無形民俗文化財／おもな祭り／有形民俗文化財／無形文化財／散歩便利帳／参考文献／年表／索引

もくじ

[本書の利用にあたって]

1. 散歩モデルコースで使われているおもな記号は，つぎのとおりです。

    ・・・・・・・・・・・・・電車　　　　　══════地下鉄

    ──────バス　　　　　∞∞∞∞∞∞車

    ----------徒歩　　　　　～～～～～～船

2. 本文で使われているおもな記号は，つぎのとおりです。

    🚶　徒歩　　　🚌　バス　　　P　駐車場あり

    🚗　車　　　　⚓　船　　　　✈　飛行機

    〈M▶P.○○〉は，地図の該当ページを示します。

3. 各項目の後ろにある丸数字は，章の地図上の丸数字に対応します。

4. 本文中のおもな文化財の区別は，つぎのとおりです。

    国指定重要文化財＝(国重文)，国指定史跡＝(国史跡)，国指定天然記念物＝(国天然)，国指定名勝＝(国名勝)，国指定重要有形民俗文化財・国指定重要無形民俗文化財＝(国民俗)，国登録有形文化財＝(国登録)

    都道府県もこれに準じています。

5. コラムのマークは，つぎのとおりです。

    泊　歴史的な宿　　　憩　名湯　　　　　食　飲む・食べる
    み　土産　　　　　　作　作る・体験する　伝　伝説
    祭　祭り　　　　　　行　民俗行事　　　　芸　民俗芸能
    人　人物　　　　　　産　伝統産業　　　　!!　そのほか

6. 本書掲載のデータは，2012年11月現在のものです。今後変更になる場合もありますので，事前にお確かめください。

Nagasaki 異文化織りなす坂のまち

寛文長崎図屏風(部分)

長崎ランタンフェスティバル

◎長崎散歩モデルコース

1. JR長崎本線長崎駅_5_唐通事会所跡_2_向井去来生誕地_2_長崎・東京間郵便線路開通起点の跡_3_新町活版所跡_1_ミゼリコルディア本部跡_1_医学伝習所跡_1_吉雄耕牛宅跡_1_長崎奉行所西役所跡_2_楢林鎮山宅跡_1_長崎奉行所西役所波止場跡_2_南蛮船来航の波止場跡_3_JR長崎駅

2. JR長崎駅_10_日本二十六聖人殉教地_15_聖福寺_10_諏訪神社（諏訪公園）_3_長崎歴史文化博物館_30_シーボルト宅跡_10_中川町電停_10_長崎駅

3. JR長崎駅_3_出島和蘭商館跡_6_唐人屋敷跡_5_大浦天主堂_2_孔子廟_5_大浦天主堂_7_グラバー住宅_7_大浦天主堂下電停_15_JR長崎駅

4. JR長崎駅_10_思案橋_6_崇福寺_7_松平頭家の墓_6_明曲峰_7

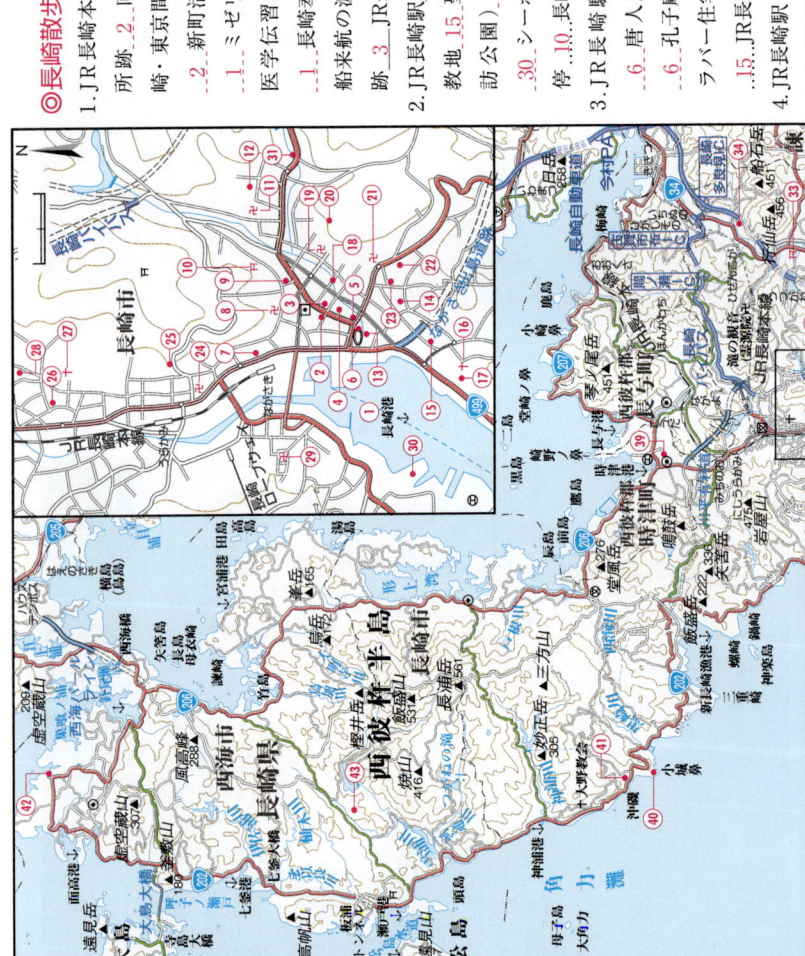

異文化織りなす坂のまち

長崎市

① 長崎港
② 唐通事会所跡
③ 新町活版所跡
④ ミゼリコルディアの本部跡
⑤ 医学伝習所跡
⑥ 長崎奉行所西役所跡
⑦ 日本二十六聖人殉教地
⑧ 聖福寺
⑨ 長崎奉行立山役所跡
⑩ 諏訪神社
⑪ 春徳寺
⑫ シーボルト宅跡（鳴滝塾）
⑬ 出島和蘭商館跡
⑭ 唐人屋敷跡
⑮ オランダ坂と東山手の洋館群
⑯ 大浦天主堂
⑰ グラバー住宅と南山手の洋館群
⑱ 眼鏡橋と石橋群
⑲ 興福寺
⑳ 亀山社中跡
㉑ 崇福寺
㉒ 高島秋帆旧宅
㉓ 花月
㉔ 聖徳寺
㉕ 坂本国際外国人墓地
㉖ 平和祈念像
㉗ 浦上天主堂
㉘ 如己堂
㉙ 晧臺寺
㉚ 長崎造船所
㉛ 一瀬橋
㉜ 芒塚句碑
㉝ 大土神社
㉞ 本田家住宅
㉟ 茂木街道
㊱ 城下町深堀と旧石炭鉱の島々
㊲ 観音禅寺
㊳ 権現山展望公園
㊴ 楠本甚左衛門の墓
㊵ 遠藤周作文学館
㊶ ド・ロ神父記念館
㊷ 榎瀬浦（南蛮船来航の地）
㊸ ホットットウ石鍋製作所跡

長崎駅

興福寺 ...5 亀山社中跡 10 諏訪神社前電停 ...8 JR長崎駅
5. JR長崎駅 2 聖徳寺 8 坂本国際外人墓地 4 一本柱鳥居 8 山王神社 10 長崎原爆資料館 国立長崎原爆死没者追悼平和祈念館爆心地公園 5 平和祈念像 10 浦上天主堂 5 如己堂 4 ベアトリスの墓碑 2 サンタ・クララ教会跡 12 JR長崎駅
6. JR長崎駅 ...10 螢茶屋電停 2 一瀬橋ー5 水神神社 8 渡り鳥塚 50 日見峠 10 芒塚句碑 25 JR長崎駅

大波止通りから県庁坂へ

鶴の港といわれる長崎港。奥深い天然の良港につきでた長い岬の先端が，県庁の辺り。異文化交流は，この地にはじまる。

長崎港 ❶ 〈M▶P.2,4〉 長崎市元船町
長崎電気軌道大波止電停 🚶 2分

「鶴の港」の別称　鎖国時代、異国に開かれた窓

　長崎港は鶴の港といわれるように湾奥が深く，港としては最適な環境にある。その長崎が日本史のなかで異彩を放つのは，鎖国政策下において人工島「出島」をとおして唯一ヨーロッパとの窓を，そして「唐人屋敷」を拠点に中国と門戸を開いていたからである。

　長崎港は1570(元亀元)年に開港し，翌1571年からポルトガル船の来航がはじまる。1550(天文19)年，平戸にはじめてポルトガル船が来航してから20年後のことである。この間，貿易港は，松浦領の平戸から大村領の横瀬浦ついで同じく福田浦，さらに有馬領口之津へ

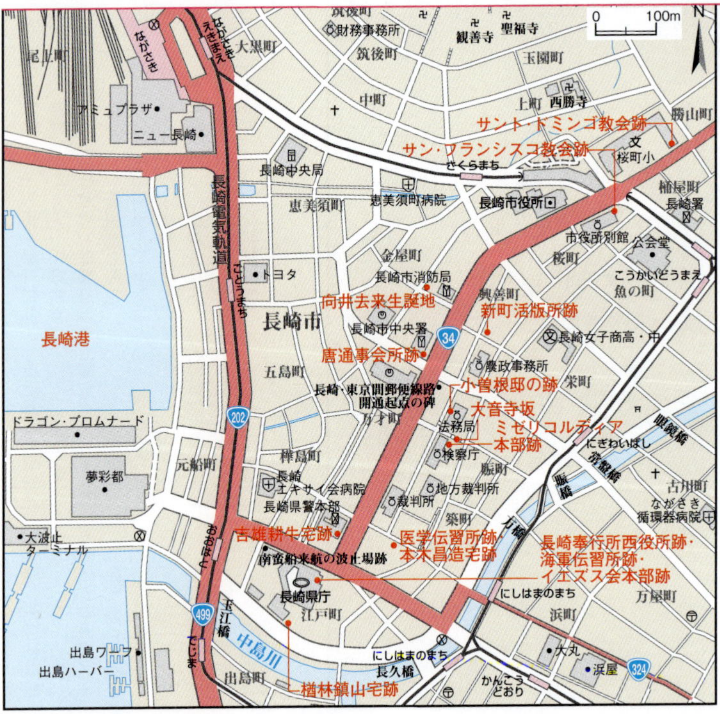

長崎駅周辺の史跡

4　　異文化織りなす坂のまち

長崎港遠景

と変遷し，ようやく長崎という定住の地を得ることとなった。

その間大村純忠はキリスト教に改宗し，日本初のキリシタン大名となった。彼は脆弱な権力基盤を補うことを目的に，ポルトガルとの貿易による利益確保に主眼をおいていた。1580（天正8）年，大村純忠はイエズス会巡察使バリニャーノに対して，長崎と茂木をイエズス会の知行地として寄進した。そのねらいは龍造寺氏の侵略を防ぐことと，貿易による関税収入の確保にあったとされる。また1584年には，有馬晴信が浦上を寄進している。

九州平定に成功した豊臣秀吉は，1587年，長崎を没収して公領とし，ついでバテレン追放令を発布しキリスト教を禁止した。しかし長崎においては，1610年前後までは数度の殉教はあったものの，キリシタンの町として16もの教会がたち並び，宗教儀式もとり行われ，ある書物は「長崎は日本のローマなり」とまで表現した。

また長崎港では，港を舞台とした外交問題も多々おこった。なかでも1610（慶長15）年，有馬晴信がおこしたポルトガル船マードレ・デ・デウス号の爆沈事件は，その後の沙汰で岡本大八事件を誘発し，1612年の天領への禁教令発布へとつながった。さらに翌年には全国に拡大され，幕府は各大名に領内のキリシタンの長崎送致と教会の破壊を命じた。1614年，長崎では11の教会が破壊された。高山右近・内藤如安が加賀から長崎へ移送されたのち，マニラに追放されたのも，この年のことである。残されていたミゼリコルディア（慈悲の兄弟会）なども1620（元和6）年には破壊され，長崎市内からキリシタン色は払拭された。なお沈没したマードレ・デ・デウス号の引揚げは試みられているが，いまだに成功していない。

18世紀末から19世紀初頭にかけてヨーロッパはフランス革命，ナポレオン戦争と激動の時代にあった。こうした世界史的な動きと長崎は無縁ではありえない。1804（文化元）年，ロシア使節レザノフが

大波止通りから県庁坂へ

寛永期の長崎図(「寛永長崎港図」部分)

ラクスマンのもらった信牌(入港許可証)を持参して通商を求めたが、幕府側はこれを拒否した。ついで1808年、船尾にオランダ国旗を揚げたイギリス船フェートン号が来航し、オランダ商館員を人質に取った。長崎奉行松平康英はイギリスの横暴に怒ったが、番所の警備が手薄なため攻撃をあきらめ、イギリス側の要求をうけいれて食料薪水の給与に応じた。フェートン号はわずか3日で長崎を去ったが、松平康英は責任を感じて自害した(フェートン号事件)。この事件後、幕府は海防の充実を迫られ、長崎港内には女神・高鉾・魚見岳などの新しい台場が整備された。

唐通事会所跡 ❷

〈M▶P.2,4〉 長崎市興善町
長崎電気軌道五島町電停 🚶5分、または 🚌興善町 🚶1分

対中国貿易の往時をしのばせる会所の跡

長崎市立図書館横の交差点に唐通事会所跡の碑がたつ。唐通事は、

唐通事会所跡

向井去来生誕地の碑

異文化織りなす坂のまち

キリシタンの長崎

コラム

　近年、長崎市内では再開発に伴うビルの建て替え工事などによって、旧内町・外町の発掘調査例が増加しつつある。その結果、16世紀後半から17世紀前半にかけてのキリシタン関係やヨーロッパ系の遺物が発見されている。

　長崎のキリシタン教会や病院などの建物は、1613（慶長18）年にはじまる徹底的な破壊にあったとみられ、当時の様子を知る手だてはあまり残っていなかった。ところが、近年桜町小学校の改築工事で調査された勝山町遺跡で、教会時代の石畳や地下室遺構などサント・ドミンゴ教会跡のものと推測されるものが検出された。教会の軒先を飾った花十字紋軒丸瓦が大量に出土しており、そのほかにもメダイなどのキリシタン関係の遺物が多数みられる。それらは現在、桜町小学校内のサント・ドミンゴ教会跡資料館に展示されている。

　花十字紋軒丸瓦は万才町遺跡、興善町遺跡などからも出土しており、教会時代の建物の軒先を飾ったことが想像される。

　旧島原町の崖下に位置する築町遺跡からは、青銅製のメダイや16世紀後期～17世紀初頭にヨーロッパで製作された聖骨箱などと一緒に、脚付ガラス杯（ヴェネツィア系、16世紀後期）や金・銅製の指輪などの南蛮遺物も多数出土している。

勝山町遺跡

花十字紋軒丸瓦

中国との貿易現場での通訳、外交文書の翻訳・記録、風説書の和解などをおもな任務とした。この役職には、長崎に定住が許された住宅唐人の子孫が代々ついた。唐通事のおもな家としては頴川家、林家、彭城家などがある。

　唐通事には、1604（慶長9）年住宅唐人馮六の任命から、1867（慶応3）年に解散するまでに、延べ1644人がその任についている。

　唐通事会所は1751（宝暦元）年に設けられ、唐通事の人事管理や研修、唐船の出入記録、奉行所に関する執務記録を行った。唐通事は、

オランダ通詞のように単なる通訳ではなく、貿易・外交・奉行所顧問の仕事などあらゆることに関与していた。「通事」という字をあてるのはそのためである。また唐通事になるには幼いころから経書・諸子百家のほか、一定の書物を学習し、これを唐音で発音できなければならなかった。そうしたことから、唐通事からは諸芸に秀でたものが輩出した。

長崎市立図書館の十字路に、向井去来生誕地の碑がたつ。去来は松尾芭蕉の門弟のなかでもとくに蕉門十哲の1人で、江戸時代初期の儒学者で西洋医学でも名高い向井元升の次男として生まれた。1658(万治元)年、父元升が京都で開業したため8歳で京都へ移り、その後福岡で武芸にはげんだのち、再び京都に戻り俳諧の世界へはいった。30代なかばに芭蕉の門人となり、洛北嵯峨野に落柿舎を結んだ。1691(元禄4)年、芭蕉の監修のもとに『猿蓑』を編み、俳壇に確固たる地歩をかためた。1699年、長崎帰郷時に俳論書『旅寝論』を書き、晩年には『去来抄』を書いて蕉風俳諧の論客としての生涯を閉じた。諏訪神社に、去来が詠んだ「たふとさを　京でかたるも　諏訪の月」の句碑がたつ。

新町活版所跡 ❸

〈M▶P.2,4〉　長崎市興善町
長崎電気軌道桜町電停🚶5分、または🚌興善町🚶2分

長崎市消防局の裏手長崎県自治会館の前に、新町活版所跡の碑がたつ。ここは日本のグーテンベルクといわれた本木昌造が、上海から印刷技師ウィリアム・ガンブルを雇いいれ、銅活字の鋳造に成功し、1870(明治3)年、新町活版所を設けて印刷をはじめた活版印刷発祥の地である。本木家は代々オランダ通詞の家柄で、昌造は12歳で本木家の養子となり小通詞まで昇進した。早くから科学技術に

新町活版所跡

わが国の活版印刷発祥の地
本木昌造はオランダ通詞

興味をいだき、1851(嘉永4)年には流し込み活字を発明し『蘭和通弁』を印刷した。1854(安政元)年、プチャーチンの下田来航の際には通訳として活躍した。ついで海軍伝習所で伝習掛通弁官をつとめ、長崎奉行所西役所に活字板刷立所が設置されると、取扱掛となった。維新後には日本最初の鉄橋(くろがね橋)を架橋し、普通教育の普及のために新町義塾を経営した。こののち大阪ついで東京でも印刷所を経営し、日本初の日刊新聞『横浜新聞』を創刊した。このように本木昌造は、幕末から明治にかけて文明開化を体現した、たぐいまれな人間であった。

ローマ・カトリックの日本布教は、教皇グレゴリウス13世の教皇令によってイエズス会に限定されていたが、1600(慶長5)年には廃止され、フランシスコ会・ドミニコ会などの托鉢修道士が来日することになった。ドミニコ会のモラレス神父は、長崎でのサント・ドミンゴ教会建設の許可を得て1609年、建立にこぎつけた。桜町小学校の改築工事にさき立つ発掘調査によって、この教会の地下施設と石畳が発見されて話題になり、その遺構は破壊をまぬがれて保存されることとなった。

長崎市役所別館前に修道院サン・フランシスコ教会跡がある。この教会は1611年に建設がはじめられたが、1614年に破壊された。その跡地には牢屋がたてられ、宣教師をはじめとして多くの潜伏キリシタンが捕縛され収容された。

ミゼリコルディア本部跡 ❹

〈M▶P.2,4〉 長崎市万才町8
長崎電気軌道大波止駅 5分、または
興善町 2分

「慈悲の兄弟会」と訳す福祉活動団体の本部跡

フロイス通りからはいった大音寺坂のおり口に、ミゼリコルディア本部跡の碑がたつ。正式名称をコンフラリア・デ・ミゼリコルディアといい慈悲の兄弟会と訳される。キリスト教的愛の事業に献身する福祉活動の団体である。長崎では1583(天正11)年、大坂堺の金細工師ジュスティーノ夫妻が中心となって創立した。ミゼリコルディアは16世紀末日本各地に設けられたが、ローマ教会から正式に認められたのは京都と長崎のみであった。長崎のミゼリコルディアは、高木了可・後藤宗印・町田宗賀といった長崎の有力者が名を

大音寺坂

連ねており，町をあげて取り組んだものと思われる。

ミゼリコルディアは，会員の奉仕によって，ハンセン病院・老人ホーム・孤児院などを営んだ。1614(慶長19)年の禁教令でほとんどの教会が破壊されたあとも存続したが，1620(元和6)年ついに破壊された。その跡地は，禁教令後の仏教布教に尽力した功によって，江戸幕府2代将軍徳川秀忠から僧伝誉にあたえられて大音寺が創建されたが，1641(寛永18)年に境内が手ぜまとなったために，現在の鍛冶屋町の地に移転した。大音寺坂の名称はその名残りである。

大音寺坂での些細な事件をきっかけにした深堀忠臣蔵，長崎喧嘩ともよばれる事件は，江戸でも話題にのぼった。1700(元禄13)年12月19日の昼すぎ，深堀家(藩主は鍋島茂久で佐賀藩の飛び領)の深堀

ミゼリコルディア本部跡

三右衛門と柴原武右衛門の2人が，大音寺坂で長崎の町年寄筆頭高木彦右衛門の中間と争ったのが事件の発端であった。主人の威光をかさにきた高木家の中間らは，深堀屋敷(長崎市五島町)を襲い，乱暴を加えた。無念に思った深堀藩士は，深堀からかけつけた20余人で，翌20日の未明，高木家へ討ち入り高木彦右衛門の首をあげた。三右衛門と武右衛門はその場で切腹したという。この事件で深堀藩士は切腹，五島に遠島流罪となった。また高木家も彦六(彦右衛門の子)が追放となり，断絶した。

ミゼリコルディア本部跡隣の長崎法務局合同庁舎内に，小曽根邸の跡の碑がある。小曽根家は長崎を代表する豪商で，代々諸藩の御用達をつとめていた。13代目の小曽根乾堂は，勝海舟や坂本龍馬と親交があり，志士の後援者であった。また，書画に長じ隷書をよくし篆刻にも秀でており，明治になって勅命をうけ御璽・国璽を印刻した。現在の小曽根町は，乾堂が浪の平海岸を埋め立てて1859（安政6）年に造成したが，長崎開港の際に居留地となったところを幕府に陳情して，半分を残してもらったところである。

医学伝習所跡 ❺　〈M▶P.2,4〉長崎市万才町5
長崎電気軌道大波止電停 🚶 3分

1857年設立の西洋医学校長崎大学医学部の前身

　長崎グランドホテル前には，医学伝習所跡と本木昌造宅跡の碑が並んでたつ。医学伝習所は，オランダ海軍軍医ポンペ・ファン・メーデルフォールトを教授として，1857（安政4）年に長崎奉行所西役所に設けられたが，手ぜまなため大村町に移された，日本における最初の西洋医学校である。

　そこではポンペが，幕府の医官松本良順を助手として，多くの門人らに近代医学を講じた。松本良順はその後明治政府で初代陸軍軍医総監となり，また門人の1人である長与専斎は，医学伝習所の後身の精得館館長となり，明治政府の衛生局長をつとめ，「衛生」という語をうんだという。なお現在の長崎大学医学部は，この医学伝習所をその基礎としている。

　さらにポンペは，1861（文久元）年許可を得て，西洋式の病院である小島養生所（現，佐古小学校の地）を開き，講義のかたわら一般の診療にもあたった。足かけ6年余りの日本滞在であったが，ポンペの功績ははかり知れないものがある。

　本木昌造宅跡の碑は，日本のグーテンベルクにふさわしく，印刷活字のレリー

医学伝習所跡（左）と本木昌造宅跡の碑

フで，裏表逆なところが興趣を引く。

　通りをはさんだ県警本部前に，吉雄耕牛宅跡の碑がある。吉雄耕牛は，オランダ通詞の家に生まれ，彼自身も大通詞まで昇任したが，オランダ医学，なかでも外科を学び吉雄流外科をおこした。日本全国からの彼を慕う門下生が600人をこえ，そのなかには，のちに『解体新書』を翻訳した杉田玄白・前野良沢や，エレキテル研究の平賀源内，青木昆陽，野呂元丈，林子平，司馬江漢らがいた。『解体新書』の初版には耕牛の序文が寄せられている。彼自身多くの著作があるが，尿診断の『因液発備』はとくに重要である。

長崎奉行所西役所跡 ❻

〈M▶P.2, 4〉　長崎市江戸町2
長崎電気軌道大波止電停 🚶 2分，または 🚌 県庁前 🚶 1分

中国・オランダ貿易を監督諸外国の動向を探索

　長崎県庁正門の右手に，イエズス会本部，奉行所西役所，海軍伝習所跡と連記された石碑がたっている。この地は1571（元亀2）年の町割りでできた6カ町に隣接する岬の先端にあたるところで，長崎奉行所西役所がつくられる以前の16世紀末から17世紀初頭のキリシタン時代には，イエズス会本部，サン・パウロ教会，被昇天の聖母教会（岬の教会）や教育機関であるコレジヨなどの建物が林立していたが，1614（慶長19）年に破壊された。跡地には糸割符会所がおかれていたが，1663（寛文3）年の寛文大火で焼失し，本博多町にあった長崎奉行所と替え地された。長崎奉行所はその後機構も拡張されて東西両奉行所に分けられたが，両奉行所が同じ構内に隣接していると，火災の際類焼の心配もあり，ともに政務がとれなくなるおそれから分離が進められ，1673（延宝元）年立山の地（現，長崎歴史文化博物館）に新しく奉行所がたてられた。そこで今までの奉行所を西役所，新役所を立山役所とよんで

イエズス会本部・奉行所西役所・海軍伝習所跡の碑

楢林鎮山宅跡の碑

区別した。

　長崎奉行は，1592(文禄元)年の初代寺沢志摩守(まのかみ)から最後の河津伊豆守(かわづいずのかみ)まで127人がいれかわった。定員は当初1人で，その後増加され一時は4人までになったが，のちには2人に落ち着いた。

　奉行の職務と権限は，唐・オランダとの貿易を監督するとともに，諸外国の動向を探って万一の異常に備え，事あるときは将軍の名のもとに諸侯に号令する権限があたえられ，行政・司法・軍事全般を掌握していた。多くは中級程度の旗本が任命されたが，任期も短く，行政にも疎(うと)いため，実際の町政は町年寄・長崎会所役人らの手に握られていた。

　長崎奉行は，ほかの奉行と比較して莫大な収入があった。奉行としての収入以外に「御調物(おしらべもの)」の名目で輸入品を原価で買いあげる特権をもち，これを京・大坂に送り巨利を得ていた。

　幕末には西役所内に海軍伝習所がおかれた。欧米諸国の開国要求に対し，幕府は1853(嘉永6)年，ペリー来航を機に鎖国体制に見切りをつけ，近代的海軍建設の計画を進めることとなった。伝習所は1855(安政2)年，オランダ国王よりスンビング号(観光丸と改称)が寄贈されたのを機に開設された。永井尚志(ながいなおのぶ)が総督となり，勝海舟ら幕府・諸藩の伝習生が，オランダ海軍大尉ペルス・ライケンらから航海・造船・砲術などの指導をうけた。1857年，第二期海軍伝習の際には，築城技術や地理学なども追加されたが，1859年に廃止された。

　県庁の庭を出島側におりた裏門に，楢林(ならばやし)流外科の祖楢林鎮山(ちんざん)宅跡の碑がある。鎮山はオランダ通詞であったが，蘭医ホフマンやドイツ人の博物学者で医者でもあるケンペルの指導をうけ，わが国西洋医術(外科)の先駆けとなり楢林流をおこした。5代将軍綱吉(つなよし)や諸大名から招かれたが応ぜず，この地で診療にあたった。『紅毛外科宗伝(そうでん)』はオランダ流外科術をはじめてわが国に伝えた大著である。

大波止通りから県庁坂へ

西坂から諏訪神社・鳴滝まで

二十六聖人の殉教地から，長崎奉行立山役所跡をとおり，総鎮守諏訪神社・シーボルトの鳴滝塾を訪ねる。

日本二十六聖人殉教地 ❼

〈M▶P.2,14〉 長崎市西坂7-8
JR長崎本線長崎駅 🚶 5分

キリシタン最初の大規模な殉教地

　長崎駅から電車通りを渡り，NHK長崎放送局右手の急な坂道をのぼっていくと日本二十六聖人殉教地(県史跡)に着く。現在は西坂公園となっている。京都と大坂でとらえられた26人の信者が，1597年2月5日(慶長元年12月19日)の正午，ここで処刑された。その10年前の1587(天正15)年，豊臣秀吉は九州を平定したのち，博多においてバテレン追放令を発布して，キリスト教を容認していた方針を変更していた。その後も南蛮貿易は奨励していたので，キリスト教に対する弾圧は徹底されていたわけではなかったが，1596年，土佐に漂着したイスパニア船サン・フェリペ号の乗員からイスパニアは宣教師を領土征服の手先としているということを聞き，それがこの殉教の発端となった。京・大坂でとらえられた6人の宣教師と20人の日本人(うち最年少は12歳)は，長崎へ送られ，この西坂の丘で磔刑に処せられたのである。

　西坂はこのころから明治に至るまで，長崎の刑場として知られたところである。1862(文久2)年ローマ教皇ピオ9世によって26人全員が聖人にあげられ，1962(昭和37)年列聖100周年を記念して，この場所に殉教碑がたてられた。殉教碑は横17m，高さ5.5mの花崗岩の台座に彫刻家舟越保武作の26聖人のブロンズ像がはめこまれ，隣接して今井兼次設計による日本二十六聖人記念館がたてられてい

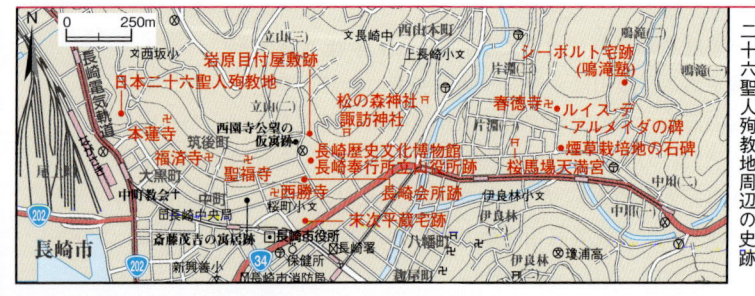

二十六聖人殉教地周辺の史跡

14　異文化織りなす坂のまち

二十六聖人像

る。記念館にはブロンズ・レリーフのプラケット「ピエタ」(プラケットはイタリア製の大メダルで, 1962年に長崎市片淵町の山林から発掘されたもの。ピエタは慈悲の意で, 十字架からおろされたイエスをいだく聖母マリア像をさす。県文化)や, かくれキリシタンの家にイエスを象徴するものとしてまもり伝えられた銅造弥勒菩薩半跏思惟像(県文化)など, 日本のキリシタン史に関する資料が多数展示されている。

　道を隔てた右手には2つの塔が目印となる, 聖フィリッポ教会(記念聖堂)がある。2本の塔は天使の翼をかたどり, 1本の塔から祈りが天にのぼり, もう1本から恩寵がおりることを願ったものといわれている。教会の前の道路脇に「時津街道ここに始まる」という碑がある。26聖人は関西から陸路を長崎まで送られてきたが, 彼杵港(東彼杵町)からは, 船で大村湾を渡り時津港(時津町)へ着岸し, この時津街道をとおってきた。

　西坂公園をでて右手に長崎駅をみながら, 筑後町方面におりていくと本蓮寺(日蓮宗)がある。この地には1591(天正19)年に入港した, ポルトガルの船長ロケ・デ・メロ・ベレイラによって寄付されたサン・ラザロ病院とその付属のサン・ジョアン・バプチスタ教会がたてられていた。この教会は被昇天の聖母教会(岬の教会, 現, 県庁), トードス・オス・サントス教会(現, 春徳寺)とともに長崎の三大教会といわれた。1614(慶長19)年に禁教令のもとで病院・教会ともに破壊された。その後, 1620(元和6)年に大村の本経寺の僧日慧が開祖となってたてられたのが本蓮寺である。晧台寺・大音寺とともに長崎三大寺院と称せられたが, その堂宇は原爆で焼失し, 戦後再建されたものである。庭には教会があったころの南蛮井戸が残っており, 往時をしのばせてくれる。また, 長崎代官高木家の墓地が, 裏山の墓域のいちばん奥まったところに残されている。幕末, 1855

本蓮寺高木家墓地　　　　　　　　　　　　　　福済寺万国霊廟長崎観音

(安政2)年に海軍伝習所の伝習生頭取として来崎した勝海舟が4年ほどここに止宿していた。

　本蓮寺をでて東へ歩いて，最初の交差点(右は駅へと続く階段)を左におれると筑後通りにでる。すぐに左側上手に銀色に輝く万国霊廟長崎観音がみえる。福済寺(黄檗宗)である。1628(寛永5)年，中国の僧覚海禅師によって創建された福済寺は，その大伽藍が1927(昭和2)年に国宝建造物(現在の重要文化財にあたる)に指定されるほどであった。かつては福済寺と興福寺・崇福寺をあわせて「唐寺三福寺」といわれた。しかし，その堂塔は，画家沈南蘋らの貴重な絵画とともに原爆によってことごとく灰燼に帰し，今はみることができない。戦後，近代的寺院に生まれかわり，1979年には霊廟の上に高さ15m・重量35ｔのアルミ合金製の慈母観音像が建立され，戦没者と原爆殉難者を慰霊している。霊廟の展示室では往時の福済寺の姿を写真でみることができる。

聖福寺 ❽
095-823-0282
〈M▶P.2,14〉長崎市玉園町3-77
長崎電気軌道桜町電停 🚶 5分

じゃがたらお春の石碑と県文化財の大雄宝殿

　福済寺をでて，筑後通りをさらに東へ進むと聖福寺(黄檗宗)がある。黄檗宗を伝えた隠元の弟子木庵に師事して，長く修行をした鉄心道胖によって，1677(延宝5)年に創立された。

　唐寺三福寺に聖福寺を加えて四福寺，または唐四カ寺とよばれた。三福寺は貿易に従事する中国人たちの財力によって建立されたが，聖福寺は鉄心の母方である唐通事西村家や時の長崎奉行である牛込・岡野両氏らの寄付で創建された。

　大雄宝殿・天王殿・山門(ともに県文化)の建物は，黄檗宗本山の

聖福寺大雄宝殿

万福寺(京都府宇治市)をできるだけ模してつくられたという。山門には隠元が書いたという「聖福禅寺」の扁額が掲げられている。

階段をのぼると右側に,惜字亭がある。経文その他の不要書類を焼却するためのレンガ造り・漆喰塗りの炉で,1866(慶応2)年に中国人信徒によってつくられた。レンガ造りの建物としては古い部類に属する。さらに階段をのぼると,天王殿がある。天王殿は表に弥勒菩薩(布袋),裏には韋駄天を配し,その両側を出入口としている形式で,長崎ではここだけである。

境内にはいると正面にみえる大雄宝殿は,1715(正徳5)年に改築されたものが,いく度かの修理を経て今に至った。釉瓦は珍しく,肥前武雄(現,佐賀県武雄市)でつくられたもの。左手には鐘鼓堂があり,俗に「鉄心の梵鐘」とよばれる梵鐘がある。現在の鐘は開山鉄心の時代のものではなく,1717(享保2)年,2代住持のとき,鍛冶屋町の鋳物師金屋によって改鋳されたものである。右手には,本来は無風山神宮寺の門であった石門がある。神宮寺が明治の廃仏毀釈によって廃滅するときに,木庵筆による「華蔵界」の文字があるので,1886(明治19)年にここに移築したものである。

そのほか,境内にはじゃがたらお春の碑がある。碑は1952(昭和27)年にたてられ,表は新村出の書,裏は歌人吉井勇の歌,「長崎の鶯は鳴く今もなおじゃがたら文のお春あわれと」をきざむ。「じゃがたら」とはジャカルタのことで,江戸幕府の鎖国政策によって1639(寛永16)年,混血児とその日本人の母をジャカルタに追放したことに由来する。1655(明暦元)年ごろから文通の禁が緩和され,オランダ船をつうじて送られてくる追放された人びとからの手紙が,「じゃがたら文」とよばれていた。春の名は,元禄から享保年間(1688〜1736)に活躍した,天文学者西川如見の著作『長崎夜話草』のなかに掲載されたじゃがたら文によって有名となった。日本への望郷

の念を切々と書き送った『長崎夜話草』のなかのじゃがたら文は，西川如見の創作と考えられているが，春は実在の人物である。イタリア人航海士の父と日本人の母マリアとの間に長崎で生まれ，15歳で母・姉，姉の子とともにジャカルタに追放された。その地で春は東インド会社社員シモン・シモンセンと結婚し，晩年は夫の遺産で4男3女の子どもたちとともに暮らしたという。

聖福寺の前の通りから電車通りのほうへくだり，2つ目の十字路を左折したところに西勝寺(浄土真宗)がある。ここには文書「きりしたんころび証文」(県文化)が所蔵されている。1645(正保2)年に九介という人物が転宗したことを神仏にちかった証文であるが，証人として遠藤周作の小説『沈黙』にも登場する沢野忠庵(ポルトガル人神父，転宗前の名前をフェレイラという)も署名している。一般公開はしていない。

聖福寺の前の通りを東へ進むと三叉路にでる。奉行所通りの名前のように，長崎奉行立山役所があったところである。その少し手前，右側には「西園寺公望の仮寓跡」という標柱が設置してある。西園寺公望は伊藤博文のあとをうけて立憲政友会の総裁となり，1906(明治39)年，1911年と2度組閣するなど，日露戦争前後の政界を，貴族院を背景にした桂太郎と二分して，いわゆる桂園時代を築いた人物である。また，1919(大正8)年のパリ講和会議に全権として派遣され，昭和初期には最後の元老として内閣の推薦にあたるなど，明治・大正・昭和の政界に重きをなした人物である。その西園寺が，明治初年，長崎の語学学校である広運館でフランス語を学んでいたときの仮寓が，ここにあった。

長崎奉行所立山役所跡 ❾ 〈M▶P.2,14〉 長崎市立山町2
長崎電気軌道桜町電停🚶10分，🚌桜町公園前🚶5分

長崎奉行を一部復元した博物館

長崎奉行の前身は，長崎を直轄領とした豊臣秀吉が，佐賀の鍋島直茂を代官としたのにはじまるが，江戸時代には長崎での外国貿易と町の司法・行政を統括した役職であった。初期の奉行所は本博多町(現，万才町)にあったが，1663(寛文3)年の大火以後，現在の県庁付近に東役所と西役所が設けられた。その後，1671年に東役所を

長崎県立長崎図書館と長崎公園

コラム

　長崎歴史文化博物館に隣接してその裏手に，長崎県立長崎図書館がある。1912（明治45）年の創立で，一般図書のほか，キリシタン・オランダ・長崎奉行所関係の貴重な郷土史料が約7万1000点ある。そのなかには，安政の五カ国条約の1つ安政2年「日蘭条約書」（国重文）や中世の国人一揆の貴重な史料を提供する青方文書（県文化）などが含まれる。この郷土史料関係の蔵書は，あらたにできた長崎歴史文化博物館に移管されて，利用者に供されている。

　図書館前庭の左隅に古賀十二郎の記念碑がある。五島町に生まれ，長崎史研究の第一人者であり，長崎学の祖といわれる。1999（平成11）年に直木賞を受賞した，なかにし礼の小説『長崎ぶらぶら節』の主人公でもある。

　図書館の門に向かって，右手には写真術の祖上野彦馬の胸像がある。銀屋町に生まれ，わが国最初の写真館を開業した。隣接して3つの碑がある。右はシーボルト（「施福多君記念碑」），左はツュンベリーの碑である。ツュンベリーはスウェーデン人で1775（安永4）年，オランダの医者として出島にはいった。本来は植物学者で，リンネの弟子でもあった。翌年までの日本滞在中に約800種の標本を採集した。

　図書館と道路を隔てて反対側に，東京高等商船学校（現，東京海洋大学）の初代校長となった中村六三郎の記念碑がある。その上の方の道を右におれると統計学の祖といわれる杉亨二の胸像がある。その道をさらにのぼると丸馬場にでる。丸馬場一帯は安禅寺（天台宗）の跡であり，その遺構が丸馬場入口の古い石門である。その上部には葵の紋章が刻印されている。

　安禅寺は1652（承応元）年，僧玄澄の創立で徳川将軍代々の霊牌をまつっていたが，明治になって廃寺となった。その跡地が1874（明治7）年，長崎公園となった。丸馬場にはいると山手に向かって左奥に，第十八国立銀行（現，十八銀行）の創設者松田源五郎の胸像，その右手に小説家佐多稲子の碑，その隣には1879年に来日した元アメリカ大統領グラント将軍記念碑がある。さらに奥には，わが国活版印刷の先駆者といわれる本木昌造の立像がある。また，野外音楽堂をはさんで右側には，長崎甚左衛門純景の立像が1995（平成7）年2月にたてられた。

立山に移築した。現在，長崎歴史文化博物館がたっている一帯である。この地はもとキリスト教布教時代に，ポルトガル人によってたてられた山のサンタマリア教会があった場所である。

長崎奉行所立山役所跡で発掘された石段　　　　　　　　　　　同ワインボトル

　2005（平成17）年秋に長崎歴史文化博物館が開館する以前，この場所には県立美術博物館と知事公舎があった。新しく開館した長崎歴史文化博物館には，かつて県立美術博物館が所蔵していた歴史に関する資料と，隣接する県立長崎図書館が所蔵していた郷土史料，さらに長崎市立博物館が所蔵していた資料が一堂に集められている。県と市が協力して，長崎が誇る海外交流史を中心にした歴史工芸資料および古文書類の展示・公開を行っており，長崎の歴史を一通りみることができる。

　歴史文化博物館の建築にあたり，この一帯の発掘調査が行われたが，その結果，15段の石段やそれに続く石垣・堀など，かつての長崎奉行所立山役所の遺構が発見された。この石段は調査後も残されて，博物館の入口につながる階段として，そのまま利用されている。また，出土品のなかには，飾り物と思われる小振りの十手や，ワインボトルの底の部分などがあり，長崎ならではの国際色豊かな歴史をしのばせるものが含まれていた。歴史文化博物館では2012年4月に，体験コーナーや大型スクリーンによる映像を増やすなど，常設展の一部がリニューアルされた。

　隣接して長崎奉行の監察官である目付の屋敷があった。地名を取って岩原目付屋敷とよばれていたが，ここも新しい博物館の敷地となっている。1858（安政5）年に，この岩原屋敷内に日本で最初の英語学校である英語伝習所が開設され，その後，伝習所は場所と名称を変えつつ，1868（明治元）年に現在の県庁の地に移され「広運館」となった。

　また，博物館前の一帯が長崎会所跡である。1698（元禄11）年に長

長崎会所跡

崎貿易を国家的に管理することを目的に、貿易関係の役所をここにおき、長崎会所と称した。以後、長崎貿易は官営事業となり、利益の一部は運上金として幕府に上納されることになった。また、貿易の利益のなかから年間最低でも7万両を長崎に分配することが保証され、市中への助成銀や地役人の給料にあてられたり、箇所銀・竈銀として借家人に至るまで、市民にも配分されたりした。

　博物館の前の通りを南へいくと、国道34号線にでるが、右折すると桜町小学校(かつて勝山小学校であったが、近接する3つの小学校の統廃合によって桜町小学校となった)の新校舎があるが、ここはかつてサント・ドミンゴ教会があった場所である。禁教令がだされたあと、教会は1614(慶長19)年に破壊され、その跡地に朱印船貿易商の末次平蔵が屋敷を構えた。末次家はもと博多の商人で、父興善が開港後まもない長崎に移住し、一町を築いた。今の興善町である。平蔵は通称で、名を政直といい、1619(元和5)年に長崎代官に任ぜられ、諏訪神社の再興などに力をつくした。しかし、政直の子孫4代目平蔵茂朝のとき、1676(延宝4)年に密貿易が発覚し没落していった。末次家の墓は菩提寺の春徳寺(夫婦川町)にある。その後、この地は長崎代官高木作右衛門の屋敷となり幕末に至る。

諏訪神社 ❿　〈M▶P.2,14〉長崎市上西山町3
095-824-0445　長崎電気軌道諏訪神社前電停 1分

盛大な長崎くんちは10月7〜9日

　諏訪神社は長崎の鎮守社であり、市民からは「お諏訪さん」のよび名で親しまれている。秋の例大祭「おくんち」は長崎っ子の血をわかせる、長崎でもっとも大きい祭りとなっている。祭神は健御名方命・八坂刀売命である。諏訪神社はもともと寺町の長照寺付近にあった諏訪社(現在、諏訪町の名が残る)と、江戸町付近にあった森崎大権現、東小島の正覚寺境内にあった住吉大明神が、慶長年間(1596〜1615)にキリシタンの襲撃にあい破却されたあと、佐

西坂から諏訪神社・鳴滝まで

諏訪神社

賀唐津の修験者青木賢清が、3社の神体をゆずりうけ、長崎代官末次平蔵をとおして長崎奉行に諏訪社再興を願いでたことにはじまる。最初、西山郷円山の地(現、松の森神社)を社地として賜与され、3社を合祀したが、1647(正保4)年、境内が手ぜまになったため玉園山(現在の社地)に遷座した。

1857(安政4)年火災で焼失したが、1869(明治2)年に社殿は再建された。近年では、1983(昭和58)年に御鎮座360年を記念して全面的に改修され、その際、諏訪神社の能が復活した。諏訪神社の能は、かつて正月やくんちに奉納されていたものだが、1857年の火災で能舞台も焼失し、途絶していた。現在、社宝として能面45面をはじめとして、能衣装・能楽用具など合計151点(いずれも県文化)が残っている。

馬町の諏訪神社参道入口には大鳥居がある。この一の鳥居は1835(天保6)年青銅でつくられたが、1874(明治7)年に大風で倒壊し、現在のものは1952(昭和27)年に講和記念として再建されたものである。現在の二の鳥居はかつての大鳥居であり、流鏑馬馬場の入口にある。1637(寛永14)年に建立され、石材は市中から2万人がでて運搬したという。

表参道の途中右手には迷い子知らせ石がある。1879(明治12)年に当時の長崎県警察課有志によって設置されたもので、北面に「たづぬる方」、南面に「おしゆる方」ときざまれ、境内の雑踏のなかで迷子となってしまったわが子を探しだす当時の生活の知恵がうかがわれる。表参道の左側には、俳人で蕉門十哲の1人向井去来の句碑や文芸評論家山本謙吉の自筆碑、また、最後の鳥居をぬけた左側には福沢諭吉の立像がたてられている。

諏訪神社の境内にはいると、ピエール・ロティの記念碑がたっている。ロティはフランス海軍士官であると同時に小説家であり、世

長崎くんち

コラム

「くんち」とは，旧暦9月9日の重陽の節句に秋祭りを行うことからそうよばれるようになったといわれる。現在は尊称をつけて「おくんち」とよんでいるが，北部九州各地には「くんち」の名を冠した秋の祭りが数多くある。

長崎くんちは，諏訪神社の大祭で，旧暦の9月7日と9日を祭日としている（洋暦では10月7日と9日）。長崎くんちは1634（寛永11）年からはじまり，当初はキリスト教対策という目的もあって，歴代の長崎奉行の庇護のもとに絶えることなく継承され，現在は長崎の代表的な年中行事として実施されている。長崎っ子の血がもっとも騒ぐ祭りである。くんちの奉納踊りは，長崎旧市街地の各町で分担し，江戸時代と同じく7年に1度踊り町の順番がめぐってくる。踊り町になった町の踊り手は，6月の小屋入りからはじまり，4カ月の練習を積んで祭り本番を迎える。

祭り本番の10月7日には，諏訪神社正面の石段（長坂）に見物人がおし寄せ，輿が乗ってくると「モッテコーイ」や「ショモーヤレー」などのかけ声をかけ，奉納踊りのアンコールを要求する。そのたびに踊り手は引き戻され，踊りの再演となる。「龍踊り」など異国情緒ゆたかな奉納踊りがおわると，3つの御輿が神社の200段の石段を一気にかけおり，大波止の御旅所に向かう（お下りという）。

9日は御輿がかけあがり再び神社に安置され（お上りという），くんちは幕をとじる。

界各地を歴訪してその地を題材とした小説を発表している。長崎へは1885（明治18）年と1900年に訪れ，1回目の滞在2カ月の間にともに暮らした日本人女性兼との生活から『お菊さん』を書いた。さらに，境内には狂歌で有名な江戸の文人大田南畝（蜀山人）の碑がある。幕臣でもあった南畝は，1804（文化元）年に長崎奉行所の支配勘定役として着任，約1年間在勤している。

諏訪神社の表参道を途中から右にまがると，突き当りが松の森神社である。かつてこの道は流鏑馬の馬場であった。その途中，左側にマクドナルド顕彰の碑がある。ラナルド・マクドナルドはアメリカの捕鯨船乗組員で，1848（嘉永元）年，北海道利尻島でとらえられ，長崎に送られてきた。滞在わずか10カ月ほどであったが，その間オランダ通詞に英語を教えた。学んだなかで，英会話の上達した森山栄之助は1854（安政元）年，幕府の通訳官となりペリーとの折衝にあ

松の森神社の瑞垣

たっている。松の森神社の祭神は天穂日命(あめのほひのみこと)・菅原是善(すがわらこれよし)・菅原道真である。もと肥前松浦の住人で今(いま)博多町に住んでいた川上九右衛門光房(かわかみきゅうえもんみつふさ)というものが1626(寛永3)年に創建したもので、1656(明暦2)年に長崎奉行の尽力でこの地に移された。社名の由来は同根の3株の松で、木を3つあわせると森の字となることから名づけられたという。

ここの社殿を飾る職人尽(しょくにんづくし)(県文化)は有名で、1713(正徳3)年の社殿改修のおり、本殿の瑞垣(みずがき)の欄間(らんま)に鏡板(かがみいた)(縦30.3cm、横175cm)を浮き彫りし彩色をほどこしたものを30枚はめ込んだものである。下絵を描いたのは当時の長崎奉行御用絵師であった小原慶山(おはらけいざん)ではないかといわれ、造船の図や漁撈の図など職人風俗の描写は民俗史料としても価値は高い。彩色がほどこされて現存しているが、これは1833(正保4)年、長崎奉行のもとで唐絵目利(からえめきき)であった石崎融思(いしざきゆうし)が補ったものである。

春徳寺(しゅんとくじ) ❶
095-822-1986
〈M▶P.2,14〉 長崎市夫婦川町(ふうふがわ)11-1
長崎電気軌道新大工町(しんだいく)電停 🚶15分

長崎氏の城跡で、長崎最初の教会跡地

諏訪神社大鳥居前の交差点から、新大工町商店街へとはいる。今、この通りはシーボルト通りと名づけられて親しまれ、途中の交差点に「長崎街道ここに始まる」の碑がある。長崎奉行管轄の市中と、長崎代官管轄の長崎村馬場郷との境である。そこからすぐの左側に、桜馬場天満宮の鳥居がみえる。祭神は菅原道真・大国主命(おおくにぬしのみこと)。江戸時代に出島のオランダ人が江戸参府するとき、一行の送迎のためこの境内で勢揃いする習わしで「オランダ人の出立所(しゅったつしょ)」といわれた。さらに進むと桜馬場中学校の石垣がみえるが、そこから左にはいると春徳寺通りで、角には長崎歴史探訪路の碑と案内板がある。また、「葷酒山門にいるを許さず」(くんしゅ)の石柱や煙草栽培地(たばこ)の石碑がある。1599(慶長4)年、わが国ではじめて輸入された煙草を栽培した地で

ある。坂をのぼって突き当りに，長崎にやってきた最初の西洋人であるイエズス会修道士ルイス・デ・アルメイダの碑がある。アルメイダが長崎にきたのは，1567(永禄10)年のことである。

ルイス・デ・アルメイダの碑

左折してさらにのぼると春徳寺(臨済宗)の山門がある。京都建仁寺で修行した泰室清安が岩原郷(現, 立山町)に創建したのが始まりで，1643(寛永20)年に現在地へ移転した。1820(文政3)年14代住職となった鉄翁祖門は木下逸雲・三浦梧門とともに崎陽三筆といわれた南画の名手であった。

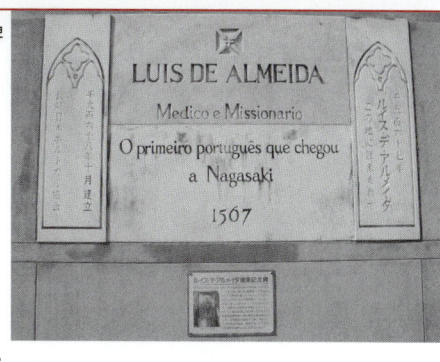

この地はもともと長崎で最初にたてられた教会，トードス・オス・サントス教会(県史跡)のあった場所である。教会はルイス・デ・アルメイダの後継者であったガスパル・ヴィレラによって1569(永禄12)年にたてられた。1597(慶長2)年にコレジヨ(宣教師を養成するための学校で，現在の大学にあたる)や，セミナリヨ(中等教育機関)が一時併設されたこともあるが，禁教令のあと破却されていた。教会の遺構としては古井戸が残るのみである。「南蛮井戸」とか「外道井」とよばれている。春徳寺のたっている丘陵を「城の古址」(長崎甚左衛門の城跡)というが，別名「唐渡山」ともいわれるのはこの教会の名に由来する。

春徳寺の境内右手から裏の墓地にまわると，東海の墓(県文化)がある。中国より1617(元和3)年に渡来した徐敬雲が，大村の女性と結婚して長崎に住んだ。その長男の徐徳政が東海徳左衛門で，唐通事となった。徳左衛門は死んだ両親のために寛文年間(1661〜73)か

東海の墓

西坂から諏訪神社・鳴滝まで　25

シーボルト宅跡(鳴滝塾)

ら工事をはじめ，1677(延宝5)までかかって墓を造営した。いたるところに彫刻をほどこし，気にいらないといっては改築を重ねたという壮大な墓である。そのため，長崎では仕事がはかどらないことを「東海さんの墓普請のごたる」といったそうである。

シーボルト宅跡(鳴滝塾) ⑫
095-823-0707(シーボルト記念館)

〈M▶P.2,14〉 長崎市鳴滝2-7
長崎電気軌道新中川町電停🚶10分

日本における西洋医学発祥の地 多くの蘭学者たちが参集

　春徳寺から再びシーボルト通りに戻り，桜馬場中学校の前をとおりすぎすぐ左折する。しばらく歩くと，鳴滝の地名の由来ともなった川のせせらぎが聞こえ，正面に県立鳴滝高校のグラウンドがみえる。左折するとシーボルトの鳴滝塾跡(国史跡)がある。1796(寛政8)年，フィリップ・フランツ・フォン・シーボルトは，大学教授の長男としてドイツのヴュルツブルクに生まれた。大学で医学の専門教育だけでなく，化学・植物学・動物学さらには地理学や民族学などを学んだあと，オランダの軍医となり，1823(文政6)年に東インド会社の出島商館医師に任ぜられて，来日した。翌年，長崎郊外の鳴滝に，学塾を開くことを長崎奉行から許された。ここでは患者の治療にあたると同時に，多くの門弟たちに医学教育をほどこした。仙台藩領水沢出身の高野長英，眼科を得意とした徳島藩出身の医師高良斎，外科を専門とした宇和島藩出身の医師二宮敬作ら，門弟は全国から集まった。シーボルトは西洋の医学・科学を伝授するかたわら，その門弟たちをつうじて日本に関するいろいろな情報を集めて本国へ送り，ヨーロッパにおける日本研究の基礎を築いた。1826年には，オランダ商館長(カピタン)の江戸参府に同行して，シーボルト自身も江戸までいっているが，その途中の様子を絵師川原慶賀に描かせている。

　シーボルトは長崎で知り合った女性たき(おたきさん)と結婚し，

異文化織りなす坂のまち

長崎街道の面影を残す古橋

一女いねをもうけている。たきの名前はシーボルトがつけたアジサイの学名ハイドランゲア・オタクサに残され，娘いねはのちに日本最初の女医となっている。

シーボルトは国外持ち出し禁止の日本地図などを持ちだそうとしたことが発覚して，1829(文政12)年に日本を追放になった(シーボルト事件)。翌年，たきは「長崎青貝細工」(漆塗り工芸品)の嗅ぎ煙草入れをシーボルトに贈っているが，蓋の表にはたき，裏にはいねの肖像を描かせてあり，現在は，シーボルト妻子像螺鈿合子(シーボルトの書状などとともに国重文)としてシーボルト記念館に所蔵されている。日本を離れた約30年後，開国後の1859(安政6)年にシーボルトはもう1度，来日しているが，そのときに鳴滝塾は買い戻され，娘いねが住んだ。その当時の様子は写真や絵で残されている。建物はいねの東京移住後，一時鳴滝小学校として使われたが，1894(明治27)年に解体され，現在は井戸2カ所とシーボルト手植えの木が残されているのみである。2002(平成14)年7月に一部発掘調査が行われ，石列などがみつかっている。近くには，1989(平成元)年に長崎市の市制施行100周年を記念して開館したシーボルト記念館があり，シーボルトの事績を知る資料が展示されている。

鳴滝塾跡をでて鳴滝高校の正門のところから右にまっすぐいくと，旧長崎街道とまじわる。トロトロ坂といわれているところである。右におれると長崎街道の面影を残す古橋がある。1654(承応3)年に築造された美しいアーチ形の石橋であるが，いつのころか定かではないが，橋は1m近くかさあげされ欄干の柱も埋もれている。

西坂から諏訪神社・鳴滝まで

③ 出島商館跡から旧居留地へ

出島の商館跡から旧外国人居留地へ。石畳の坂道を歩きながら、異国情緒豊かな長崎の町並みを訪ねる。

出島和蘭商館跡 ⑬
095-821-7200（長崎出島史料館本館）

〈M▶P.2,28〉 長崎市出島町
長崎電気軌道出島電停 🚶 1分

鎖国時代、西欧との唯一の窓 扇形に造成された築島

　日本とヨーロッパをつなぐ窓であった出島は、1885（明治18）年にはじまる中島川の変流工事で一部を削られ、周囲を埋め立てられて、しだいに往時の面影をなくしていく。

　もともと出島は、市内に分散居住していたポルトガル人を収容するために、出島町人25人に命じてつくらせた人工の築島である。長い岬の先端に形成された、弧状の砂洲を利用して扇形につくったものらしい。1634（寛永11）年着工し、2年後の1636年完成した。その規模は東西210m・南北60m、面積1万3000m^{2}で東京ドームのグラウンドとほぼ同じである。

　1637年におこった島原の乱を契機に、1639年にはポルトガル船の来航が禁止され、出島からもポルトガル人が追放された。貿易の利益をなくした出島町人や糸割符商人は、幕府に対して平戸和蘭商館の移転を強く希望した。幕府は1641年平戸和蘭商館を移転し、西欧との窓を出島ただ1カ所としたのである。

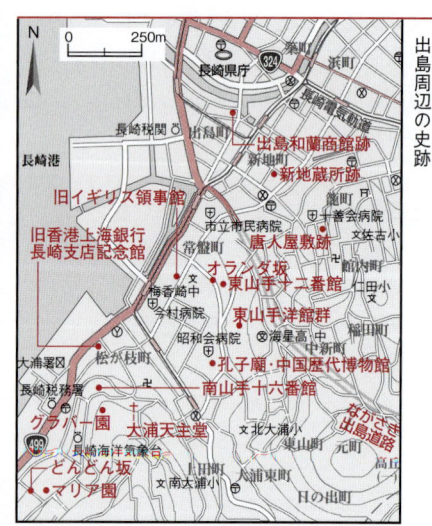

　出島和蘭商館跡の整備復元は、1998（平成10）年から本格化した。計画は2010年完成をめざす短中期計画と、最終的に19世紀初めの扇形の出島を復元する長期計画の2本立てである。短中期計画は、出島の西北側に19世紀前半当時の建物25棟を復元するものである。現在までのところ、二番蔵・一番蔵・一番船船頭部屋・ヘ

出島周辺の史跡

異文化織りなす坂のまち

先覚者の群像

コラム

江戸時代ヨーロッパに開かれた唯一の窓口である出島をとおして、ヨーロッパの近代科学が流入してきた。まずオランダ語を学んで蘭学の先駆けとなったのは、オランダ通詞（通訳）たちであった。通詞は、はじめ読み書きは禁じられていたが、8代将軍徳川吉宗が1720（享保5）年漢訳洋書の輸入を認め、さらに1745（延享2）年蘭書講読を許可してから、蘭学研究が本格的に進んでいった。

長崎が生んだすぐれた先覚者・洋学者は枚挙にいとまがない。まず、日本洋学の先駆者となったのが、西川如見である。地球球体説を紹介した天文学者で、将軍吉宗に招かれ、また『華夷通商考』ではじめて世界の地理を説明した。楢林鎮山は『紅毛外科宗伝』を完成し、ケンペルの影響をうけて外科を専門とした。吉雄耕牛はツュンベリーに医学を学んだ。耕牛の2階座敷はオランダ座敷と称され、長崎にきた文人墨客が訪れ、オランダ正月ももよおされた。耕牛の門弟は600人とも1000人ともいわれ、青木昆陽・野呂元丈・平賀源内・司馬江漢・林子平・前野良沢・杉田玄白といったそうそうたる顔ぶれが名を連ねている。天文学者の本木良永は地動説を紹介し、志筑忠雄も『暦象新書』をあらわしてコペルニクスの地動説やニュートンの万有引力説を紹介した。また志筑はケンペルの『日本誌』の一部を「鎖国論」として翻訳し、鎖国という語句をはじめて用いた。

高島秋帆は、高島流といわれる近代砲術の創始者で、西洋砲術による軍備強化を幕府に上書し、一時投獄されたこともあったが、釈放後は幕府の軍事近代化に貢献した。楢林宗建は兄栄建とともにシーボルトに医学を学び、1849（嘉永2）年日本ではじめて天然痘の予防接種ジェンナー種痘を実施した。幕末から明治にかけて活躍した本木昌造は日本活版印刷の創始者で、上野彦馬は写真術の祖である。以上9人のうち、西川如見・高島秋帆・上野彦馬以外は、オランダ通詞出身である。ほかにもいく多の俊才が、この長崎から輩出している。

トル部屋・料理部屋の5棟が復元されており、当時の内部の様子などが観覧できる。

出島に居住するオランダ商館員は、カピタン（商館長）以下十数人で、雇い人もいれて総員30人程度であり、唐人屋敷とは比較にならないほど少人数であった。周囲は土塀に囲まれ、中央に1カ所出島につうじる橋がかけられ、橋を渡ったところに番所がおかれていた。

出島商館跡から旧居留地へ

出島和蘭商館跡

出島への出入りは、役人・通詞(通訳)・遊女、それに特定の商人だけに許されていた。商館員は、妻の同伴も認められなかった。オランダ人は、出入り不自由なこの出島のことを、「国立の牢獄」とよんでいた。

オランダ貿易は、元禄時代(1688～1704)までが全盛期で、それ以降は制限されてしだいに衰退していった。しかし出島は別の面で重要であった。日本は、ヨーロッパとの唯一の窓口である出島をとおして、ヨーロッパの近代的な学問・先端技術などを取り入れた。オランダ商館が提出する『和蘭風説書』は、ヨーロッパをはじめとする世界情勢を知る、ほとんど唯一のものであった。風説書はオランダ通詞によって日本語に翻訳され、長崎奉行から幕府に提出された。

出島に来航したヨーロッパ人のうち、日本の学問に大きな影響をあたえたのは、1690(元禄3)年来日のケンペル、1775(安永4)年のツュンベリー、1823(文政6)年のシーボルトの3人である。彼らは出島の三学者ともいわれる。もともとオランダ商館の医官であったが、医学はもちろん、植物学・天文学など幅広い知識をあたえた。とくにシーボルトは鳴滝塾を開き、診療のかたわらあらゆる学問について講義をした。

出島の一角に、シーボルトが2人の先輩ケンペルとツュンベリーをたたえたケンペル・ツュンベリーの記念碑(県史跡)があり、出島の模型もつくられている。その前に出島資料館がある。

唐人屋敷跡 ⑭ 〈M▶P.2,28〉 長崎市館内町
長崎電気軌道築町電停 🚶 5分

現在は横浜・神戸と並ぶ中華街へと発展

出島の東隣が新地中華街である。1698(元禄11)年の大火で唐船の貨物が類焼したのをうけて、長崎奉行所が西浜町の海中を埋め立ててあらたな築島を造成し、土蔵をつくらせたのは1702年のことであった。この地は新地蔵所とよばれ、中国人の倉庫であったが、安政

異文化織りなす坂のまち

の開国後は居留地となり、現在は横浜・神戸と並ぶ中華街へと発展した。四角い区画の東西南北に牌楼という中国式の門があり、中華料理店や中国雑貨の店が軒を並べており、毎年1～2月に開催されるランタンフェスティバルの主会場である湊公園は、南門をでたところにある。

つまり長崎にはオランダ人を隔離する出島と、中国貿易の荷物を保管する新地蔵所の2つの人工島があったことになる。

ここから東に3分ほど歩いていくと、唐人屋敷跡の石碑がある。それまで中国人は市内に自由に居住していたが、密貿易の多発をうけて中国人を1カ所に収容することとなり、唐人屋敷がつくられた。現在の館内町に1689（元禄2）年完成した唐人屋敷は、面積が約3万m^2で周囲を堀と土塀、竹矢来で囲んだ敷地内には、2階建ての長屋20棟がつくられた。出島の2.5倍の広さである。その目的は、抜荷（密貿易）防止とキリシタン禁圧にあった。唐船で来航する中国人約2000人程度を収容したという。鎖国時代長崎にやってきた中国人とオランダ人をくらべると、人数でも貿易量のうえでも圧倒的に中国人が多かった。

唐船が入航すると積荷は新地の蔵に保管し、中国人は唐人屋敷に収容された。中国との貿易品はオランダ貿易の場合とだいたい同じで、はじめわが国はおもに生糸を輸入し銀を輸出していたが、のち砂糖・薬品などを輸入し、銅・俵物（海産物）などを輸出するようになった。長崎の歓楽街として有名な銅座は、その輸出用の棹銅を

新地蔵所跡　　　　　　　　　　　　　　　　　　　　　　　　　　　天后堂

つくっていたところである。

　唐人屋敷跡には、土神堂（どしんどう）や航海安全の女神天后（てんこう）（媽姐（まそ））をまつった天后堂のほか、観音堂（かんのんどう）さらに中央部に、赤いレンガ造りの福建会館（ふっけんかいかん）があり、いまでも中国情緒が残っている。

オランダ坂（ざか）と東山手（ひがしやまて）の洋館群（ようかんぐん）⓯

〈M▶P.2,28〉 長崎市東山手町
長崎電気軌道市民病院前電停🚶3分

洋風住宅がたち並ぶ異国情緒豊かな町並み

　唐人屋敷から大浦のほうに5分ほど歩くと、活水女子大学にのぼる石畳（いしだたみ）の坂道にでる。その上り口に、大浦東山手居留地跡の石碑がたっている。その前の教会周辺に、一時アメリカ・イギリス・フランスの領事館がおかれていた。かつてのイギリス領事館（国重文）の赤レンガの建物は、1907（明治40）年に完成した洋風建築を代表するものである。現在は近代日本洋画の先駆者である野口彌太郎（のぐちやたろう）の作品を集めた記念美術館として衣替えしている。彌太郎は父の郷里である長崎を愛した画家で、いく度となく長崎を訪れ、多くの作品を残している。

　大浦町から東山手・南山手町にかけての一帯が、幕末から明治にかけての外国人居留地であった。1859（安政6）年、横浜・箱館（はこだて）とともに長崎の港も開かれた。外国人居留地をつくるために、大浦町を中心に11万m²（3万4000坪）が埋め立てられた。それに東山手・南山手、のち出島・新地も加え、33万m²（10万坪）をこえる広大な外国人居留地ができあがった。平地には商社やホテルなどがたち、山の斜面には領事館や住宅などの木造洋館が多くたち並んだ。こうし

オランダ坂　　　　　　　　　　　　　　　　　東山手洋館群

異文化織りなす坂のまち

長崎貿易のながれ

コラム

　江戸時代の長崎貿易は、糸割符制から相対貿易ついで市法商法から定高制と続き、ついには正徳新令へと移りかわった。

　糸割符制度は、外国船の舶載する中国産生糸を糸割符仲間とよばれる特定の商人に一括購入させて、それを国内商人に時価で売却するものであった。糸割符仲間は、当初堺・京都・長崎、のちに江戸・大坂が加わって五カ所商人に拡大された。17世紀中ごろになると中国産生糸の輸入量は倍増し、国内の生糸価格も高騰したため、糸割符仲間の資金力は限界に達した。

　幕府は1655(明暦元)年糸割符制を廃止し、相対貿易という自由貿易を実施したが、その結果国外へ流出する銀の量が急増した。こうした事態を改善したのが、名奉行といわれた牛込忠左衛門である。長崎代官大次平蔵の密貿易事件摘発で知られる牛込忠左衛門が、1672(寛文12)年に施行したのが市法商法である。貿易品の価格を目利役に評価させて長崎奉行が決定するというもので、これによって貿易の主導権を取り戻すことには成功した。しかしこの時期、遷海令が解除された中国からの貿易船が急増したため、国外へ流出する銀・金の量は膨大な量にのぼった。

　これを解決するために、1685(貞享2)年市法商法は廃止され、定高制が施行された。年間の貿易額を制限する制度で、オランダは銀で3000貫目、中国は6000貫目とされた。そのため中国からの密貿易が頻発することとなった。

　そして、ついに1715(正徳5)年正徳新令(海舶互市新例)が発布され、長崎貿易は中国船30隻・銀6000貫目、オランダ船2隻・銀3000貫目と大幅に縮小され、これが安政の開国まで続くことになった。

て、異国情緒豊かな長崎の町並みが生まれた。

　オランダ坂というのは、この居留地、とくに東山手一帯の石畳の坂道をいう。当時長崎では西洋人をみな「オランダさん」とよんでいたことからこの名がついた。オランダ坂を活水女子大学の正門まで歩いていくと、目の前に洋館がみえる。東山手十二番館(国重文)である。1868(明治元)年にプロイセン領事館としてたてられたが、アメリカ領事館にも利用されたらしい。板敷の広いベランダが珍しい。現在、長崎市旧居留地私学歴史資料館として公開されている。

　活水女子大学下のゆるやかな坂道を、右手に港を見おろしながら

出島商館跡から旧居留地へ

歩いていくと，石畳の急な下り坂になる。この誠孝院前の坂もオランダ坂である。坂の右手に7棟の洋館群がある。これらは明治時代に，外国人への貸アパートとしてたてられたものである。現在，東山手洋風住宅群として整備され，国の重要伝統的建造物群保存地区として町並み保存されている。そのうちの1棟が東山手地区町並み保存センターとなっており，居留地時代の写真が展示されている。

そこからすぐのところに孔子廟がある。西洋風のたたずまいのなかに，突如あらわれる中国華南地方の建物が対照的である。1893年長崎華僑の募金と清国政府の援助でたてられた孔子廟は，1967(昭和42)年に資材を香港・台湾から運んで，台湾人職人によって大修理された。さらに1983年には中国から資材，石像などを購入して改装し，竜宮城もかくやといわんばかりの華麗な姿となった。このとき併設された中国歴代博物館は，中国の中国歴史博物館・北京故宮博物院から第一級資料を借りうけて展示しており，みごたえがある。

大浦天主堂 ⓰
095-823-2628

〈M▶P.2,28〉 長崎市南山手町 2-18
長崎電気軌道大浦天主堂下電停 🚶 5分

現存する日本最古の教会 キリスト教会では唯一の国宝

電停大浦天主堂下で下車し，海岸通りにでるとギリシア神殿風の旧香港上海銀行長崎支店記念館がある。1904(明治37)年にたてられた，アーチ式のアーケードとコリント式円柱を配した3階建ての瀟洒な建物である。老朽化したため解体されるところであったが，市民の署名運動で保存が決まり，重要文化財に指定され，修復されて一般公開されている。

そこから山手に戻りゆるやかな石畳の坂道を5分ほど歩くと，清楚な白亜の教会がみえてくる。2001(平成13)年に補修工事をおえ，ひときわ美しさを増した大浦天主堂(国宝)である。安政の開国後，フランスのパリ外国宣教会が創建したカトリック教会で，1864(元治元)年，プチジャン神父のときに完成した。開国後各国と締結された通商条約では，日本人に対する禁教は維持するものの，外国人が居留地内に礼拝堂をつくることについては認めていた。

この天主堂は，1596(慶長元)年に殉教した26聖人に献じられたもので，西坂殉教地のほうを向いてたてられ，正式には日本二十六

ちゃんぽん

コラム 食

　今ではすっかり長崎の食文化を代表するようになったちゃんぽんが考案されたのは、100年以上前の1899（明治32）年のこと。福建省から長崎に移住し中華料理店四海楼を開いていた陳平順が、中国人留学生の貧しい食生活をみかね、安価で栄養価の高いものとしてちゃんぽんをつくったのがはじめとされる。ちゃんぽんの語源は福建語の「吃飯（ご飯を食べましたかの意）」という説が有力である。

　ちゃんぽん麺は長崎独特で、唐灰汁でこねるため黄色いのが特徴。基本的な作り方は、強い火力でよく熱した中華鍋で、まず具となるブタ肉やイカ・エビなどの海鮮類とキャベツ・モヤシ・キクラゲなどの野菜類を炒め、豚骨・鶏ガラでとったスープと麺を一緒に煮こんでできあがりである。

　ちゃんぽんは店によってスープや具材に独自性があり、食べ比べも楽しい。松が枝町の四海楼にはちゃんぽんミュージアムがあり、長崎ちゃんぽんの蘊蓄や食器、来店した著名人の写真などが展示されており、眺めるだけでも楽しい。

長崎四海楼

聖殉教者天主堂といい、地元ではフランス寺とよばれていた。現存する日本最古の教会であり、洋風建築では唯一、しかももっとも新しく製作された国宝である。施工したのはグラバー住宅やオルト住宅を手がけた小山秀ノ進で、洋風建築でありながら日本的な手法も取り入れられている。美しいステンドグラスをもつゴシック式木造建築で、明治初期にプワリエ神父によって増築され、創建当時の外見とは大きく異なるものとなった。なお内部は創建時のままであり、ステンドグラスやリブ・ヴォールトなど、ヨーロッパの建築技術が残されている希有な建造物である。

　大浦天主堂はまた感動的な「信徒発見」の舞台ともなった。江戸時代の250年にわたる禁教政策下で、みずからの力で信仰をまもり続けた浦上の潜伏キリシタンの年配の女性3人が、プチジャン神父に近づき耳もとにささやいた。「私達ノ心アナタト同ジ。サンタマリアノゴ像ハドコ？」。自分たちは浦上のキリシタンだと告白した

出島商館跡から旧居留地へ

旧香港上海銀行長崎支店記念館　　　　　　　　　大浦天主堂

のである。プチジャンは驚喜した。これが，キリスト教史で名高い「信徒発見」であり，250年ぶりの「キリシタン復活」であった。

　しかしこのまま信仰の自由は実現しなかった。明治新政府は1868(明治元)年3月，五榜の掲示によってキリシタンを邪宗門として信仰を禁じ，浦上キリシタン3394人を西日本諸藩に配流し，拷問・弾圧を加えた。いわゆる浦上四番崩れである。この問題は国際問題となったため，維新政府はようやく1873年キリシタン禁止の高札を除去し，浦上キリシタンの帰村を認めたが，浦上に帰ってきた者は1938人であった。1456人は苦難に満ちた，浦上キリシタンのいう「旅」の間に命をおとしたのであった。

グラバー住宅と南山手の洋館群 ⓱
095-822-8223（グラバー園）

〈M▶P.2,28〉長崎市南山手町3
長崎電気軌道大浦天主堂下電停 🚶7分

勤王志士を支援した，グラバーの旧宅が中心

　グラバー園には大浦天主堂から坂道をのぼってグラバー園入口から動く歩道を使うか，電停終点の石橋電停から2分ほど歩いて新設なったグラバースカイロードという，斜行エレベーターを利用していっきに最上段までいく方法がある。グラバー園は1974(昭和49)年に開園した。ここにはグラバー住宅(国重文)をはじめ，9棟の洋館が集められている。

　イギリスの貿易商人トーマス・グラバーが上海から長崎にきたの

異文化織りなす坂のまち

グラバー住宅

は、長崎開港直後の1859（安政6）年21歳のときであった。大浦にグラバー商会を設立し、貿易商をはじめたグラバーは、薩摩・長州などの西南雄藩に、小銃・大砲・艦船など大量の武器を売りこんで巨利を得た。坂本龍馬の亀山社中とも深いつながりがあった。グラバーはただの武器商人ではなく、尊王討幕運動にも理解があり、薩摩・長州の若い勤王の志士たちを支援し、面倒をみた。母国の立憲君主制にならった、天皇を中心とする新しい近代国家の誕生を期待していた。

グラバーが、わが国最古となる洋風建築であるグラバー住宅をたてたのは、来日4年目の1863（文久3）年である。この住宅を訪れた勤王派の志士たちは多い。長州の高杉晋作・伊藤博文・木戸孝允、土佐の坂本龍馬・岩崎弥太郎、薩摩の五代友厚らといった、そうそうたる顔ぶれである。またグラバーは、伊藤博文・井上馨・五代友厚・寺島宗則・森有礼らのイギリス留学を後援した。

グラバーはまた日本の近代化にも貢献している。薩摩藩の五代友厚と協力して、小菅修船場のソロバン・ドック（国史跡）を建設し、佐賀藩と共同で高島炭鉱に洋式採炭法を取り入れた。これらは明治政府に買いあげられ、のち三菱に払い下げられた。しかしグラバー商会の経営はしだいに苦しくなり、やがて商会を閉じ、グラバー夫妻は東京に移り住んだ。そのあとのグラバー住宅には、長男の倉場富三郎が住んだ。富三郎も、日本ではじめてトロール漁業をはじめ、遠洋捕鯨を操業するなど、長崎実業界のためにつくした。

このほかグラバー園には、茶貿易で活躍したW・J・オルトのオルト住宅（国重文）、富三郎と組んでトロール漁業をはじめたフレデリック・リンガーのリンガー住宅（国重文）などがある。

グラバー園をでると、南山手十六番館である。この建物は幕末、アメリカ領事館員の宿泊所として東山手にたてられたもので、1957（昭和32）年現地に移され、今は、観光資料館となっている。

出島商館跡から旧居留地へ

どんどん坂

　グラバー園出口を左折して石畳の道を5分ほど歩くと，マリア園に至る。明治中期にたてられたレンガ造り，3階建ての洋風建築は，周囲の景観にとけこんでいる。マリア園横の小さな坂道はどんどん坂とよばれ，側溝は居留地時代のままである。この周辺の南山手一帯も重要伝統的建造物群保存地区に指定されており，現在でも使用されている洋館も多く，居留地時代の面影を色濃く残している。

④ 眼鏡橋から寺町界隈

優美な姿を水面に映す石橋群。風頭山麓にたち並ぶ仏教寺院の通り、その名も「寺町」。繁栄と禁教の名残りを訪ねる。

眼鏡橋と石橋群 ⑱

〈M▶P.2,39〉 長崎市魚の町・栄町・諏訪町・古川町
長崎電気軌道 賑 橋電停 🚶 3分

日本初のアーチ形石橋
中島川にかかる眼鏡橋

眼鏡橋周辺の史跡

長崎市民の憩いの場である中島川は、長崎市の中心部を流れる全長6km足らずの小河川であるが、17世紀に石橋がつぎつぎにかけられた。日本初のアーチ形石橋として有名な眼鏡橋（国重文）は、1634（寛永11）年、興福寺2代住持唐僧黙子如定がかけたものである。水面にうつる優美な姿から眼鏡橋とよばれる。

1982（昭和57）年、長崎をおそった長崎大水害では、東新橋から大井手橋までの6橋が流されてしまった。また眼鏡橋なども大破したが、1986（昭和61）年、川幅を少し広げ、昭和の石橋として新しく生まれかわった。眼鏡橋は修復され、流失した編笠橋・一覧橋・すすきはら橋などが復元され、石橋群の景観を取り戻した。

もともと中島川は、川幅自体がせまいためアーチ形石橋をつくりやすいという利点があった。しかしそう

眼鏡橋

眼鏡橋から寺町界隈　39

したことをおいても，おおよそ町境に1つの橋がかけられ，短い流域にかくも多くの石橋があるということは，当時の長崎がいかに繁栄していたかを示すものである。なぜならば架橋当時の石橋は，多くの場合，個人が私財を投じたり，僧侶が資金をつのったりしてつくり，公費ではなかったからである。

興福寺 ⓲
095-822-1076
⟨M▶P.2,39⟩ 長崎市寺町64 P
長崎電気軌道公会堂前電停 🚶 7分

総朱丹塗りの山門が特徴
黄檗宗開祖隠元が入山

　長崎の唐寺のうち，17世紀前半に建立された興福寺・福済寺・崇福寺を唐三カ寺(いずれも黄檗宗)という。唐寺は，開創者が中国人貿易商らであったことからそうよばれており，建立の目的はキリシタンではないことの証明と，海上安全・商売繁盛の祈願であった。残念なことに福済寺は原爆で焼失し往時の面影はないが，興福寺・崇福寺は中国風の寺院建築の特徴をよく残しており，両寺院の建物が国宝や重要文化財に指定されている。また長崎の唐寺の特徴として，仏殿以外に船神である媽姐をまつる媽姐堂をもつことである。

　興福寺は1623(元和9)年に明から渡ってきた真円を庵主として，南京地方出身の唐人によって創建されたもので，別名「南京寺」とも，また朱塗りの建物から「あか寺」ともよばれている。

　日本黄檗宗の開祖隠元が来日して興福寺に入山したのは，1654(承応3)年，62歳であった。インゲンマメは，このとき日本に伝えられたという。隠元は，翌年には摂津に移り，さらに江戸で4代将軍徳川家綱に謁見し，宇治に黄檗山万福寺を開いて日本黄檗宗の本山とした。

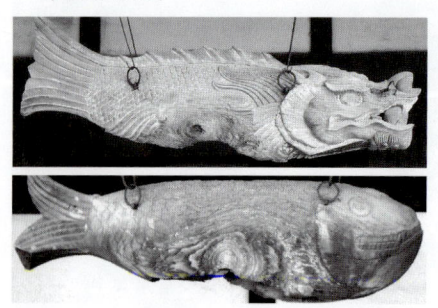

興福寺のけつ魚(魚板)

　興福寺の山門(県文化)は俗に赤myとも いわれるが，扁額の「東明山・初登宝地」は，書道の大家でもあった隠元の筆である。本堂の大雄宝殿(国重文)は，明治時代の再建であるが，壮大な純中国式建築である。大雄宝殿の左にたつ媽姐堂(県

異文化織りなす坂のまち

文化)は海上安全の女神媽姐(天后・菩薩ともいう)をまつったところである。中国船が入港すると,船に乗せてきた媽姐の像を,長崎滞在中ここにあずけた。船から唐寺に媽姐像を運ぶことを,「媽姐揚げ」とか「菩薩揚げ」といった。今日ではそれを擬したランタンフェスティバルの媽姐行列に姿をかえ,名物となっている。

山門をくぐって正面にみえる中島聖堂遺構大学門(県文化)は,長崎一の学問所で,日本三聖堂の1つにも数えられた長崎聖堂の大学門を,1959(昭和34)年現在地に移したものである。また媽姐堂の前にある唐人屋敷門(国重文)は唐人屋敷内にあったものを,1960年,現在地に移築復元した。

亀山社中跡 ⑳ 〈M▶P.2,39〉 長崎市伊良林2
長崎電気軌道諏訪神社前電停 🚶10分

坂本龍馬のつくった貿易商社、のち海援隊と改称

寺町の深崇寺(浄土真宗)と,禅林寺(臨済宗)の間の石段(通称龍馬通り)を10分ほどのぼった一帯は,亀山とよばれる。亀山社中の跡の石碑がたち,その裏手の家の一部が社中のあったところである。亀山の地では,1804(文化元)年に開窯した亀山焼がつとに知られている。木下逸雲らの崎陽三筆や田能村竹田らが絵付けした白磁染付,中国蘇州から取りよせた陶土で焼いた蘇州土亀山など珍重されたが,19世紀なかばには衰退し,1865(慶応元)年に閉窯した。

亀山社中は閉窯した屋敷を借用したものといわれ,幕末の1865年,土佐を脱藩した坂本龍馬が薩摩藩の援助をうけて,長崎の亀山につくった貿易商社である。

亀山社中跡　　　　　　　　　　　　　　　　　　　　　　　　龍馬通り

眼鏡橋から寺町界隈

崇福寺三門　　　　　　　　　　　　　　　　大雄宝殿の逆擬宝珠

　亀山社中は，開港後の長崎を舞台に，トーマス・グラバーと薩長の間を取りもち武器売買の仲介を行った。龍馬は薩長連合をなしとげるため，長崎にくる余裕はあまりなかったが，龍馬の右腕近藤長次郎（ちょうじろう）が社中をきりまわした。龍馬は，薩摩の西郷隆盛（さいごうたかもり）と長州の桂小五郎（かつらこごろう）（木戸孝允（きどたかよし））を仲介するため，京都と下関（しものせき）の間をとびまわっていたのである。一方，長崎でも龍馬の意をうけて，長次郎らが薩長和解に大きな役割をはたしていた。しかし長次郎は，イギリス密航の計画を同志に責められ，小曽根邸（こぞね）（現，万才町（まんざい）の法務局付近）で切腹した。1866（慶応2）年1月に薩長連合を成功させた龍馬は，その後たびたび長崎にきた。翌年1月には長崎で同藩（土佐）の後藤象二郎（しょうじろう）とあい，その力で脱藩の罪を許され，4月，藩の命で亀山社中を海援隊（かいえんたい）と改称し，その隊長に任命された。そして同年6月，京都に向かう土佐船「夕顔」のなかで，後藤象二郎に対して大政奉還（たいせいほうかん）案の「船中八策（せんちゅうはっさく）」を語った。これをもとに，15代将軍慶喜（よしのぶ）の大政奉還の上表となったのである。その直後，龍馬は京都で殺され，翌1868（明治元）年，海援隊は解散した。

崇福寺（そうふくじ）㉑
095-823-2645　〈M▶P.2,39〉　長崎市鍛冶屋町（かじや）7-5　Ｐ
　　　　　　　長崎電気軌道 正覚寺下（しょうがくじ）電停 🚶3分

　寺町の晧台寺から崇福寺の参道である崇福寺通りを5分ほどで，崇福寺三門に至る。崇福寺には多くの建造物があるが，そのなかには九州に5件しかない建造物の国宝のうちの2件があり，重要文化財は4件を数える。1629（寛永6）年，中国福建省（ふっけん）出身の人たちがたてたもので，福州寺ともいう。興福寺とともに唐寺（とうでら）とも赤寺ともよ

寺町ぶらぶら

コラム

　1614(慶長19)年江戸幕府は長崎周辺の諸大名に命じて，長崎の11のキリシタン寺院を破壊させ，キリシタン弾圧を強化した。その一方で，風頭山山麓には仏教寺院がつぎつぎと建立され，その数は14にもおよんだ。それらは幕府のキリシタン禁教政策と歩調をあわせるかたちで，幕府や長崎奉行の援助をうけて，17世紀前半に創建されている。禅林寺から晧台寺までの寺町通りには8つの寺院が並び，そのさまはまさしく「寺町」そのものである。

　光源寺(浄土真宗)は正確には伊良林にはいり寺町とはいえないが，この寺には1745(延享2)年の箱書きがある産女の幽霊像があり，それにまつわる飴屋の幽霊話はよく知られている。幽霊像は年に1回旧暦7月16日に開帳される。

　寺町の寺院の背後は，急な斜面を利用して階段状の墓地となっており，多くの著名人が眠っている。

　禅林寺(臨済宗)には，吉雄流外科で知られた吉雄耕牛，長崎南画の木下逸雲の墓がある。延命寺(真言宗)の門扉は，長崎奉行所から下賜されたものである。興福寺の右隣の長照寺(日蓮宗)には，江戸中期の天文地理学者で世界地理書の『華夷通商考』を書いた西川如見の墓がある。

　晧台寺(曹洞宗)には，長崎奉行の永井筑前守・松平石見守，町年寄の高島家・高木家のほか，豪商小曽根家の墓やオランダ商館長ドゥーフと，愛人瓜生野との間に生まれた混血児である道富丈吉の墓がある。風頭山頂にある日本写真の祖上野彦馬の墓も晧台寺にある。また高島家墓地に，近代砲術の祖高島秋帆の墓があり，楠本家墓地には，シーボルトの愛人であった楠本たき，その娘で日本最初の女医のいね，門弟の二宮敬作(いねの師でもある)が眠っている。

　大音寺(浄土宗)の北入口には，1808(文化5)年フェートン号事件の責任をとって自刃した，長崎奉行松平康英の墓があり，ほかにも4人の長崎奉行の墓がある。

ばれている。

　崇福寺入口の三門(3つの門戸があるからこうよぶ，国重文)は，浦島伝説の竜宮城に似ているところから，別名竜宮門ともいうが，現在の形になったのは意外に新しく，1849(嘉永2)年である。額の「聖寿山」は隠元の筆になる。

　急な石段をのぼると第一峰門(国宝)がある。1696(元禄9)年ごろの建立で，扁額の「第一峰」は，隠元の弟子で名筆家の即非の書で

2つの国宝をもつ唐寺，中国盂蘭盆会は旧暦7月26～28日

眼鏡橋から寺町界隈　43

ある。本堂の大雄宝殿(国宝)は1646(正保3)年の建築で、長崎市内に現存する建築物としては最古のもの。黄檗天井や軒先の逆擬宝珠などの様式は、類例をみないものである。第一峰門・大雄宝殿ともに中国で切組みした建築材を用いて建立している。ほかの唐寺と同じように、海上安全の女神媽姐をまつった媽姐堂(県史跡)があり、その前には媽姐門(国重文)がある。媽姐門をもつのは崇福寺だけである。

高島秋帆旧宅 ㉒

〈M▶P.2,39〉 長崎市 東小島町4
長崎電気軌道 正覚寺下電停 🚶 5分

近代洋式砲術の開祖 高島秋帆の別邸

正覚寺下電停から右手の坂道茂木街道を歩くと、すぐ正覚寺(浄土真宗)がある。1604(慶長9)年、キリシタンの町長崎で再興された仏寺第1号である。そこからさらに3分ほどのぼると、高島秋帆旧宅(国史跡)である。

江戸時代の高島家は、長崎四家の1つに数えられる名家で、代々町年寄として長崎の町の行政権を握ってきた。高島秋帆も40歳で町年寄となり、その権力のもとで、銃器の輸入・販売や近代砲術の教授など活躍をした。秋帆は1823(文政6)年商館長スチュルレルから近代洋式砲術を学んだ。そのころの高島家本邸は、現在の万才町(長崎家庭裁判所付近)にあったが、1838(天保9)年火災で焼けたので、小島郷の木造2階建ての雨声楼と称する別邸に転居した。

秋帆は、和蘭風説書などによってもたらされたアヘン戦争の情報に基づき、1840(天保11)年幕府に洋式砲術採用の意見書を提出(天保上書)した。翌年、秋帆は江戸出府を命ぜられ、幕府の重臣たちの前で、大砲や銃など大がかりな実演を行った。ところが1842年10月、讒訴により秋帆は逮捕され、翌年1月江戸送りとなり、11年後の1853(嘉永6)年ようやく釈放された。その後秋帆は幕府

高島秋帆旧宅跡の碑

異文化織りなす坂のまち

に重用され，海防掛や講武所師範役として幕府軍の近代化に貢献した。秋帆は開国論者としても知られ，釈放された1853年には開国を説いた嘉永上書を行っている。

花月(かげつ) ㉓
095-822-0191
〈M▶P.2,39〉 長崎市東丸山町2-1
長崎電気軌道思案橋(しあんばし)電停 🚶 5分

長崎花街の往時をしのばせる史跡料亭

なかにし礼の小説『長崎ぶらぶら節』は，丸山の芸者愛八(あいはち)と郷土史家の古賀十二郎(こがじゅうじろう)が，長崎の歌を探し求めた実話に基づいている。映画化もされ好評を博した。「遊びに行くなら　花月か中の茶屋　梅園裏門たたいて　丸山ぶうらぶら」と歌う民謡「ぶらぶら節」は，愛八が1931(昭和6)年にレコード化して有名になった。

江戸の吉原(よしわら)，京都の島原(しまばら)とならぶ日本三大花街であった丸山について，井原西鶴(いはらさいかく)は『日本永代蔵(えいたいぐら)』に「長崎に丸山といふ所なくば，上方の金銀無事に帰宅すべし」と丸山の賑わいを表現した。

丸山は，1642(寛永19)年，市内に散在していた茶屋を丸山・寄合(よりあい)両町に集めたのが始まりである。唐人屋敷とほぼ同じ面積で，長崎貿易の全盛期であった元禄年間(1688～1704)には1400人をこえる遊女がいた。丸山遊女は，一般人の立入りが禁止されていた出島や，唐人屋敷への出入りを許されていた。

丸山は数度の火災で当時の建物はほとんど焼失した。現在ただ1軒残っているのが，料亭花月(県史跡)である。1818(文政元)年丸山の老舗引田屋(しにせひけたや)の庭園内につくられた茶屋を，花月楼とよんだ。当時丸山随一の茶屋といわれ，有名な文人・志士たちも多くここを訪れた。田能村竹田・頼山陽(らいさんよう)・勝海舟(かつかいしゅう)・坂本龍馬・高杉晋作(たかすぎしんさく)らも登楼している。

この茶屋は1879(明治12)年の火災で焼失したため，その後は引田屋の別館に移転した。この建物が，料亭花月として今日まで続いている。2階の大広間の床柱に，坂本龍馬がいたずらにつけたという刀痕(かたなきず)が残っている。

花月の碑

眼鏡橋から寺町界隈

浦上川から祈りの丘へ

5

浦上天主堂や国際墓地，爆心地と平和祈念像。浦上川沿いを歩けば，祈りの町長崎の素顔に出合える。

聖徳寺 ㉔
095-844-0054
〈M▶P.2,50〉 長崎市銭座町4-59
長崎電気軌道銭座町電停 徒歩1分

浦上四番崩れのきっかけ「幽霊の図」を所蔵

聖徳寺(浄土宗)は，JR長崎駅前から浦上方面へ3つ目の銭座町停留所東側の丘の上にある。1626(寛永3)年，悟真寺の開山聖誉の弟子専世が建立した。長崎港と浦上との間に突きでた丘陵の先端に位置し，往時は浦上平野深くまで海水がはいっていたので，港湾一帯を見渡す絶景の地であった。

聖徳寺は山里村・淵村一帯の住民の教化にあたり，浦上キリシタンもこの寺の檀家であった。明治初期の浦上四番崩れは，この寺との関係をやめようとしたところからはじまった。聖徳寺は原爆で焼失し，現在の建物は1971(昭和46)年に再建された。本堂に安置されている阿弥陀如来像は，長崎県出身の彫刻家北村西望の手になるものである。また，円山応挙作の「幽霊の図」を蔵している。境内には，倉田水樋(長崎で，江戸時代に利用された水道)をつくった倉田次郎右衛門，日本種痘の祖楢林宗建らの墓がある。

聖徳寺

坂本国際外国人墓地 ㉕
〈M▶P.2,50〉 長崎市坂本町・目覚町26
JR長崎本線長崎駅 バス下大橋行目覚町 徒歩1分

エトランゼたちの眠る長崎最大の国際墓地

聖徳寺から北へ徒歩8分のところに，坂本国際外国人墓地がある。古くから外国人の出入りが頻繁だった長崎には，数カ所の外国人墓地がある。この坂本国際外国人墓地は，かつて国の管理のもとに大浦にあったものが，1879(明治12)年の居留地廃止に伴い長崎市に管理が移され，1905年ここに移設されたものである。英・米・仏・

46　異文化織りなす坂のまち

坂本国際外国人墓地

ポルトガルなどの諸外国人たちの墓が、それぞれ意匠をこらして仲よくたち並んでおり、そのなかには、英人貿易商トーマス・グラバー夫妻、その子倉場富三郎、原爆医療につくして長崎名誉市民第1号となった永井隆の墓もある。

　この墓地をくだって、バス道路をさらに北へ徒歩4分で、右手の石段の上に山王神社の一本柱鳥居がみえる。これは原爆の爆心地から約900m離れた高台にあり、被爆の際片側部分のみがかろうじて残ってたっている貴重な遺構である。石段をのぼりつめると山王神社がある。境内には被爆に負けず、樹勢をとりもどした2本の大クスがそびえている。

　山王神社はもと円福寺（真言宗）といい、今の場所より山の手にあった。島原の乱平定後、長崎に立ち寄った老中松平信綱が、この辺りの景色が比叡山に似ているので、山王権現をまつるようにすすめたという。延命寺の龍宣が開基となり、2代尊覚が今のところに移した。明治時代初期の廃仏毀釈で神社となり、日吉神社と改称した。

平和祈念像 ㉖

〈M▶P.2,50〉　長崎市松山町・平和町
長崎電気軌道松山町電停 🚶 5分

長崎から世界へ向け恒久平和への願い

　被爆都市長崎市を、国際文化の向上と恒久平和の理想にたって、その惨禍から立ち上がらせようと、1949（昭和24）年に公布された長崎国際文化都市建設法にのっとり、爆心地の松山町を中心に周囲の丘や川を取り入れて建設された公園が、平和公園である。現在、園内には平和祈念像・平和の泉・長崎原爆資料館・陸上競技場・野球場など各種の施設がある。

　平和祈念像は、長崎出身の彫刻家北村西望の作で、1955（昭和30）年に完成。高さ9.7mの青銅の男神像で、右手は天をさして原爆の脅威を、左手は水平にのばして平和を象徴している。この祈念像の

浦上川から祈りの丘へ

平和祈念像

前で毎年8月9日に、平和祈念式典が行われている。

原爆は浦上の中心、この平和公園の原爆中心碑の500m上空で炸裂し、浦上全部が焦土となった。1955年、爆心地から150m離れた展望のよい丘の上に建設された長崎国際文化会館内に、原爆資料展示室が設けられた。1996(平成8)年には建物も新しくなり、展示内容も大幅にリニューアルされて長崎原爆資料館として新しく開館した。当館は被爆の惨状をはじめ、原爆が投下されるに至った経過、および核兵器開発の歴史、平和希求など多くの資料を展示して学習・資料センターとしての役割をはたしている。

また2003(平成15)年に、原爆死没者を追悼し永遠の平和を祈念するために、国立長崎原爆死没者追悼平和祈念館が設立された。名簿や遺影を永久に保存し、手記・体験記や関係資料など、被爆体験を後代に継承するための情報収集や提供、被爆医療や平和を中心とした国際協力・交流に関する情報提供などが行われている。

浦上天主堂 ㉗
095-844-1777

〈M▶P.2, 50〉 長崎市本尾町1-79 P
JR長崎本線長崎駅🚌下大橋行浦上天主堂前🚶すぐ

アンゼラスの祈りの時を告げる「長崎の鐘」

長崎大学医学部前を北へ徒歩5分のところに浦上天主堂がある。旧浦上天主堂は、1895(明治28)年、フランス人宣教師フレノ神父の設計で起工、1914(大正3)年ベルギー人ラゲ神父のとき設計を変更し、赤レンガ造りのロマネスク様式大聖堂として完成した。信徒たちは献金や材料運搬の労働奉仕につとめたが、浦上四番崩れの一村総配流後で生活立て直しも容易でなく、フレノ神父は過労で倒れ、完成までに20年かかった。それから11年後に双塔ができ、2個のアンゼラスの鐘がつるされた。

敷地は旧浦上村山里の庄屋屋敷跡である。庄屋の高谷家の先祖は大友家につかえた肥後国守護菊池氏の末流で、もとはキリシタンだったと考えられている。

異文化織りなす坂のまち

現在の浦上天主堂　　　　　　　　　　　　浦上天主堂遺壁

浦上地区の信徒1万2000人のうち，8500人を死に至らしめた原爆により旧浦上天主堂も倒壊焼失した。わずかにその遺壁を平和公園（爆心地公園）に残すだけである。双塔の鐘も1個は破壊したが，もう1つは再建された新天主堂の塔から，今もアンゼラスの祈りの時を告げている。「長崎の鐘」といわれているのは，この鐘のことである。

　現在の天主堂は1959（昭和34）年の再建で，1980年には赤レンガで改装し，原爆被災前の面影に復し，翌年にはローマ教皇ヨハネ・パウロ2世を迎えた。前庭には「信仰の碑」や被爆した「悲しみの聖母像」などがある。周辺にはカトリックセンター・南山(なんざん)学園・聖フランシスコ病院・純心女子学園などがあり，復活した長崎カトリックの中心地となっている。

如己堂(にょこどう) ㉘
095-844-3496

〈M▶P.2,50〉　長崎市上野(うえの)町22-5
JR長崎本線長崎駅🚌下大橋行如己堂下🚶すぐ

永井隆の祈りと，平和への心を示す舞台(ぼう)

　浦上天主堂から，サントス通りを歩いて5分のところに如己堂がある。敬虔(けいけん)なキリスト教徒であった永井隆が，原爆にあい白血病に倒れ，病床にありながら，1室2畳だけのバラック建てのこの小庵で，最後の3年間をすごした。『ロザリオの鎖』『亡びぬものを』『長崎の鐘』『この子を残して』など多くの作品をあらわしたのもこの如己堂である。永井はここで祈りと平和を訴え，焦土のなかで茫然(ぜん)自失の人びとに生きる希望をあたえ，1951（昭和26）年5月1日にこの世を去った。「如己堂」とは「おのれのごとく人を愛せよ」との意味で，永井の心があらわれている。

　如己堂に隣接して永井隆記念館がたっている。これは永井が，「う

浦上川から祈りの丘へ　　49

浦上駅周辺の史跡

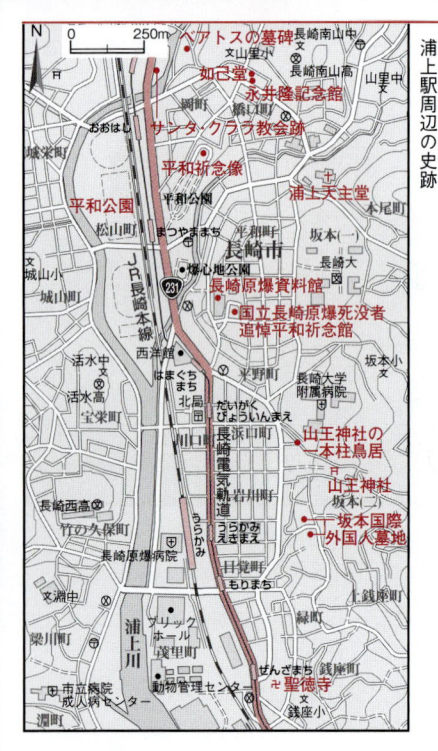

ちらの本箱」と名づけた小さな読書室をつくっていたことにおこり，永井の死後，その業績をたたえて，寄附金と公費により1952年12月に建設された市立図書館である。それを2000（平成12）年4月に全面改築したもので，博士の遺品・書画・原稿・著書・写真その他が展示され，また市民（おもに子どもたち）の図書館としても利用されている。

この地には，もと潜伏キリシタンの帳方屋敷があった。徳川幕府の厳しい迫害で宣教師は追放され，潜伏キリシタンの指導者はいなくなり，さらに五人組制度が強化された。もとはキリシタンと知っていても，隣同士でさえ，信仰をまもっているかどうかわからないようになっていた。

このまま信仰が絶えてしまうことを危惧し，17世紀中ごろに中野郷の孫右衛門らによって秘密の組織がつくられた。この秘密組織の指導者が帳方とよばれ，教理・祈り・教会暦を維持し，その伝承を役目として，孫右衛門の子孫が代々つとめた。帳方とは，太陽暦に基づく教会暦の祝日が太陰暦ではいつにあたるかを繰りだし，知らせる役目からついた呼び名である。

7代目の吉蔵が浦上三番崩れ（1856年）でとらえられ牢死し，組織が崩壊するまで代々帳方がここに住んだ。この吉蔵の曽孫が永井隆の妻みどりである。如己堂の帳方屋敷跡は，浦上キリシタンの根強い信仰の証として，記念すべき場所である。

如己堂からバス通りを経て約4分，山里小学校の裏手にベアトス

50　異文化織りなす坂のまち

如己堂と永井隆記念館　　　　　　　　　　　　　　サンタ・クララ教会跡碑

の墓碑がある。寛永年間(1624〜44)、本原郷のキリシタン親子3人が、長崎奉行から棄教を迫られたが、役人の責め苦にたえぬき、この地で火刑により殉教した。村人はこの親子の遺骸をもらいうけ、墓をつくってベアトス様(福音者の意)として尊敬したという。1934(昭和9)年、有志によりこの墓碑がたてられた。

　そこから坂をくだり本大橋を渡り、国道にでて左へ約2分のところにサンタ・クララ教会跡の石碑がある。1603(慶長8)年にポルトガル人や日本人キリシタンの喜捨により建立され、イエズス会の布教地となっていたが、1614年のキリスト教弾圧でとじられた。ところが、その後も近くに潜伏したキリシタンたちは、毎年7月19日聖母被昇天祭の4日前になると、サンタ・クララの祝日を「よか盆」と称して集まり祈った。お参りは時期的にお盆と同じであったので、盆踊りに似せながら役人の目をごまかしたのである。

悟真寺 ㉙　〈M▶P.2〉長崎市曙町6-14
095-861-2654　　JR長崎本線長崎駅🚌稲佐行悟真寺前🚶すぐ

外国人墓地で有名
異国の雰囲気ただよう古刹

　バスを悟真寺前で下車すると、外国人墓地で有名な悟真寺(浄土宗)がある。1598(慶長3)年、筑後善導寺の僧聖誉玄故が開いた寺院である。キリシタン全盛時代、神社仏閣は布教上の障害としてことごとく焼き払われていたが、聖誉は布教につとめ、長崎における仏寺再興の始めとなった。1814(文化11)年に再建された本堂は原爆で焼け、山門だけが残っている。現在の本堂は1959(昭和34)年に建立され、境内は稲佐氏の山城であったと伝えられる。

浦上川から祈りの丘へ　　51

悟真寺

　この悟真寺は建立当初から中国人と関係が深く、在留中国人の檀那寺となり、墓地の大半は唐人墓地で占められ、そのなかには悟真寺の再建につくした明人欧陽華宇の墓もある。中国人墓地の一角にあるのが、稲佐国際墓地である。1859（安政6）年から約10年間にわたって使用された墓地で、31基が赤いレンガ塀の区画のなかにある。ここにはおもにイギリス人とアメリカ人が埋葬されている。ドイツ系アメリカ人のグスタフ・ウィルキンズの墓碑には、ウィルキンズの寵愛をうけ、この墓碑をたてた丸山の茶屋「津の国屋」の芸者玉菊の名もきざまれている。

　またオランダ人墓地に現存するもっとも古い墓碑は、1778（安永7）年に埋葬された、オランダ商館長ヘンドリック・デュルコープの墓で、司馬江漢の『西遊旅譚』にも挿絵つきで紹介されている。ここには1780年ごろから1870（明治3）年にかけて、出島に住んだ外国人の墓41基がある。そのほか稲佐には開国直後からロシア人が多く居住しており、悟真寺には長崎で死亡したロシア人の墓地がつくられた。ロシア人墓地の一角には、ギリシア正教会風の小さいチャペルがたてられ、周囲の墓と相まって独特の雰囲気をかもしだしている。

稲佐国際墓地のロシア人墓地

長崎造船所 ㉚
095-828-4134
〈M▶P.2〉　長崎市飽の浦町1-1
JR長崎本線長崎駅🚌 立神・飽の浦行造船所前

　ペリーの来航に刺激された幕府は、開国の方針を決め、長崎に海軍伝習所を開き、1857（安政4）年、艦船造修工場として飽の浦に長崎鎔鉄所を創設した。これが長崎造船所の始まりで、当時の総面積

三菱重工長崎造船所史料館

は3万m²だった。のち明治新政府の所管となり、1879(明治12)年には当時東洋一といわれた長さ130mの立神ドックが完成した。1887年、45万9000円で岩崎弥太郎の三菱会社に払い下げられた。この年、最初の鉄製汽船夕顔丸(206t)が進水した。造船所は日清・日露戦争の期間に設備が拡充され、常陸丸(6000t、当時の国産最大)が1895年に竣工、1905年には立神第三ドックが完成し、艦船受注で東洋一の規模をもつようになった。戦艦土佐は軍縮の犠牲となって未完のまま沈められたが、口径46cmの主砲9門を装備する6万5000t級の当時世界最大の戦艦武蔵は、戦艦大和の姉妹艦として1942(昭和17)年8月にこの造船所で竣工された。

造船立国日本をささえた巨大造船所とその資料

第二次世界大戦後は、財閥解体で西日本重工業長崎造船所(のち三菱造船と改称)となり、昭和20年代は底曳網漁船などの建造で苦境を切りぬけてきた。そして、昭和30年代になると、外国の注文による大型タンカー建造が多くなり、活況を取り戻した。その後20万tから30万t級タンカー建造の時代になり、昭和40年代には連続世界一の進水量を記録した。1972(昭和47)年には、対岸に世界最大、100万t建造ドック(長さ990m・幅100m)をもつ香焼工場を完成させた。

三菱重工長崎造船所史料館には、1857(安政4)年の創業時から現在に至るまでの、長崎造船所で製作または使用した各種の大型機器をはじめとする、工場の歴史を示す貴重な資料を展示している。とくに竪削盤(国重文)は、1857年の創業時に、オランダから18台の工作機械と駆動用蒸気機関を購入したうちの1台であり、現存するわが国最古の工作機械として、非常に貴重なものである。またこの史料館は、1985(昭和60)年に開設し、建物は、1898(明治31)年に竣工した、木骨レンガ造り二階建ての旧鋳物工場の木型場を利用している。

浦上川から祈りの丘へ　53

⑥ 長崎街道日見峠をこえて

長崎街道は江戸時代，西洋・中国の文物を全国に伝えた道。往時の道をたどって，周辺の文化財を訪ねる。

一瀬橋 ㉛ 〈M▶P.2,55〉 長崎市本河内町・中川 2
長崎電気軌道 蛍茶屋電停 🚶 2 分

長崎の玄関口で惜別の地かつてはホタルの名所

電車を終点の蛍茶屋でおりて左手。ここからはシーボルトの鳴滝塾も歩いて15分ほどのところにある。諏訪神社の方から続く長崎街道は，ここでいったん国道へでないと進めない。しかし，右に大きくカーブする国道からすぐに離れて，墓地の下の細い道へとはいっていく。しばらく歩くと一瀬口に着く。ここは江戸時代，長崎から旅立つ人を見送るときの惜別の地であった。

海に面した長崎は，まわりを高い山に囲まれており，陸路で長崎からでるためには，この険しい山をこえていかなければならない。江戸時代，陸路で長崎からでる場合，浦上から時津へと向かう道などいくつかあったが，もっとも往来の盛んな道が長崎の東に連なる日見峠をこえて諫早につうじる街道であった。長崎の人たちは，日見峠への上りにさしかかるこの場所まで，旅立つ人を見送りにきたという。

中島川にかかる一瀬橋のたもとに，江戸時代末期以来茶屋がひらかれ，ホタルの名所でもあったため，蛍茶屋とよばれていた。すぐ上流には本河内水源地の堤防があり，谷をふさいでいる。橋は1653（承応 2 ）年に，唐通事の頴川道隆が私財を投じてかけたもので，

一瀬橋（左）とその欄干（右）

異文化織りなす坂のまち

烽火山周辺の史跡

欄干柱の橋名の上にローマ字でICHINOSEBASHIとみえるのは，1882(明治15)年，日見国道改修のときにきざまれたものである。かつては長崎の玄関口として別れを惜しんだ場所であったが，現在はすぐ横を国道34号線が走り，車の騒音がたえまなく，往時をしのぶものはこの橋だけとなった。

　一瀬橋から北東の方向に烽火山(ほうかざん)がある。島原の乱平定後の1638(寛永15)年に，異国船入港の異変に備えて，この山の頂上に烽火番所がおかれた。もともとこの山は斧山(おのやま)とよばれていたが，それ以後，烽火山とよばれるようになったものである。長崎の港とともに遠く野母崎(のもざき)まで見渡すことができ，野母崎の権現山(ごんげんやま)にあった遠見(とおみ)番所からの烽火をうけて，大村領(おおむら)の琴ノ尾岳(ことのおだけ)，諫早領の多良岳(たらだけ)へと烽火をつないだ。実際に使われたのは，1647(正保(しょうほう)4)年のポルタガル

烽火山に残る烽火台跡

長崎街道日見峠をこえて　　55

船入港，1808（文化5）年のフェートン号事件のときの2回であった。山の頂上には今も直径4.8mの円形の烽火台跡が残っており，県指定史跡となっている。片淵5丁目の妙法寺仏舎利塔があるところから1.5kmほど山道を歩いてのぼることができる。江戸時代には，正月の適当な日を選んで長崎を囲む7つの山を，わらじ履きで1日かけて巡拝するならわしがあった。七高山巡りという。7つの山とは，この烽火山を含めて金比羅山・七面山・秋葉山・豊前坊・彦山・愛宕山である。

烽火山の南，一瀬橋からは南東の方角にみえるのが，彦山である。「わいたち　みんな出てみろ　今夜こそ　彦山やまの月のよかばい
長崎の山から出る月はよか　こんげん月はえっとなかばい」，この歌は1804（文化元）年から1年間，長崎奉行所の支配勘定方として赴任した大田蜀山人（狂歌師）の作である。

芒塚句碑 ㉜

〈M▶P.2,55〉　長崎市芒塚町583-2
JR長崎本線長崎駅🚌御手水経由東長崎方面行芒塚🚶5分

江戸時代から平成まで、道の歴史をたどることのできる日見峠

一瀬橋を渡り，国道の下をくぐり彦山麓へとだらだら坂をのぼると，すぐ左手に渡り鳥塚がある。1813（文化10）年に長崎の俳人たちが，松尾芭蕉の120回忌・長崎出身で芭蕉の弟子であった向井去来の110回忌にあたり建立した句碑である。「めにかかる　雲やしばしの　わたり鳥　翁」，「故さとも　今はかり寝や　渡と里　落柿舎」と芭蕉・去来師弟の句がきざまれている。

さらに長崎街道は右に彦山，左に烽火山・本河内水源池をのぞみながらゆるやかにのぼっていく。この辺りは明治以後に水源池や国道の建設によって，旧街道の面影はほとんどなくなっている。高部水源池内には水没した石橋が残っており，渇水時には姿をあらわす。

日見トンネル（東口）

異文化織りなす坂のまち

コラム

長崎街道

　江戸時代は平和な時代が続いたこともあって、全国を結ぶ水上・陸上ともに交通網が発達した。陸上交通では主要な幹線道路として、五街道（東海道・中山道・甲州道中・日光道中・奥州道中）があったが、その周辺地域は脇街道によって結ばれていた。

　なかでも、江戸から東海道・中国路をとおり、小倉から唯一西洋に窓を開いていた港、長崎へとつうじる長崎街道は、脇街道として重要な位置を占めていた。街道は長崎と小倉を結ぶ全長57里（約223.8km）におよぶ。

　天領であった長崎を管轄する長崎奉行をはじめ、幕府の諸役人や長崎の警備を命じられた佐賀藩や筑前福岡藩の藩士、オランダの出島商館長、蘭学を学びにくる学者、幕末には各地の志士ら多くのものが、この街道を行き来した。江戸時代、長崎がはたした特殊な役割によって、この街道は人や物の移動のみならず、異国の文化を日本全国へ発信する情報伝達の道でもあり、日本の近代化を促した道でもあった。

　そのルートは①長崎から浦上をとおり、時津から大村湾を船で渡り佐賀へ向かうルート、②長崎から日見峠（長崎市）をこえて、諫早へ向かい、大村・東彼杵をとおって佐賀へ続くルート、③諫早から有明海沿いに、佐賀県の太良・鹿島へぬけるルート、④諫早から船で有明海を渡り、福岡県の柳川へと着くルートなどいくつかの道があった。

　なかでも、もっとも古い道は二十六聖人が長崎へつれてこられた①のルートである。江戸時代も18世紀なかば以降になると、②のルートがもっとも使われるようになった。出島オランダ商館付きの医者であったシーボルトが、1826（文政9）年に商館長の江戸参府に随行したときのルートも②である。

　現在、長崎県内に往時の長崎街道をしのばせる場所は少なくなったが、そのうち、日見峠・井樋ノ尾峠（諫早市）・鈴田峠（大村市）などが、古道の様子を伝えている場所として、1996（平成8）年に文化庁によって「歴史の道百選」に選ばれている。

日見峠明治新道切通し

長崎街道日見峠をこえて

また，高部水源池をつくっている本河内高部ダムは，近代水道のための日本最初のダムで，1891(明治24)年に完成している。日見峠は標高約200mで，1568(永禄11)年に道路が開かれ，長崎街道のなかでも西の箱根とよばれたほどの難所であった。長崎には，江戸時代から昭和の初期まで，毎年，八朔(旧暦8月1日)の「日拝み」をこの峠で行う習慣があり，この日は多くの人で賑わったという。

　1882(明治15)年，峠を約33m掘りさげて道路を改修し，峠越えの車道が建設された。明治の日見新道である。建設費の不足を補うため，人は1銭，牛馬は5厘の通行料を徴収し，日本最初の有料道路となった。旧街道は，このとき掘りさげられた切通しのうえを斜めに横切っていた。かつては峠に4，5軒の茶屋があったという。下からのぼってくると，今でもここで一休みしたいと思わせる場所である。

　幕末にはここに関番所がもうけられた。日見トンネル(全長642m)は峠の下をつらぬいているが，これは1924(大正13)年に着工し，2年後に国道とともに完成したものである。当時は日本最長のトンネルで，坑門の装飾に大正末期のデザインをみることができ，2001(平成13)年に国の登録有形文化財となった。

　また1976(昭和51)年には，国道の北側をとおる日見バイパス建設が着工し，1999(平成11)年には新日見トンネルも完成した。日見バイパスは2001年12月に全線開通し，国道34号線の渋滞緩和に役立っている。日見峠では，江戸時代の長崎街道，明治の日見新道，大正の国道(日見トンネル)，そして現在の日見バイパス(新日見トンネル)という4つの時代の道を一挙にみることができる場所となっている。これは，日見峠が長崎とほかの地域を結ぶ幹線道路としての

芒塚句碑

役割をずっとになってきたためである。

　峠をこして舗装された明治の日見新道は七まがりへと進むが、旧街道はそれから右の谷側へ分かれてくだっていく。この坂はセメント舗装してあるが、舗装の下には石畳が残っているという。

　しばらく坂をおりていくと芒塚句碑(県史跡)がある。「君が手もまじるなるべし　花薄(はなすすき)」、長崎興善町(こうぜん)に生まれた俳人で、松尾芭蕉に師事し、蕉門十哲(しょうもんじってつ)の1人であった向井去来の句碑である。この句は1689(元禄(げんろく)2)年、去来が帰崎し、京都へ戻るとき、峠から見送る甥(おい)の卯七(うしち)を詠んだもので、去来の懐郷の念を思わせる句である。印材形の碑は、1784(天明(てんめい)4)年に長崎の俳人たちによってたてられたもので、先端に獅子のつまみがあるところから、地元の人は「シシコサマ」とよんで願掛を行ったという。かつては日見新道と国道がまじわる直前の小高いところにあったが、九州横断自動車道日見ICの建設に伴い、2001年に現在地に移設された。ただ、その場所もこの句碑が最初に建立された場所から、1856(安政(あんせい)3)年に移されたところであり、現在地のほうが最初に建立された場所に近いという。

矢上神社(やがみじんじゃ) ㉟
095-839-0909

〈M▶P.2〉　長崎市矢上町151　[P]
JR長崎本線長崎駅🚌東長崎方面行矢上　🚶1分

長崎街道筋にたつ古社
くんちには浮立を奉納

　芒塚からさらにくだり、街道はいったん国道とまじわるが、すぐに下側の谷あいへとおりていく。そこは長崎をでて最初の宿があったところで、長崎街道25宿の1つ日見宿である。長崎へは2里(約7.9km)の距離と近いので宿泊施設はなかったが、人馬継立(つぎたて)は整の

腹切り坂　　　　　　　　　　　　　　　　　　　　　　　　　　矢上神社

長崎街道日見峠をこえて

っていた。さらに進むと、なかにし礼『長崎ぶらぶら節』の主人公ともなった芸者愛八の出身地である網場の海岸にでる。ここにはペンギン水族館がある。2001(平成13)年4月に開館し、ペンギン種類数で日本一の7種類を一堂にみることができる。

　旧街道は再び国道の方へのぼりつめ、腹切り坂へと進む。その昔、ある大名の家臣が日見宿で、町人となっていた平家落人の末裔に試合をいどんで負け、武士の面目を保つためここで切腹してはてたという。今は、国道拡幅と宅地造成のため、昔の面影はなくなっているが、その武士をあわれんで村人たちがつくったものと思われる墓石と、供養塔2基が国道脇(バス停網場道)に移転して設置してある。

　国道を横切り腹切り坂をのぼると日見と矢上の領境石があり、宅地造成のために移動されているが、往時の街道をしのばせてくれる。日見側には「彼杵郡之内日見境」、矢上側には「従是北佐嘉領」ときざまれており、この坂が幕府領の日見村と佐賀藩の支藩に属する諫早領矢上村との境となっていた。

　矢上にはいり、国道と平行する旧街道沿いに、矢上神社がある。矢上神社は素戔嗚尊・大己貴命・少彦名命をまつっている。社伝によると、1281(弘安4)年元寇の国難にあたり、国家鎮護の神としてまつられたものという。そのころ、夜ごとに光を発するものがあり、村人が探し求めると一振りの剣があった。これは神が、外敵追放のために剣を箭として用いたものに違いないと考え、その剣をご神体として「箭の神」としてまつった。これが矢上の地名の由来といわれる。長崎でも屈指の古社で1522(大永2)年大王社となり、1575(天正3)年に現在地にまつられ、1872(明治5)年矢上神社となった。

　神社本殿脇の観音堂には3体の馬頭観音がみられ、もっとも古いもので、1699(元禄12)年の年号とともに「矢上札馬持衆中」の銘があり、街道との関連が察せられる。例祭は10月17日で「矢上くんち」といわれ、地域に伝わる民俗芸能、間の瀬狂言や中尾の獅子舞、そのほか浮立などの奉納踊りがある。

　矢上の西方、黒岳の谷あい、JR現川駅から5分ほどのところに、1691(元禄4)年佐賀藩諫早領の田中刑部左衛門(宗悦)らが開いた

滝の観音(長滝山霊源院)と境内にある滝

現川焼の窯跡(県史跡)がある。しかし，これらの窯は18世紀中ごろにはとじられてしまい，現在その遺品はきわめて少ない。

　また，矢上から車で約7分のところに，滝の観音(県名勝)とよばれる長滝山霊源院がある。806(大同元)年，弘法大師が開いた霊場と伝えられるが，17世紀中ごろに黄檗宗木庵の法子鉄巌が禅堂を建立し，中国の商人許登授が現在の本堂を寄進した。緑のなかのひっそりとした境内には，多数の石仏観音像や岩肌に線刻された十八羅漢像などがある。いちばん奥まったところに約30mの滝がかかり，涼味をそえている。

本田家住宅 ㉞　〈M▶P.2〉　長崎市中里町 1478 🅿
JR長崎本線長崎駅 🚌 矢上経由諫早方面行藤棚 🚶10分

　矢上神社の前の旧街道をとおりすぎると，教宗寺(浄土真宗)がみえる。江戸時代のはじめころに創建された教宗寺では，1826(文政9)年オランダ商館長の江戸参府のときにシーボルトらが昼食をとっており，また，佐賀藩が長崎警備のときには家臣たちの宿泊所

小川家の藤棚

長崎街道日見峠をこえて　61

旧本田家住宅

国重文で、県内ではもっとも古い農家住宅

になっていた場所である。

やがて街道は再び国道を横切り、八郎川を渡り左岸にでる。八郎川の名は、鎮西八郎為朝（源 為朝）に由来するという。

街道沿いを歩いていくと、役行者神社、領境石とその台座などが、江戸時代の街道の様子を伝えている。

街道は長崎市の北端の古賀にはいる。現在は植木の産地として有名になっている古賀には、キリシタン殉教者の供養塔などがあり、キリシタン撲滅のために、時の島原藩主によって建立された福瑞寺（浄土真宗）にはキリシタン墓石もみられる。また、ここはあたたかみのある素朴な土人形の古賀人形があり、親しまれている。

16世紀末にこの地に移り住んだ小川家の3代目が、農業のかたわら神仏用品の土器をつくり、晩年には小型の人形も焼いたという。これが古賀人形の始まりで、かつては数軒の人形屋があったが、現在では街道沿いの茶屋であった小川家のみが残っている。小川家の庭には大きな藤棚があり、街道をとおる人びとの休憩所となっていた。

この藤棚から東南200mほどのところに、旧本田家住宅（国重文）がある。本田家は18世紀の中ごろには古賀村に住んでおり、そのころにつくられたと考えられ、現存する農家住宅としては県下では最古の遺構の1つである。日本の農家住宅の基本は、屋内を作業部分の土間と居住部分の部屋とに分け、居住部分は田の字形に4つの部屋に区切るが、本田家住宅は土間に近い方の2室の間仕切りを除いて一室にした、いわゆる三間取りの形をもつ。

異文化織りなす坂のまち

旧炭鉱の島々をのぞむ長崎半島の史跡

7

鎖国期,異国船警備の重責をになった最西端の地長崎半島。
軍艦島など,近代化をささえた旧炭鉱の島々をのぞむ。

茂木街道 ㉟　〈M▶P.3,39〉長崎市茂木町
JR長崎本線長崎駅🚌茂木行終点

江戸時代より続く唐八景のハタ揚げ(4月29日)

　長崎半島の八郎岳山系を田上峠でこえ,長崎市の南東部,橘湾にのぞんだ港町が茂木町である。沖に天草の島が浮かび,北方に千々石断層崖が連なり,その彼方に雲仙岳がのぞめる。1580(天正8)年,領主大村純忠によって長崎とともにイエズス会に寄進されたが,豊臣秀吉に没収されて直轄領となり,漁港として栄え,また背後の山腹でのビワの栽培でも活気づくようになった。茂木ビワの起源は150年前の19世紀なかば,三浦シオという女性が中国南部から伝わった種子を育てたのにはじまるという。茂木町から北浦にかけての白岩海岸には植物化石層(県天然)がみられる。

　長崎から茂木へ向かう道を茂木街道というが,正覚寺下行き路面電車の終点近くにある正覚寺前には「長崎茂木街道ここに始まる」ときざまれた石碑がたてられている。思案橋から正覚寺(浄土真宗)の門前に至り,高島秋帆邸跡の下を歩き,白糸の滝を経て田上峠をのぼる。秋帆邸をすぎて墓地にはいると,坂は急になる。この辺りはピントコ坂の名があるが,唐人旻徳と彼を慕った悲恋の遊女阿登倭を葬った唐人塚があるところからこの名がある。峠の田上町は,盆地状の平坦地となっている。田上バス停から西に約3分,松原山田上寺(浄土宗)がある。境内には,松平長七郎(駿河大納言忠長の子)の墓といわれる,風格のある墓石がある。裏山の千歳亭は,向井去来の叔母が住んでいた庵で,1698(元禄11)年夏に訪れた去来の,「名月やたがみにせまる　旅ごころ」の句がしのばれる。

茂木街道入口正覚寺前

旧炭鉱の島々をのぞむ長崎半島の史跡

ハタ揚げ

街道は田上から谷底におりて，茂木に向かう。田上の南方にやさしい丸味をおびた山が，唐八景である。北側斜面に合戦場という地名もあるが，長崎開港当初，長崎領主長崎甚左衛門純景の軍が深堀純賢の軍を迎え撃った戦場で，また江戸末期には高島秋帆が砲術演習をしたとも伝えられる。頂上からの眺望はすばらしく，古くから長崎人の行楽地として親しまれ，3月から4月（現在は4月29日）に行われるハタ揚げは，江戸時代から続いている年中行事である。

城下町深堀と旧炭鉱の島々 ㊱

〈M▶P.3,65〉 長崎市深堀町
JR長崎本線長崎駅 🚌 深堀行終点

日本初の竪坑をもつ近代的炭鉱開発の地

大浦海岸通りを南下すると，沿岸には造船所や船舶修理工場が並んでいる。長崎市の南端の町が深堀で，香焼島と向かいあっていた。佐賀鍋島藩の家臣深堀氏の居城（陣屋）だった地で，歴史は長崎よりも古く，関東三浦氏の一族で上総国より1255（建長7）年，深堀能仲が，彼杵郡戸八浦荘（長崎市戸町）の地頭職として任命されたことにはじまる。集落としての歴史も古く，1964（昭和39）年以前発掘調査の結果，縄文時代から弥生時代にいたる時期の人骨・石器・土器・金属器などが出土した。

深堀三浦氏は，戦国時代末期，諫早西郷家から純賢を養子に迎えた。さらに佐賀石井家から養子をとり鍋島に改姓し，鍋島藩の重臣となり，鎖国時代は長崎港警

深堀陣屋跡

64 異文化織りなす坂のまち

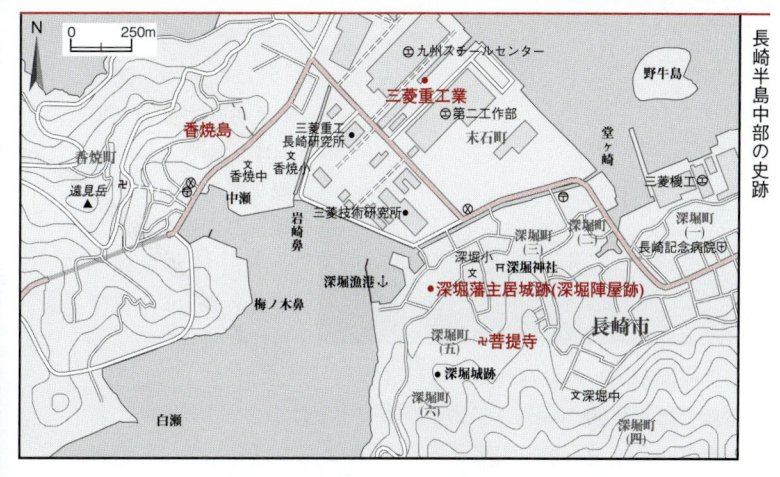

備の役にあたった。藩主の居城は、小高い丘の上に書院の跡が、その北東には武家屋敷跡があり、両側に石塀が続いている。そこから小学校の南方へまわると、城山の麓に金谷山菩提寺(曹洞宗)がある。寺内左裏手には、江戸期における領主の墓地としては長崎市内唯一のものである深堀鍋島家墓地がある。正面入口は石造半円の門で、間口14.5m・奥行17.8m、代々の藩主など41基の墓石が並んでいる。また深堀騒動で切腹した10人の墓もある。

向かいの香焼島は、長崎外港開発計画によって1970年に埋め立てられ、深堀とつながった。この島は1892(明治25)年の炭鉱開発以後、1902年に造船所も開かれた。第二次世界大戦中、島の北部には、当時東洋一といわれた10万tドックをもち、軍需産業の川南造船所があったが、戦後の不景気と労働争議で急激に衰退し、1955(昭和30)年に倒産した。その後1967年、三菱重工業が進出して1972年から操業を開始した。ここのドックは長さ990m・幅100mと世界一の規模を誇り、「100万tドック」と通称されている。

この香焼町の西には、600mを隔てて伊王島があり、さらに南に、高島・端島と旧炭鉱の島々が浮かんでいる。

伊王島は、長崎港との間を旅客船のみで結んでいたが、2011年3月27日に長崎市と伊王島を橋で結ぶ伊王島大橋が開通した。島内には1870(明治3)年に点灯した日本初の六角形鉄製灯台(現在のものは1954年に改築)や、平家によってここに流された俊寛僧都の墓、

旧炭鉱の島々をのぞむ長崎半島の史跡

伊王島全景

「いにしえの　流され人も　かくありてすえいきどほり海を睨みき」とその俊寛の哀死を詠んだ北原白秋の歌碑などがある。この島では1941(昭和16)年から石炭採掘がはじめられた。

　高島では，1710(宝永7)年に平戸の五平太によって，はじめて石炭が発見された。石炭を別名「五平太」とよぶのは発見者にちなんでいる。高島では1868(明治元)年から，佐賀鍋島藩と貿易商トーマス・グラバーとの共同経営で，わが国初の竪坑をもつ近代的炭鉱開発が進められた。官営を経て，1881年三菱(岩崎弥太郎)の所有となり，それ以後約1世紀，日本の近代産業発展にエネルギー供給面で寄与貢献してきた。かつては下二子島・上二子島・高島の3島であったが，ボタ(選炭後の岩石など)による埋め立てでつながった。飲料水は海底水道で本土より送られている。

　端島は，1870(明治3)年採掘がはじまり，1890年三菱の所有となった。出炭量の増加とともに，小さな島(面積0.1km^2)に，最盛時の1959(昭和34)年には5259人が居住し，人口密度5万人という超過密度の島であった。高層アパートが建設され，外観が軍艦土佐に似ていたということで軍艦島の名称でよばれていた。しかし，これらの炭鉱の島々も，昭和40年代のエネルギー革命の波にのまれ，伊王島は1972年に閉山，端島は1974年に閉山し現在は無人島となっており，1987年には高島炭鉱もその歴史を閉じた。

観音寺 ㊲
095-893-1111

〈M▶P.3〉　長崎市野母町脇岬
JR長崎本線長崎駅🚌脇岬行観音寺入口🚶3分

　長崎半島の南端に野母町がある。東海岸へまわると，弁天島へと陸繋砂洲がのびる脇岬である。その北方の殿隠山の山裾に，709(和銅2)年行基の開基という観音寺(曹洞宗)がある。江戸時代に再建された観音堂には，檜一木造・半丈六(約2.5m)の千手観音立

国重文の千手観音立像を安置、行基伝承を付帯

異文化織りなす坂のまち

みさきの観音

像(国重文)が、円満な面相を平安時代末期より伝えている。「みさきの観音」とよばれ、鎖国時代をつうじて長崎からの参詣者も多く、その道を「みさきみち」とよんだ。十人町から活水女子大学へのぼる上り口に、「みさきみち」ときざまれた標石があり、ここから道は八郎岳(590m)の中腹を南下して観音禅寺に至る。その途中、三和町の徳道集落には、「長崎より五里　御崎より二里」の道標がたっている。

　脇岬は、鎖国時代、長崎に向かう唐船が風待ちのため多く寄港し、観音寺は唐商人や乗組員の宿泊所として利用された。長崎の商人のなかには観音寺参りと称して、抜荷(密貿易)の利を求めて、みさきみちを利用したものもいたといわれる。寺内の寄進物には施主の名として中国貿易商人のほかに、長崎の町人や遊女の名も多くみえる。観音堂内陣の150枚の天井絵(県文化)は、船津町(現、長崎市恵美須町)の商人が奉納したものである。1846(弘化3)年唐絵目利の石崎融思一族や絵師川原慶賀の筆になる極彩色の花鳥画は、人びとの目をみはらせるとともに、当時の長崎商人の豪勢さをしのばせる。

　また樺島には、国の天然記念物に指定されているオオウナギの生息地もあり、体長2mにもなるオオウナギが樺島の共同井戸に古くから住みついている。

権現山展望公園 ㊳

〈M▶P.3〉　長崎市野母町野母　P
JR長崎本線長崎駅 🚌 野母崎方面行野母 🚌 10分

　野母半島県立公園の先端にある権現山(198m)頂上の展望台は、日本本土の最西端にあたり、四方に天草・雲仙、五島灘、高島や香焼、長崎方面、遠くは鹿児島県甑島を一望することもできる。古来、名僧の登山が多かったともいわれているが、1638(寛永15)年遠見番所が設置されて、外国船の来航を発見すると注進船で長崎奉行所へ通報された。

　この注進方法をさらに迅速化するため1688(元禄元)年、信号によ

長崎半島の先端　異国船来航を奉行所へ通報

旧炭鉱の島々をのぞむ長崎半島の史跡　67

権現山展望台より眺めた長崎港

る連絡方法が採用され、小瀬戸(こせど)や梅香崎(うめがさき)、観音寺に番所が設けられ、幕府の異国船警備の一役をになってきた。その後、明治・大正・昭和各時代をつうじて日本海軍の望楼がおかれ、第二次世界大戦当時は、電探基地・高射陣地が設置された。終戦後はアメリカ軍のレーダー基地となり接収されていたが、現在はパーゴラや椿公園、まごころの鐘などの施設が整った公園になっている。

⑧ 西彼杵半島をめぐる

遠藤周作『沈黙』の舞台となった外海。天正遣欧使節中浦ジュリアン生誕地や、南蛮船の寄港地横瀬などを訪ねる。

長崎甚左衛門の墓 ㊴

〈M▶P.2〉 西彼杵郡時津町浜田郷字小島田
JR長崎本線長崎駅 🚌 溝川行終点 🚶 4分

長崎初の教会建立許可 貿易港長崎を確立

　バス停から300mほど南へ進み、小島田公民館の右手からはいった木立の間に、長崎甚左衛門の墓（県史跡）がある。長崎氏は鎌倉時代から地頭として長崎をおさめていた。甚左衛門は、大村氏の有力家臣で、のちに大村純忠の娘婿となり、現在の長崎市域を領有していた。すでに長崎開港（1571年）以前から領内にイエズス会宣教師の入部があり、甚左衛門は、1569（永禄12）年長崎城下最初の教会トードス・オス・サントスの建立を許可し、みずからも入信した。ベルナルドの洗礼をうけ、積極的にキリスト教を受け入れ、長崎の各地をイエズス会に寄進し優遇することで、貿易港として確立させていった。

　それをうらやんだ深堀純賢のたび重なる攻撃に苦しんだが、大村純忠の支援をうけ長崎をまもった。しかし1605（慶長10）年、長崎代官村山等安は大村喜前と協議して、甚左衛門の長崎村を天領とした。喜前はその代償として甚左衛門に、時津村など700石をあたえようとしたが、甚左衛門はそれをうけず、久留米の田中吉政につかえた。

　しかし田中氏断絶後再び大村氏につかえて横瀬浦に100石を領し、1621（元和7）年時津に没した。墓碑は子孫の大村内匠助長瀬が1702（元禄15）年に建立したものである。

長崎甚左衛門の墓

遠藤周作文学館 ㊵
0959-37-6011

〈M▶P.2, 71〉 長崎市東出津町77 🅿
JR長崎本線長崎駅 🚌 大瀬戸・板の浦・道の駅（文学館入口） 🚶 10分

小説『沈黙』の舞台 遠藤文学の出発点

　2000（平成12）年外海町に、遠藤周作文学館が開館した。文学館からは、五島灘に沈む雄大な夕陽や出津文化村なども一望できる。と

西彼杵半島をめぐる　69

遠藤周作文学館

りわけ，この遠藤周作文学館が立地する地域は，キリシタンの里としても知られており，遠藤文学の原点と目される小説『沈黙』の舞台となったところである。

　遠藤自身「長崎の歴史を知れば知るほど，それを学べば学ぶほど，この街の層の厚さと面白さに感嘆した。更に私の人生に問いかけてくる多くの宿題も嗅ぎとった。それらの宿題の一つ一つを解くために私は『沈黙』から今日までの小説(『女の一生』)を書いてきたと言っても言い」とのべており，長崎を舞台に遠藤周作が作品のなかで自分自身の人生へ何を問いかけてきたのかを知ることができる。

　遠藤周作没後，遺族より寄贈・寄託をうけて建設されたこの文学館には，生前の貴重な愛用品・遺品をもとに遠藤の書斎が再現され，また『沈黙』『女の一生』などの自筆原稿，膨大な蔵書などが収蔵されている。遠藤周作の幼年少期から学生時代・フランス留学時代・作家活動期などの足跡や，趣味と交友を伝える展示はもちろん，遠藤文学にかかわる資料収集・保存・展示，および閲覧と調査研究，情報発信の諸機能が備えられている。

　また出津文化村には，「沈黙の碑」が建立されており，遠藤の筆で，「人間がこんなに哀しいのに主よ，海があまりに碧いのです」と記されている。

ド・ロ神父遺跡 ㊶
0959-25-1081

〈M▶P.2,71〉　長崎市西出津町
JR長崎本線長崎駅🚌板の浦行出津文化村🚶2分

ド・ロ神父の布教と、献身的な社会事業をしのぶ

　バスをおりると，正面の小高い丘の一角にド・ロ神父遺跡(県史跡)がある。三重から北に続く外海は，黒崎と出津が古くからのキリシタン集落で，明治時代に，カトリックの布教がすすめられた。
　ド・ロ神父が，大浦天主堂のプチジャンの招きで長崎へきたのは1868(明治元)年で，大浦で石版印刷の仕事に従事したが，1879年から出津カトリック教会の主任となった。神父は布教とともに貧しい

異文化織りなす坂のまち

西彼杵半島の史跡

農漁民のために，献身的な社会事業をした。記念館は，神父がたてた鰯網工場の跡（県史跡）を利用したものだが，すぐ前には1883年にたてられた出津救助院（授産場）跡（県史跡）がある。内部の土間には，当時の農器具や生活用具が保存されていて，産業を啓発し，技

ド・ロ神父記念館

術を指導した神父の博愛の精神をしのばせる。「ド・ロさまそうめん」の名が残るように，そうめんやマカロニ，パンなどの製造をすすめたり，県北の田平・紐差への開拓移民の奨励，県道改修工事の請負などの社会奉仕を行った。記念館には，ド・ロ神父の遺品も陳列され，なかでも「煉獄の霊魂の救い」（木版画筆彩）やブラケットの「無原罪の聖母」は県文化財である。

ド・ロ神父記念館の隣は外海町歴史民俗資料館で，すぐ近くの丘に出津教会（1882年設立，県文化）がある。また，下大野町にある大野教会（1893年設立，国重文）もド・ロ神父の設計・施工で，片岩自然石の乱積みによって建築された，きわめて珍しい教会遺構である。

なお，出津川流域で営まれる，近世から続く畑作を中心とした集

西彼杵半島をめぐる

落景観が，長崎市外海の石積集落景観として重要文化的景観に選定されている。

横瀬浦（南蛮船来航の地） ⑫

〈M▶P.2〉 西海市西海町横瀬本郷
JR長崎本線長崎駅🚌板の浦・横瀬経由循環線，長崎・佐世保間西海橋経由小迎，乗換え横瀬🚶すぐ

大村純忠の受洗地
大村氏の内紛により閉鎖

南蛮船来航の地の碑

西彼杵半島北部の3町（大瀬戸町・西彼町・西海町）と大島・崎戸の両町は，2005（平成17）年4月に合併し西海市となった。西海市役所から国道202号線を約10km北上すると，中浦ジュリアン出生の地（県史跡）を示す案内板がでている。天正遣欧使節の1人，中浦ジュリアンは中浦（旧西海町中浦地区）の領主小佐々甚五郎の子として，この地に生まれた。指定地は館とよばれ，現在は畑地となっており，隣接して中浦ジュリアン記念公園がある。

市の北端，佐世保湾の南に面した小さな入江の1つに横瀬浦がある。この浦は日本キリスト教史・南蛮貿易史のうえで隠れた悲劇の1ページをもっている。キリシタン大名大村純忠は，1562（永禄5）年，平戸からポルトガルとの貿易の利を奪うため，この港をイエズス会に寄進した。「御助けの聖母の港」と命名し，宣教師の管理にまかせ，商人への10年間の免税を約束した。

1563年には，純忠も重臣25人とともにトーレス神父により，この地で洗礼をうけた。しかし，その年大村氏の内紛（後藤貴明の反乱）で港は一夜のうちに焦土と化し，約束された繁栄への歴史はとざされた。乱をおさえた純忠は，2年後福田浦（長崎市の西海岸）にポルトガル船を招き，さらに5年後の1570（元亀元）年には長崎を開港し，悲劇の横瀬浦は2度と歴史の表面にあらわれることはなかった。

純忠の邸跡(今は保育園)・来航地教会跡・長崎の丸山の原型という石橋付近一帯は、南蛮船来航の地として県指定史跡となっている。

ホゲットウ石鍋製作所跡 ⓮

〈M▶P.2〉 西海市大瀬戸町瀬戸羽出川郷
JR長崎本線長崎駅🚌樫の浦行下釜 🚶60分

全国的に珍しい滑石製石鍋の生産地

　西彼杵半島の山間部に、滑石製石鍋製作所とよばれる遺跡が散在している。滑石とよばれる特異な岩石を、露出した岩肌から掘削した跡である。滑石は粒子密度は高いが、硬度が低いためやわらかい石で、古来より土器や経筒の基材などに用いられてきた。また近代になっても、温石として、懐炉のようにして使用した例もあるという。とくに中世においては、鍋型に整形し中央権勢への貢物として、また庶民の日用食器としても利用されていたことが、全国の出土遺物によって知られる。滑石の生産地は国内でも限定されており、中世以来、なかでも西彼杵半島は有数の産地として知られていた。

　大瀬戸町を流れる雪浦川上流にあるホゲットウ石鍋製作所跡(国史跡)は、最大規模の遺跡である。数カ所の製作所跡のなかでも第6製作所跡は高さ10m・幅2mほどの露頭の割れ目で、表面には無数ののみ痕がみられる。なかには切りだし途中のものもあり、製作過程の一端を垣間みることができる。中世において、この地域の一大産業となっていた石鍋製作の様相が生々しい。

　滑石製石鍋については、製作所跡や消費地の様子は各地の遺跡から確認されつつあるが、製品として完成させる最終工程の様子や、産地から消費地までの流通経路などは解明されていない。

　西彼杵半島における多くの滑石製石鍋製作所跡では完形品はみつからず、生産地における編年研究も進んでいない。

　このように不明な点の多い遺物・遺跡であるが、中世の歴史を解明するうえで貴重な遺跡である。

西彼杵半島をめぐる　73

Isahaya・Oomura・Sonogi 多良連山のふもと

天正遣欧少年使節の銅像

野岳湖

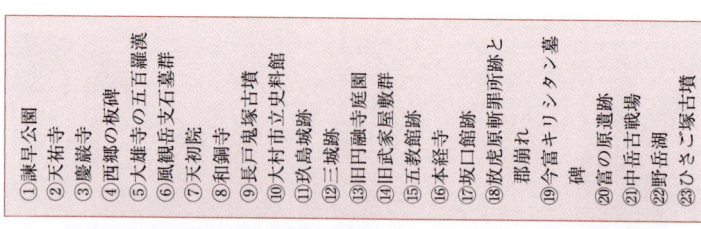

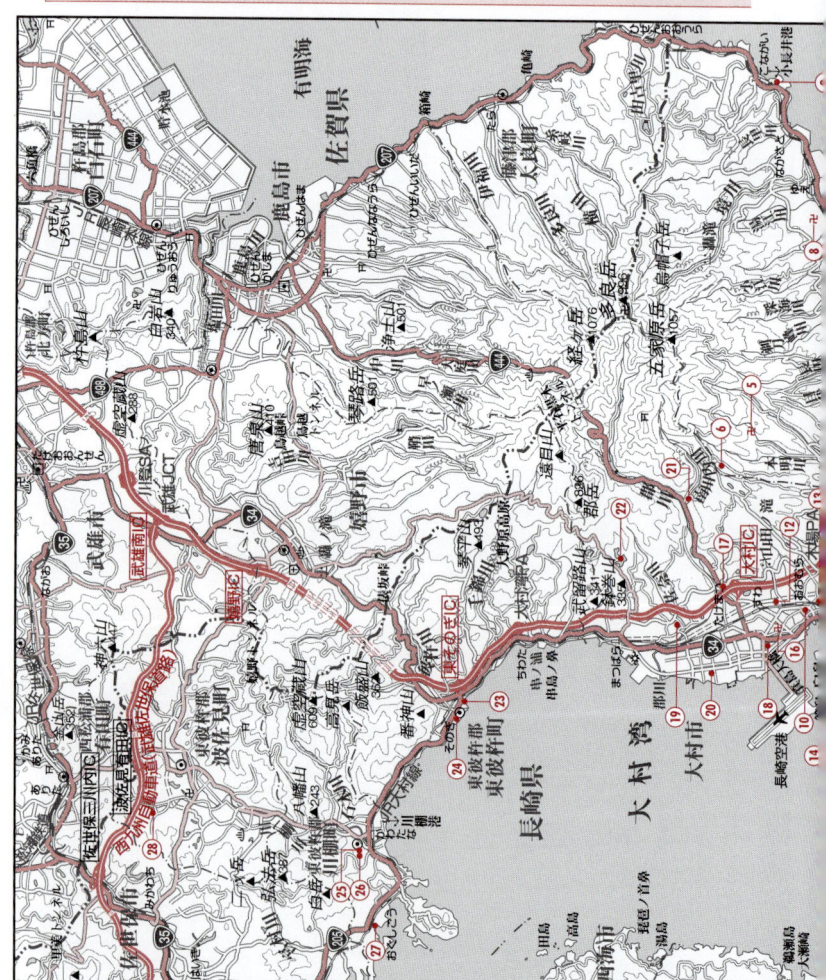

① 諫早公園
② 天祐寺
③ 慶巌寺
④ 西郷の板碑
⑤ 大雄寺の五百羅漢
⑥ 鳳観岳支石墓群
⑦ 天如院
⑧ 和銅寺
⑨ 長戸鬼塚古墳
⑩ 大村市立史料館
⑪ 玖島城跡
⑫ 三城跡
⑬ 旧円融寺庭園
⑭ 旧武家屋敷跡
⑮ 五教館跡
⑯ 本経寺
⑰ 坂口館跡
⑱ 放虎原殉教地跡と郡崩れ
⑲ 今富キリシタン墓碑
⑳ 富の原遺跡
㉑ 中岳古戦場
㉒ 野岳湖
㉓ ひさご塚古墳

㉔彼杵宿
㉕河良城跡(七浄寺跡)の永仁の五輪塔
㉖キリシタン墓碑
㉗特攻殉国の碑
㉘肥前波佐見陶磁器窯跡

◎ 諫早・大村・彼杵散歩モデルコース

1. JR長崎本線諫早駅 _15_ 諫早公園 _15_ 天祐寺 _8_ 慶巌寺 _3_ 安勝寺 _10_ 西郷の板碑 _25_ JR諫早駅

2. JR大村線大村駅 _2_ 大村市史史料館 _10_ 旧円融寺庭園 _5_ 松林飯山の墓 _15_ 旧武家屋敷跡 _5_ 五教館跡 _3_ 玖島城跡(大村公園) _3_ お船蔵跡 _8_ 玖島崎古墳群 _40_ JR大村駅

3. JR大村線彼杵駅 _5_ 彼杵宿 _5_ ひさご塚古墳 _20_ 特攻殉国の碑 _20_ 肥前波佐見陶磁器窯跡 _15_ JR大村線川棚駅

県央の田園都市諫早

① 長崎県中央部の中核都市諫早。諫早氏は戦国時代に移封された龍造寺家晴を祖とする、佐賀藩諫早領領主。

諫早公園 ❶
0957-22-8325（諫早観光協会）

〈M▶P.77,78〉 諫早市高城町
JR長崎本線諫早駅 🚶15分

本明川から移設された眼鏡橋は諫早のシンボル

　諫早駅から本明川沿いに歩くと、クス群（県天然）と温泉温泉神社の分身末社で知られる諫早神社（四面宮）がある。この神社の下手に諫早公園がある。この公園がある山は高城ともいい、中世以来の城跡である。城主西郷氏は、肥前国三根郡（佐賀県）の土豪綾部氏の分流といわれる。16世紀後半の元亀・天正（1570〜92）のころ、西郷純堯は近隣に勢威をはり、武雄（佐賀県武雄市）の後藤貴明（出自は大村氏）らと呼応して、隣接領主大村純忠に対して激しい侵攻を

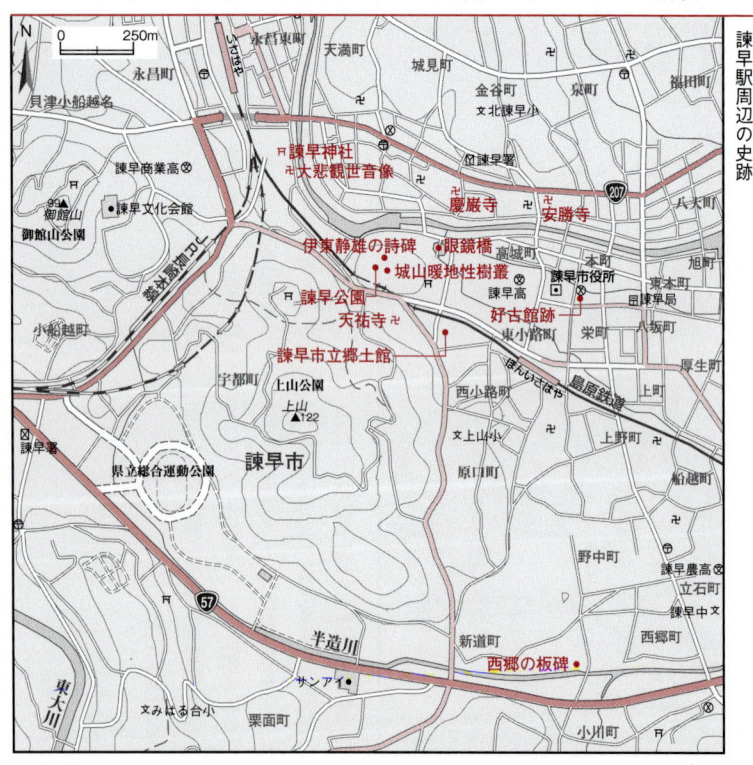

諫早駅周辺の史跡

78　　多良連山のふもと

諫早公園の眼鏡橋

加えた。しかし，1587（天正15）年，豊臣秀吉の命によって諫早は佐賀の龍造寺家晴にあたえられ，西郷氏は滅亡した。

公園の小山の東側斜面にはツツジが植えられており，開花期の眺めはすばらしい。またここに自生する樹木のなかには，1975（昭和50）年「市の木」に指定されたヒゼンマユミをはじめ，植物分布のうえで注目すべきものがあり，一帯は城山暖地性樹叢（国天然）と名づけられている。

公園の広場には，かつて本明川にかけられていた眼鏡橋（国重文）が移転・復元されている。この橋は1839（天保10）年に完成した石橋で，長さ54m・高さ7m，2つのアーチ形部分をもつ大型の石橋であったため，切石の組み方には大変な苦心が払われた。幕府巡検使の下向の通知をうけたとき，本明川に本格的な橋がなかったために築造されたといわれる。ただ，1957（昭和32）年の諫早水害で，この橋が堅固すぎて，流木などをせきとめ災禍を大きくしたために，現在地に移転した。長崎市の眼鏡橋の約2倍以上の長さで，その姿は優美である。

頂上近くの石段右手には，諫早市がうんだ日本浪漫派の詩人伊東静雄の詩碑がある。碑文は三好達治の筆によるもので，毎年碑前では「菜の花忌」の供養がいとなまれている。また，歌人吉井勇の短歌「水きよき　本明川の　ほたるにも　小さきいのち　ありいとしも」をきざんだ蛍塚が，眼鏡橋そばの小川のほとりにある。公園のすぐ近くにある大悲観世音像は，諫早水害の犠牲者を追悼するために建立されたものである。

天祐寺 ❷
0957-22-0132

〈M▶P.77,78〉　諫早市西小路町1116　P
JR長崎本線諫早駅🚌上山経由線諫早体育館前🚶5分

諫早公園の裏手，上山の麓の閑静な木陰に天祐寺（曹洞宗）がある。創建は室町末期で，開基は天祐宗貴居士（西郷純堯の祖父尚善）である。1587（天正15）年，龍造寺家晴が諫早の新領主となり西郷氏

は滅亡するが、この寺の住持泰雲和尚は、西郷方の残党を率いて逆襲をはかり失敗、寺も亡ぼされた。このときの泰雲の武器と伝えられる蛇棒が寺に残っている。家晴のつぎ、2代直孝のときに龍造寺家の菩提所となり、領主の姓も諫早氏と改められた。また7代茂晴のとき佐賀藩から親類同格の待遇をうけるようになった。山門に向かって左手高所にある五輪塔は、泰盛院殿(鍋島勝茂)の冥福を祈るため、4代茂真が建立した一字一石塔であり、山門の「坤松山」の大額は11代茂図の書である。

室町末期創建の古刹 諫早家墓所がある

山門下の諫早義挙殉難者之霊碑は近代の建立であるが、1750(寛延3)年におこった諫早百姓騒動の犠牲者の慰霊碑である。諫早は佐賀藩領になったとき、七浦以東1万石(佐賀県藤津郡)を借り上げの形で本藩に取り上げられ、寛永年間(1624〜44)にはさらに3000石が借り上げとなった。そのうえ、8代茂行のとき、本藩主廃立の企てに加わったとして4000石の減地処分をうけた。これに対し、諫早領民1万数千人が若杉春后を指導者として、減地反対の運動をおこした。春后は儒者で当時71歳、佐賀で磔の刑となったが、のち1769(明和6)年茂図が領主になると若杉霊神をまつり、春后の霊をなぐさめた。いま諫早公園内の高城神社境内に、その石の祠がある。なお、減地処分の地はのちに返還された。

方丈(住持の居室)の前庭には、佐賀型重制の六地蔵塔が1基ある。竿石正面に「天文十(1541)年」の銘が陰刻されており、西郷時代の石造遺品として貴重である。また南側の旧参道そばには元禄水害溺死者供養碑があり、大水害(1699〈元禄12〉年)の翌年に建立されたものである。

天祐寺東側の道路を隔てたすぐそばに、諫早市立郷土館がある。民俗関係の資料を中心に展示している。

天祐寺の諫早家墓所

慶巌寺 ❸

けいがんじ
0957-21-1892

〈M▶P.77,78〉諫早市城見町15-19 P
JR長崎本線諫早駅🚃竹下方面行城見町🚶3分

名号碑(県文化)は、当地方の代表的な中世石造物

　バスをおり，本明川にそって200mほど進むと，常楽山慶巌寺(浄土宗)の山門がみえる。山門下に「八橋検校六段発祥之地」という記念碑がたっている。この寺の第4世住持玄恕上人が箏の名手で，のちに名曲「六段」の作曲者として有名な八橋検校もはるばる訪ねてきて，箏曲の伝授をうけたと伝えられ，そのゆかりを記念したものである。

　寺は慶長年間(1596〜1615)の建立だが，山門をはいると左手に「貞和七(1351)年」銘の名号碑(県民俗)があり，碑面中央に大きく「南無阿弥陀佛」ときざまれ，下方に複数の法名などが陰刻されている。衆生平等利益を祈念して建立されたことが銘文にきざまれており，諫早市西郷町の自然石板碑(建久元〈1190〉年銘)とともに，当地方の中世石造物を代表する遺品である。

　慶巌寺には，諫早氏の始祖龍造寺家晴が着用した明珍作うこん威甲冑(県文化)とよばれる諫早家伝来の甲冑がある。兜は明珍家16代宗次作とし獅子王尊霊甲と称していたと記し，前立飾りには水晶球のなかに黄金造りの観音像を挿入している。鎧の胴は鉄製で，表に不動明王を打ちだし，裏には梵字と了栄作と刻している。袖には雲竜をしるし金彩をほどこしている。甲冑の製作年代は，家晴が活躍した16世紀後半と考えられる。この甲冑は，1910(明治43)年ロンドンで開催された日英博覧会にも出品された。

　本堂に向かって左手のほうには，玄恕上人の墓とならんで福田渭水の墓がある。渭水は諫早の藩校好古館(現，諫早市役所の地)ですぐれた業績を残したが，洋式兵学などの習得・研究にもつとめた先覚者だった。

　山門下，寺の上り口のそばには，地元の俳人らが天明年間(1781〜89)に建立した翁塚(松尾芭蕉句碑)がある。翁塚は，このほか

慶巌寺の名号碑

県央の田園都市諫早

市内の金比羅山上，高来町塩屋崎観音堂，小長井町大久保観音境内などにもあり，江戸後期以降当地方での武士・庶民層における俳諧流行を物語っている。

東の方(川下)に少し離れて安勝寺(浄土真宗)がある。この寺の本堂には，もと五智光山荘厳寺(真言宗。現，諫早市宇都町の諫早神社の地)にあった仏像(製作年代不詳)がまつられている。荘厳寺が，明治初年の廃仏毀釈の嵐のなかで荒廃したため，ここに移したものだという。

西郷の板碑 ❹

〈M▶P.77,78〉 諫早市西郷町148-1
JR長崎本線諫早駅🚌有喜行小栗🚶10分

紀年銘をもった県下最古級の石造物

西郷の板碑は，バスをおりて国道57号線を長崎方面へ500mほど歩き，さらに東へ100mほどはいったアパートの敷地内にある。この板碑は，鎌倉から南北朝時代，おもに関東地方で建塔された頂部山形の整形板碑とは異なり，総高約2m・幅1.2m・厚さ75cmの自然石塔婆(砂岩製)である。正面上方の月輪内に，大日・不動・毘沙門の種子(梵字)が線刻され，下方に「建久元季才次　庚戌(1190年)十一月日」と陰刻されている。種子の彫出内容からみて，紀年銘どおりの平安末期・建久元年の製作と考えられることから，県下の紀年銘をもった石造物のうち，最古に属するものの1つである。

西郷の板碑

大雄寺の五百羅漢 ❺

〈M▶P.76〉 諫早市富川町925 🅿
JR長崎本線諫早駅🚌富川行終点🚶10分

大洪水の死者を供養羅漢像は県内随一の磨崖仏

バスの終点から上流に10分ほど歩くと，大雄寺(曹洞宗)がある。1699(元禄12)年，諫早藩は洪水により死者487人をだす多大の被害をうけた。7代茂晴は死者の供養と今後の災害防止祈願のため，本明川の上流富川渓谷の地に大雄寺を建立し，周辺の岩場の壁面と川中の巨岩に503体もの羅漢像(県史跡)を刻し，1709(宝永6)年に完

コラム

千々石ミゲル夫妻の墓石

　千々石ミゲルは、天正年間(1573〜92)にローマに派遣された天正遣欧使節4人の1人。南高来郡千々石町出身で、1569(永禄12)年ごろに生まれ、13、4歳で使節となる。帰国後、1591(天正19)年にイエズス会に入会するが、1601(慶長6)年ころに同会を脱会。その後大村藩につかえ、神浦、伊木力に600石の食禄をうけている。その間に、名を清左衛門と改めて妻をめとり、4人の子どもに恵まれた。また、1606(慶長11)年にだされた大村藩によるバテレン追放令で、清左衛門はキリスト教を邪法と進言し、みずからもキリスト教を棄てて法華宗に改宗したとされる。

　その直後、理由は定かでないが、清左衛門は藩主の愛顧を失い大村藩から追放され、有馬領(島原半島)に移る。ただ、そこでも瀕死の重傷を負わされるほどの仕打ちをうけ、1622(元和8)〜23年までに長崎にのがれたといわれている。

　諫早市多良見町山川内郷にあるこの墓石は、千々石ミゲル(清左衛門)夫妻のものとみられ、建塔者は、墓石の裏面に名をきざむ4男の千々石玄蕃と考えられる。「大村に恨みをもって死んだので、大村のみえるこの地に、大村を睨みつけるように葬った」という伝承が伝わっている。

　この墓石は、天正遣欧使節を今に伝える貴重な証である。

千々石ミゲル夫妻の墓石

成した。磨崖仏としては県内随一のものであり、諫早水害史の資料としても貴重なものである。また、大雄寺の十一面観世音菩薩像は、木彫の座像(総高30cm)で、背面に「永正十(1513)年」の銘文があり、制作当時の彩色が部分的に残っている。室町期の様式をもった仏像として貴重であるが、この仏像は、初代龍造寺家晴が文禄・慶長の役の際に豊臣秀吉から拝領したものといわれ、代々諫早家の守り本尊として城山の頂上に安置してあった。それを8代茂行が1740(元文5)年、大雄寺東方に堂宇を建立し、改めて安置したものと伝えら

大雄寺の五百羅漢

県央の田園都市諫早

れている。

　寺の上方に，県の天然記念物に指定されているカツラの木がある。カツラは，北日本系の落葉高木で，渓流沿いにかぎって生育する。指定のカツラは，根回り8〜9m・高さ10m，根元から多数の幹が萌えだしており，カツラとしては大樹である。

風観岳支石墓群 ❻　〈M▶P.76〉諫早市風観岳
JR長崎本線諫早駅🚌破籠井🚶15分

県下の代表的な支石墓群　近年の調査で下部構造を解明

　風観岳（標高236m）の南側に位置する，縄文時代晩期の支石墓群である。1970（昭和45）年に発見され，1975年に発掘調査が実施された。その結果，支石墓として確定的なものが20基，不確定のもの15基の計35基が，諫早・大村両市にかけて分布していることが確認された。

　標高200m付近と，支石墓としては高所に立地していること，大野台支石墓群（佐世保市鹿町町）・狸山支石墓群（佐々町）がある県北地域と，原山支石墓群（南島原市）がある島原半島地域とをつなぐ位置で発見されたこと，規模的にも大野台や原山につぐものであることなどで注目される。

　1997（平成9）年からの再調査では，下部構造が箱式石棺のもの9基，土壙の可能性のあるもの3基の計12基があらたに確認され，それまで明確でなかった下部構造があきらかになった。墓群に伴う住居跡はこれまでのところ発見されていないが，日常生活に使用された遺物が多く出土していることから，近辺に生活域があったものと思われる。

　破壊をうけているものや上石が消失しているものもあるが，遺跡の残存状況としてはおおむね良好である。また，周囲には往時の面影がよく残っている長崎街道や，藩境塚などの文化財がある。自然も豊かで，訪れる人びとの目を楽しませてくれる。

天初院 ❼　〈M▶P.77〉諫早市高来町船津 🅿
JR長崎本線諫早駅🚌湯江・小長井行深海🚶10分

旧領主西郷氏に、ゆかりの深い古刹

　湯江・小長井行のバスに乗り，深海で下車して山寺のほうに10分ほど歩くと小高い丘に天初院（曹洞宗）がある。寺の裏手には，長崎港外深堀領主深堀純賢夫妻の墓がある。深堀氏はもとは関東御家人

伊東静雄

コラム

　1906～53年。詩人。長崎県諫早市に生まれ、旧制大村中学校・佐賀高等学校を経て京都帝国大学国文学科を卒業。大阪府立住吉中学校に就職、のち1948（昭和23）年阿倍野高校に移った。学生時代から短歌の試作があり、卒業後同人雑誌『呂』をだす一方、『コギト』（1932年保田与重郎らが創刊）や『四季』にも同人として加わった。代表的詩集『わがひとに与ふる哀歌』（1935年）は保田・萩原朔太郎らの激賞をうけた。そのほかの詩集として、『夏花』（1940年）、『春のいそぎ』（1943年）、『反響』（1947年）などがある。諫早公園に詩碑があり、毎年「菜の花忌」の供養が行われている。

三浦氏の一族で、中世には栄えていたが、藩政時代は諫早同様佐賀藩に属した。純賢は諫早の旧領主西郷氏の養子に迎えられ、夫人は鍋島直茂の娘で天初院殿とよばれた。隠居後は深海村に居住した。なお、同院内には、明治・大正時代の俳人荒川一々の句碑もある。

和銅寺 ❽
0957-32-2879　〈M▶P.76〉諫早市高来町法川20　P
JR長崎本線湯江駅 🚶10分

本尊十一面観世音菩薩は50年に1回開帳の秘仏

　湯江駅から西へ歩いて湯江川を渡り、山手のほうにいくと**和銅寺**（曹洞宗）がある。和銅年間（708～15）開創の古刹と伝えられ、行基が彫刻したという肥前七観音の伝説につながる寺の1つである。本尊十一面観世音菩薩立像（県文化）は、50年に1回開帳（前回は1982年）の秘仏である。この像は後補箇所も少なく、室町時代作の美しい容貌を今に伝え、県下の十一面観音像の代表作の1つである。境内には、1584（天正12）年島津・有馬連合軍との戦いで戦死した**龍造寺隆信**の遺体を荼毘にふした場所があり、自然石の石碑がたっている。

　湯江は旧長崎街道三宿（多良・湯江・矢上）の1つで、かつて上使屋（茶屋）がおかれていた。上使屋は領主が管理し、幕府使節や長崎警備にあたる佐賀藩主の通過の際、宿泊・休憩などに提供されたものである。

　湯江の町の東側を境川が流れているが、多良岳

和銅寺十一面観世音菩薩立像

から流れている清澄なこの川水を利用して、江戸時代には製紙(和紙)が盛んに行われ、諫早領内特産の1つとなっていた。それが浮立のササラ役のヒュウという紙製のかぶりものをうんだ。浮立は、江戸時代、大村藩や諫早藩で手厚く保護されたこともあって、この地方で盛んな民間芸能の踊りである。笛・太鼓・鉦などを使って囃子にあわせて踊る。各地の浮立には、神をまつるための傘鉾、道ばらいの役であるササラ、悪病を追い払う役のかけ打ちなど、大名行列で使われた道具を取り入れたものが多い。

長戸鬼塚古墳 ❾

〈M▶P.76〉諫早市小長井町小川原浦
JR長崎本線小長井駅 🚶 30分

本県に数少ない線刻古墳として貴重な遺跡

小長井駅から歩いて30分、有明海の突出した丘陵先端部分に長戸鬼塚古墳(県史跡)がある。直径15m・高さ5mの円墳である。石室は玄室・前室・羨道の複室構造をもち、羨道が短いなど7世紀前半ころの特徴をもっている。石室の構築には安山岩の塊石を使用しているが、腰石には自然石の巨岩を据えており、その前室と玄室の3カ所には線刻画がほどこされている。線刻は、クジラと船、それに十数本の櫂を描いたと思われる図から構成されている。長崎県には装飾古墳は皆無で、線刻古墳が数例知られているにすぎない。そのなかにあって、本古墳は保存状態のよい古墳として貴重である。

② 琴湖のほとりの城下町大村

キリシタン大名大村純忠の故地。小藩ながら、幕末維新期に有為な人材を輩出した大村藩は、日本史上に異彩を放つ。

大村市立史料館 ⑩
0957-53-1979
〈M▶P.76,88〉大村市東本町481 Ｐ
JR大村線大村駅 ⏁ 2分

大村藩関係の文書、キリシタン関係の諸資料を収集

　大村駅から南に歩いてすぐのところに、2階建ての白い建物に併設された大村市立史料館と大村市立図書館がある。1953(昭和28)に市立図書館に付設されていた郷土資料室が、1973年に史料館として独立した。旧大村藩領に関する諸資料の収集・研究や展示を行っており、とくに大村藩関係の文書資料や、キリシタン関係の資料が収集されている。

　展示品の代表的なものとして、メダリオン(大型メダル)無原罪の聖母(県文化)がある。1932(昭和7)年旧制大村中学校(現、県立大村高校)造成時に、旧大村藩家老宇田氏の墓地から出土したもので、長さ11.4cm・幅7.4cm・厚さ4mmの楕円形をしており、上部に紐通しの小さな孔が穿たれている。このメダリオンは、スペイン王カルロスⅠ世(在位1516～56)の時代に、マドリードの王立造幣局で製造され、宣教師によりわが国へもたらされたものと思われる。

　また、大村市原口郷出土のキリシタン墓碑(県文化)は、結晶片岩を石材にした切石板碑で、正面中央部に花十字、下部にローマ字でBASTIAN(バスチャン)の霊名と、FIOBV(ヒョウブ)の俗名(生前の名前)とが彫ってある。16世紀後半から17世紀初めころつくられたと推定され、この型式のキリシタン墓碑では、わが国に現存する唯一のものである。

玖島城跡 ⑪
〈M▶P.76,88〉大村市玖島1
JR大村線大村駅 🚌 諫早方面公園入口 ⏁ 3分

大村氏の居城跡、現在は大村市民の憩いの場

　国道34号線沿い、大村市役所そばのこんもりした丘が玖島城跡で、現在は大村公園として整備されている。玖島城は、大村湾に突出した小さな半島に築かれた平山城である。1598(慶長3)～99年に、大村純忠の嫡子喜前が、それまでの三城にかわりつくらせたもので、以後幕末までの約270年間大村氏の居城であった。

　喜前は、豊臣秀吉没後の不穏な情勢のなかで、三城では不十分と

大村駅周辺の史跡

して、朝鮮出兵での教訓を生かして三方を海で囲まれた要害の地であるこの玖島に移ったといわれる。城づくりには加藤清正の指示のもと、倭城・順天城をモデルとして築城がすすみ、肥後藩の石工援助もうけたと伝えられ、その後数度の改修もあった。本丸には重層の天守閣はなく、二の丸・三の丸のほか、多聞櫓や隅櫓などがあったが、当時の建物は今は残っていない。復元された板敷櫓・枡形石垣や虎口付近などの石垣がみごとで、空堀や長堀などの遺構がみられる。本丸の跡は、現在歴代藩主をまつる大村神社となって

多良連山のふもと

玖島城跡（虎口門付近の石垣）

おり，公園内にはオオムラザクラ（国天然）・クシマザクラ（県天然）やハナショウブが咲き乱れ，市民の憩いの場として利用されている。

海岸へでると，4代藩主純長時代の元禄初期（1688年ごろ）に築造された，大村藩お船蔵跡（県史跡）がある。当時の大村藩は長崎港警備の任にあり，また藩内産業を発達させ物資の輸送をはかるため，この船蔵が設けられた。海岸をさらに西へ進み半島の先端にいくと，古墳時代終りころの玖島崎古墳群がある。

三城跡 ⑫

〈M▶P.76,88〉 大村市三城町
JR大村線大村駅 🚶 7分

キリシタン大名大村純忠が築いた平山城の跡

三城は，大村駅の北側，大村扇状地の南端をみおろす丘陵にある。ここは，わが国初のキリシタン大名大村純忠が，1564（永禄7）年に築いた平山城で，1599（慶長4）年玖島城へ移転するまで大村氏の居城であった。

大村氏の本来の本貫地（本籍地）は，現在の佐賀県鹿島市にあたる藤津荘といわれている。その後，鎌倉・南北朝時代に藤津・彼杵両地方に庶家一門が分布し，16世紀になって，その本拠を現在の大村地方に移したという。とくに純忠の代に勢力を強めて戦国大名としての地位を築き，それまで大村市北部の郡川下流域にあった好武城（大村市寿古町）や今富城（大村市皆同町）にかわり，大規模で堅固な守りの城として三城を築いたといわれている。

三城が完成して8年後の1572（元亀3）年，武雄（佐賀県）の城主後藤貴明は，

三城跡

琴湖のほとりの城下町大村　89

諫早の西郷純堯、平戸の松浦隆信とはかって大村へ侵入し、1500余の軍勢が三城を包囲した。このとき城内には、純忠のほかわずかの家臣しかおらず、攻め寄せる敵勢を知略を使って敗走させ、城を死守した。のちにいう「三城七騎ごもり」である。

城は、本丸を中心にして北に二の丸、南西に三の丸と3つの曲輪からなっており、本丸の西側に大手口があったと伝えられている。大手門からでたところには城下町ができ、教会や神学校もあったという。1637(寛永14)年幕府の命により破却され、現在は、本丸の南側から東側にかけて認められる空堀と、北側の土塁などが当時をしのばせているが、最近の発掘調査の結果、主要な曲輪が半独立的に存在する構造をもつ城郭であることが確認された。1934(昭和9)年、本丸跡に長崎県忠霊塔がたてられた。

旧円融寺庭園 ⓭

〈M▶P.76, 88〉 大村市玖島2
JR大村線大村駅 🚶 10分

江戸初期のすぐれた造形美を誇る名園

大村駅通りを南のほうへ歩き、裁判所の角を左へおれてJR大村線のガードをくぐり、内田川を渡ると護国神社がある。その境内に旧円融寺庭園(国名勝)がある。松林山円融寺(天台宗)は、1652(承応元)年4代藩主大村純長によって、捕鯨業でわが国屈指の豪商となった深沢儀太夫勝清の寄進をうけて創建され、跡目相続で恩義をうけた徳川家の位牌をまつった。庭園は1969(昭和44)年境内南側から発見され、発掘調査の結果、江戸時代初期の様式をもつ名園であることがわかった。庭園は中央の高所に三尊石を組み、これを中心として東西50mの斜面に400余個の石をたて、地形の起伏を利用して枯滝や枯流をつくりだしている。全体としてその意匠は華麗で、青石と白石の石灰岩との対比がすぐれた造形美をみせている。

旧円融寺庭園

寺跡はのち招魂社とよばれたが，現在は護国神社となっている。境内には戊辰戦争の戦没者がまつられ，幕末大村藩の藩論を勤王派に定めるに功のあった三十七士の慰霊碑や，明治以降の戦没者の忠魂碑などがある。

護国神社から東へ300mほどのぼった通称町墓の奥には，天然痘の治療に成果をあげた藩医長与俊達の墓がある。さらに東へのぼったところには，藩校五教館学頭で幕末の指導者松林飯山の墓がある。

旧武家屋敷群 ⑭

〈M▶P.76, 88〉大村市玖島1・2
JR大村線大村駅 🚶10分

藩政時代の往時をしのばせる石垣の美しい通り

大村駅から南へ500mほど進み，本陣跡であるデパート前の交差点を左におれ，鶴亀橋を渡ってさらに進むと，かつての面影を残す武家屋敷群の1つ草場小路がある。

初代藩主大村喜前が，1598（慶長3）年玖島城を築城した際，城下町も三城から移った。武家屋敷は，5つの小路を設けて家臣の配置を行った。5つの小路とは，北から草場小路・上小路・本小路・小姓小路と外浦小路で，ついで百人衆小路もできた。

上小路は，尾上小路ともいい，改修前の玖島城大手門につうじていたので重臣の屋敷が多く，当時の石垣が美しい。草場小路は，円融寺前から南西へのびる通りで，別名袋小路ともよばれた。小姓小路の名は，最初藩主のそば近くつかえた小姓が住んでいたことに由来する。外浦小路は，西彼杵半島の外海地方の武士を住まわせたことからその名がつけられた。

旧武家屋敷草場小路

五教館跡 ⑮

〈M▶P.76, 88〉大村市玖島1
JR大村線大村駅 🚌諫早行公園入口 🚶3分

国道34号線の大村公園前交差点から本小路の武家屋敷通り方向に

五教館御成門

大村藩の藩校跡、幕末維新期にすぐれた人材を輩出

進むと、その左手に大村小学校がある。その小学校グラウンドの道路側に、江戸時代大村藩の藩校であった五教館の跡がある。

大村藩では、1670（寛文10）年に藩士の子弟を教育する機関として集義館を城内に設け、のち静寿園と改称され、さらに1790（寛政２）年五倫の道を教えるという意味から五教館と改められた。校内には治振軒という武芸所も設けられ、文武両道の錬成がはかられた。幕末の1831（天保２）年、この地に移った。町人や百姓にも門戸を開いており、豊後（大分県）の広瀬淡窓や、江戸の昌平黌に学んだ朱子学者松林飯山らが講義を行った。幕末から明治維新期に、大村藩が有為な人材を輩出することができたのは、この五教館に負うところが大きいといわれる。大村小学校横に残る黒門（県史跡）は御成門とよばれ、歴代藩主が五教館に来校したときに使用された門である。

本経寺 ⓰
0957-53-5510

〈M▶P.76, 88〉大村市古町１-６
JR大村線大村駅 🚍 竹松方面行上杭出津 🚶 ３分

藩主大村家の菩提寺 キリスト教棄教の初代藩主が創建

古町１丁目の静かな住宅街の一角、白壁に囲まれた大きな造りの寺が、万歳山本経寺（日蓮宗）で、寺のすぐ近くを長崎街道がとおる。

本経寺は、初代大村藩主喜前の創建で、完成は1608（慶長13）年ころといわれている。喜前は、父純忠同様キリシタンで、洗礼名をドン・サンチョといったが、キリシタン禁令のあいつぐなかで、領地の

本経寺大村家墓塔群

多良連山のふもと

黒丸踊り

コラム 芸

　1474（文明6）年，有馬貴純に敗北した大村領主大村純伊が，流浪7年ののち大村に帰郷したことを住民が喜び，郡村黒丸郷に住む中国の浪人法養が，踊りを郷民に伝えたのが，黒丸踊りであるといわれている。この由来は，あくまでも伝承であり，史実とはいいがたいが，踊り子は武士姿の男の子8人，花籠4人，紺の法被，手甲・脚絆，豆絞りの鉢巻姿で，前に大太鼓をだき，直径4.8m・重さ約60kgの大花輪を背負って踊る。「大薩摩黒丸踊り」と書いた大旗2人，はやし方として22人の鉦・鼓・三味線・笛・地太鼓・歌い手がいる。踊り子は，かつては長男のみに限られていたという。

　この踊りは，はじめ大薩摩踊りと称し豊年踊りの1つといわれた。はやし方の奏楽にあわせて花籠を大きく揺るがして踊る姿は，その華やかさにおいて全国でも珍しいものといわれている。

確保と家門維持のため，日蓮宗に改宗した。肥後（熊本）本妙寺の住職日真にはかり，高弟日恵を迎えてこの寺を完成した。以来，大村家の菩提寺となり，境内には喜前をはじめ，代々の藩主や一族・家臣の墓がある。大村藩主大村家墓所（国史跡）は計78基の墓塔で構成され，6mをこえる6代藩主純庸の墓や笠塔婆をはじめ，石霊屋・角宝塔など形態はさまざまである。大村藩がわずか2万7000石という小藩でありながら，このような大型の石塔を建塔したのは，日本で最初にキリシタン大名となった過去を振り払い，仏教への帰依を懸命にアピールするためであったと考えられる。

③ キリシタン信仰の跡

大村純忠のキリシタン入信、その子喜前の棄教。為政者の宗教政策と命運をともにした人びとの、信仰の跡をたどる。

坂口館跡(さかぐちやかたあと) ⑰ 〈M▶P.76,95〉大村市荒瀬町坂口(あらせ)
JR大村線大村駅🚌田下(たじも)・黒木方面行坂口(しょうよりすけ)🚶1分

初のキリシタン大名大村純忠終焉の館跡

　大村純忠(すみただ)が晩年の2年間をすごした館跡である。1586(天正(てんしょう)14)年、純忠は家督を嫡子(ちゃくし)喜前(よしあき)に譲ると、家臣庄頼甫(しょうよりすけ)の屋敷であったこの地に隠居した。萱瀬谷(かやぜだに)の入口にあたるところで、湧水があったといい、今も庭園跡といわれる泉水が残っており、市の史跡に指定されている。

　純忠は隠居したころは体調はすでにかなり悪かったようで、翌1587年5月、55歳で人生をおえた。宣教師フロイスは、その著書『日本史』において、「盛大な葬儀が、家臣一同の深い感銘と奥方や子供たちの満足裡に挙行された」と記している。遺体は三城(さんじょう)城下の旧寶生寺(ほうしょうじ)(寶生寺はキリスト教施設に転用された)に葬られ、のちに本経寺(ほんきょうじ)に改葬されたと伝えられているが、現在、墓は不明である。死から約2カ月後には豊臣秀吉(とよとみひでよし)によるバテレン追放令がだされ、キリシタン史に暗雲がただよいはじめるのである。

　現在九州横断道路が通っているが、この館跡(やかた)一帯は大村純忠史跡公園として整備され、訪れる人の憩いの場であるとともに、純忠をしのぶよすがともなっている。なお、近年黒木トンネルが開通し、国道444号線が鹿島市(かしま)につうじたため、佐賀(さが)方面への所要時間が大幅に短縮され交通量がふえ、坂口・萱瀬(かやぜ)・黒木(くろき)方面の変貌が著しい。

坂口館跡

放虎原斬罪所跡(ほうこばるざんざいしょあと)と郡崩れ(こおりくずれ) ⑱ 〈M▶P.76,95〉大村市協和町(きょうわ)
JR大村線大村駅🚌長崎空港行試験場
🚶5分

　試験場前バス停で下車し、大村消防署横の道を西へ約5分歩くと、

多良連山のふもと

竹松駅周辺の史跡

キリシタン発覚の大事件　郡崩れと遺跡

住宅街の一角に放虎原斬罪所跡がある。現在は、1968（昭和43）年に建立された大村潜伏キリスト教徒殉教顕彰碑（日本二百五福者殉教顕彰碑）が、悲しい殉教の歴史を語っている。

　1657（明暦3）年といえば、島原の乱からほぼ20年を経過し、徳川政権は4代家綱の文治政治の時代にはいって安定期を迎えたころである。すでにポルトガルは退去し、いわゆる鎖国政策が完了、長崎出島においてオランダが唯一のヨーロッパ国として対日貿易を独占し、キリシタンは姿を消したと思われていたころである。

　この年10月、郡村矢次の百姓兵作が姉婿にふともらした一言から、未曾有のキリシタン弾圧事件が発生した。世にいう「郡崩れ」

キリシタン信仰の跡　　95

胴塚跡　　　　　　　　　　　　　放虎原斬罪所跡

(「崩れ」とは，既存の組織が迫害や弾圧などでもとの形をとどめないほど破壊され，やがて消滅すること)である。

　長崎奉行黒川与兵衛の命により，大村藩では約1カ月にわたる徹底した調査を行った結果，郡3カ村(竹松・福重・松原)を中心に，608人に達する投獄者をだした。多人数のため大村だけでは対応できず，長崎・平戸・島原・佐賀に分散されて詮議されたが，この間に病死者を78人もだしているのは，いかに過酷な取調べが行われたかを物語っている。結局，赦免99人，永牢20人，斬首411人という厳しい判決であった。斬首411人のうち131人が大村で処刑となり，翌1658(万治元)年8月，放虎原処刑場において執行された。

　首は，みせしめのために，獄門所で約1カ月にわたりさらされた。松並1丁目の松並公民館のところがその跡で，現在は「平和の聖母マリア」像がたてらている。

　胴体と首は遠く離れたところに葬られた。国道34号線をわずかに海岸方向にはいった地点に，それぞれカトリック教派により祈りの像が建立され，胴塚跡(桜馬場2丁目，桜馬場交差点付近)，首塚跡(原口町公民館前)として，この悲劇的事件を知ることができる。

　なお市内には，刑場に引かれていく処刑者と親族が最後の別れをしたというところに，妻子別れの石がある。

　この事件ののち，大村藩ではキリシタン遺物・墓碑などはことごとく破壊された。キリシタン大名大村純忠を領主にいただき，最盛期には領内に6万人もの信徒がいたともいわれるだけに，大村の地

大村ずし

コラム

　1474(文明6)年，島原領主有馬貴純は2000余の大軍をもって大村領へ侵攻してきた。時の大村領主純伊は，700余の軍をもって中岳で防戦したが，大村方は少ない兵力のうえ味方の寝返りもあって，兵の多くが戦死してしまった。純伊はようやく難をのがれて現在の佐賀県唐津沖の小島加々良(加唐)へ落ちのびたが，6年後の1480(文明12)年，援軍を得て大村へ攻め戻り大村領を奪い返した。

　領民たちはおおいに喜び，歓迎するために食事の準備に取りかかったものの，突然のことで食器も十分ではなく，もろぶた(長方形の浅い木箱)に炊きたての飯をひろげ，そのうえに魚の切り身・野菜のみじん切りなどの具をのせ，さらにそのうえに飯・具をたっぷりのせて押したものを食事としてだした。兵たちはこれを脇差で四角に切って食べた。一説には，これが大村ずしのおこりという。

　以来大村地方では，各家庭でそれぞれに工夫し，祝事や客のもてなしに大村ずしをつくることが一般的になった。今では大村市内の食堂やみやげ品店でもみることができる。黒丸踊り・寿古踊りや沖田踊り(いずれも県民俗)も，このときにおこり，今日に伝わっている。

には信仰にまつわる哀史をとどめた遺跡が多い。

　なお，市内陰平町に残る鈴田牢跡はスピノラ神父ら二十数人が1617(元和3)年から5年間収監された遺跡である。彼らは1622年長崎に送られ，西坂の丘で処刑された。

今富キリシタン墓碑 ⑲

〈M▶P.76, 95〉大村市今富町588
JR大村線竹松駅🚌皆同行今富🚶5分

キリシタン弾圧の語り部　かまぼこ形墓碑

　今富町は郡川中流右岸ののどかな農村地帯である。この町の小高い丘陵の竹林のなかに，この墓碑はある。

　大村領内でおこった1657(明暦3)年の潜伏キリシタン発覚事件(郡崩れ)後の徹底した墓碑の破棄政策にもかかわらず，奇跡的に難を免れた例がわずかばかりある。そのうちの1つが今富キリシタン墓碑(県史跡)である。

　仏式の墓石のたて方と違って，本来キリシタン墓は，横に長く寝かせた形をとるのが一般的であるが，この墓石はかまぼこ形のものを縦にしてある。墓石の上部(もともとは正面にあたるところ)には，

キリシタン信仰の跡

今富キリシタン墓碑

台付の干十字(カルワリオ十字)がきざんであり、典型的なキリシタン墓碑である。正面には、向かって右に「天正四(1576)丙子十一月十一日」、中央に「不染院水心日栄霊」、左に「一瀬治部大輔」ときざんである。墓の主は大村純忠の家臣一瀬相模越智栄正と考えられており、1576(天正4)年に没し、その子孫がたてたものという。近年の調査で、上部干十字の横に「慶長十九(1614)年」と刻まれていることがわかり、墓碑そのものは、「天正四年」ではないことが判明した。

キリシタン禁教時代となり、一瀬家の子孫が弾圧を避けるために墓碑を縦におこして仏教の戒名を記したものと思われ、それによって仏教徒であるように装ったと考えられる。また、見落としがちであるが、墓碑の右手にある手水鉢も、かまぼこ形を切断し両側面を削って利用したもので、もとは同様のキリシタン墓碑であったと考えられている。

このほか近隣で発見されたキリシタン墓碑としては、大村市立史料館に保管してある原口出土の墓碑と、東彼杵町瀬戸郷の「一瀬志ゆ阿ん(ジュアン)」の碑が著名である。

なお、この今富キリシタン墓碑の隣には、1550(天文19)年の逆修碑がある。碑文には「逆修権律師実舜　六道能化尊」と刻され、六地蔵の形式であり、逆修を行った実舜とは修験関係者だったのではないかと考えられている。

富の原遺跡 ⑳

〈M▶P.76, 95〉大村市富の原2
JR大村線大村駅 🚌 佐世保方面行富の原入口 🚶15分

鉄戈も発見された環濠集落遺跡

大村扇状地が南から北にゆるやかな広がりをみせ、やがて大村湾に接する扇端部分に、縄文晩期から弥生時代にかけて人びとの営みが展開した富の原遺跡がある。現在、JA全農長崎大村果汁工場がある辺りから国道をはさんだ広範囲の一帯である。中小の工場の進出や民家の増加によって変貌著しいが、北に大村湾南に多良連山

大村純忠

コラム

大村純忠は戦国時代の大村領主で、最初のキリシタン大名として有名である。

島原の領主有馬晴純の次男として1533(天文2)年に生まれた(幼名、勝童丸)が、1538年に大村純前の養子として大村家に迎えられ、1550年18歳のときに家督を相続した。しかし、純前には1534年生れの実子貴明(幼名、又八郎)がおり、貴明は、1545年武雄の後藤家に養子にだされ、終生純忠と対立する。

純忠は晴れて領主となってからも、周辺の戦国大名である諫早の西郷氏、佐賀の龍造寺氏、平戸の松浦氏、武雄の後藤氏などと争いを続けたが、徐々に大村湾を取り巻く領地を確立していった。

1562(永禄5)年純忠は、横瀬浦をポルトガルとの貿易港として開港した。港をのぞむ小高い丘には、宣教師の住院、教会、大村館がたち、上町・下町が形成され、多くの商人たちも出入りして賑わった。貿易がはじまると、イエズス会宣教師によるキリスト教の布教も活発に行われるようになり、1563年5月には、純忠自身がトルレス神父により洗礼をうけ、ドン・バルトロメウの教名をあたえられた。しかし、この横瀬浦の繁栄は長くは続かず、この年8月に武雄の後藤貴明勢の襲撃をうけ、純忠も大村で老臣たちの反乱にあい、3年の間苦難の時期をしいられる。

その後、1565年に福田、そして1570(元亀元)年に長崎を開港した。翌1571年、長崎にポルトガル船が初入港し、近世を通じて海外への窓口として発展していく幕があくのである。

1574(天正2)年には領内の社寺破壊が徹底して行われ、全領民に対してキリスト教への入信が強制された。その結果、大村領のキリシタンは約6万人に達したという。

日本初のヨーロッパ公式訪問である天正遣欧少年使節は、1582年2月に長崎を出航した。島原有馬のセミナリオの神学生のなかから選ばれた伊東マンショ・千々石ミゲル・原マルチノ・中浦ジュリアンの4人の少年たちで、1590(天正18)年7月に帰国した。8年半におよぶ大旅行であった。この派遣事業を進めた中心人物は、イエズス会の巡察師として1579(天正7)年に来日していたヴァリニャーニ神父である。

現在、長崎空港へ渡る手前の森園公園には、少年使節の長崎出帆

大村純忠終焉の屋敷跡

キリシタン信仰の跡

> 400年を記念して建立された天正遣欧少年使節顕彰之像が建つ。
> 　純忠は1586年，家督を嫡子喜前にゆずり坂口館に隠居し，翌1587年，55歳でこの地で没した。

をみはらす豊かな畑作地帯でもある。

　第二次世界大戦中はこの一帯に航空隊の飛行場があり，遺跡は破壊されてしまったと思われていた。だが，1980(昭和55)年の調査で弥生時代の竪穴住居跡，甕棺墓・石棺墓，貯蔵穴，祭祀遺構などが数万点をこす土器や石器，さらに人骨とともに発見された。なかでも注目をあびたのは鉄戈と鉄剣の出土であった。とくに鉄戈は全国的にも発見例が少ないなか，本遺跡から3本が出土し大きな反響をよんだ。鉄戈は長い柄に直角に装着して使用する武器である。金属器は武器であると同時に権力の象徴でもあり，この地方一帯に大きな権力をもった有力者の存在を示している。

　2002(平成14)年に行われた調査では濠の跡が確認され，大規模な環濠集落を形成していたことがあきらかになった。また，この遺跡から発掘された出土品の特色から，北部九州や有明海沿岸地域の文化の影響も認められている。海にほど近いことから，海を介して文化交流を行った古代大村人の生活を彷彿させる遺跡である。

　なお，ここから北へ約1kmいった郡川左岸一帯には，黒丸遺跡(縄文～近世)と，律令時代の条里制遺構沖田条里跡がある。古来，この一帯は豊かな穀倉地帯だった。

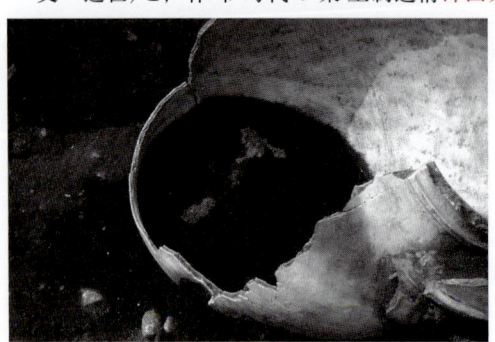

富の原遺跡出土の鉄戈

彼杵宿界隈の史跡 ❹

波静かな大村湾をのぞむ当地方は，北西へのびる平戸往還，南東へのびる長崎街道がとおる海陸交通の要地として栄えた。

中世における在地勢力の攻防を伝える古戦場跡

中岳古戦場 ㉑　〈M▶P.76, 102〉大村市中岳町
JR大村線大村駅🚌 南川内行横畑🚶3分

　郡川の坂口から上流域は，萱瀬谷とよばれ，細い谷底が続く。中岳古戦場は，その谷のなかほど，南川内川が郡川と合流してやや開けた谷となったところにある。田下から南川内方面へ河岸段丘をのぼると水田が開け，横畑のバス停留所がある。バス停横に戦死者をまつる塚がある。すぐ背後の山を少しのぼったところに，中岳砦跡がある。

　大村家側の資料によれば，1474（文明6）年，島原の有馬貴純が，2000余の大軍を率いて大村を来襲したとき，大村純伊が700余の軍勢で迎え撃ったといい，この合戦の場が中岳古戦場跡であるという。はじめ小勢ながら大村方はよく防いだが，味方の寝返りもあり，大村方の将兵の多くは壮烈な戦死をとげた。純伊はあやうく難をのがれ，郡岳から松原を経て玄海の小島加々良（加唐）島へと落ちのび，6年後ようやく旧領を奪回して大村へ帰還したという。この帰還を祝って用意された食事が大村ずしといわれるが，この合戦を史実とすることについては疑問視する説もあり，究明が待たれるところである。

　菅無田古戦場は，中岳古戦場から2kmほどくだったところ（バス停宮代下車）で，萱瀬小学校の横からはいった山裾に碑がある。ここは，1577（天正5）年佐賀の龍造寺隆信と地元の萱瀬に住む郷士たちがたたかった場所である。南にそびえる琴平岳（標高334m）は，そのとき龍造寺氏が本陣をおいたところで，大村扇状地，波静かな大村湾や多良の連山が一望できる展望台がある。

中岳古戦場

野岳湖 ㉒

〈M▶P.76, 102〉大村市東野岳町
JR大村線松原駅🚌野岳湖行終点🚶5分

深沢勝清が財を投じて築いた人工湖

松原駅から山麓を4kmほどのぼっていくと，野岳湖に着く。

野岳湖は，江戸時代初期の1661(寛文元)年，大村の深沢儀太夫勝清が捕鯨業でなした財を投じて築いた。周囲約4km，貯水量約140万m²の人工湖であり，下流地域の水田約100haをうるおしている。

多良山系の野岳の山ふところにいだかれ，風光明媚な景勝の地にあり，多良岳県立公園の一角を占めている。キャンプ場の設備も充実しており，近くには裏見の滝もある。

深沢儀太夫勝清は，若いころ和歌山県太地で捕鯨の技術を学びとり，西彼杵半島の外海(松島・蠣ノ浦)，五島有川，壱岐や博多の沖でクジラ捕りをはじめた。勢子船(クジラを取り囲む船)や持双船(クジラを運ぶ船)などで鯨組を組織し，「一頭とれれば七浦うるおう」といわれ年間数百頭もとった。そして肉・すじ・骨や歯までも売って巨万の富を得た。

勝清は，野岳湖のほか東彼杵町山間部の蕪池・三井木場池など

中岳古戦場周辺の史跡

郡七山十坊

コラム

大村市の北部にあたる郡川周辺の松原や福重地区には、かつて弥勒寺(禅宗)・龍福寺(禅宗)・冷泉寺(真言宗)・東光寺(禅宗)など、今もその名を残す中世の寺院があり、「郡七山十坊」と総称された。なかには、奈良時代に創建された寺院もあったようだが、現在はすべて廃寺となっている。

当地に伝わる『紫雲山延命寺縁起』によれば、平安時代のおわりごろには、10カ寺のうち6カ寺がすでにあったと書き残されており、また平安時代の終わりごろには、「郡七山十坊」のうちの6カ寺をはじめ14の寺院の住職が集まって、それぞれの寺院の教えを論じたとされている。

また、現在、寺跡には当時の遺物とくに墓石が残っている。

東光寺跡には、「東光院」ときざまれた「正和五(1316)年」銘の宝塔が確認され、鎌倉時代末には確実に実在したことを示している。

ただ、南北朝時代後半の1366(貞治5)年、寺院群内に発生した火災により多くの寺が灰燼に帰し、これを機に「郡七山十坊」の多くの寺院は、それまでの密教(真言・天台)から禅宗に転宗したといわれている。

この郡川一帯は、かつては経済面でも文化面でも進んだ地域で、豊かな農業地帯が広がっていた。

だからこそ「郡七山十坊」とよばれた多くの寺院がたち並んでいたのである。ただ、16世紀後半におこったキリシタンによる神社仏閣の破壊行為により、これら中世寺院群はすべて破壊され、現在は寺跡のみが当時をしのばせる。

東光寺跡

の四つ池といわれる溜池群もつくり、地元に大きな貢献をしている。墓は、大村駅裏の長安寺(浄土宗、大村市武部町)にある。

野岳湖周辺は、旧石器時代終末期を代表する細石器の出土地として知られ、野岳型細石刃核の名がつけられている。

また、この地の石器群発見が西北九州の旧石器時代の研究の先駆をなした。

ひさご塚古墳 ㉓ 〈M▶P.76, 106〉 東彼杵郡東彼杵町彼杵宿郷字古金屋道上

JR大村線彼杵駅 🚶10分

長崎県内最大級の前方後円墳 後円部頂から石棺検出

　東彼杵町役場から国道205号線を、大村市方面へ約300mいったところにひさご塚古墳（県史跡）がある。

　彼杵川流域の平野には古墳が多数確認される。ひさご塚古墳は県内最大級の前方後円墳で、5世紀代の古墳と考えられている。

　耕作のため前方部が著しくくびれ、ひょうたん形をなすところからこの名がある。墳丘は前方部コラム7.1m・高さ2.1m、後円部直径29.5m、高さ6.2m、全長51.8mである。2段積みで築造され、周壕や埴輪列は確認されていない。部分的に人頭大からこぶし大の葺石がみられる。

　1993（平成5）年夏、古墳の実態を探るため発掘調査が実施され、後円部頂から2基の石棺が出土し、なかから銅鏡・鉄鏃（鉄の矢じり）・鉄斧・鉄剣・玉類などが出土した。西隣の墓地はかなり変形をうけているが、重棺古墳とよばれる前方後円墳である。

　1994年、古墳に隣接して、東彼杵町歴史公園「彼杵の荘」が、東彼杵町歴史民俗資料館を中心に、体験工房、明治時代の民家などを備えて開園した。また、1995年にはひさご塚古墳が旧状に復元された。

　江頭交差点から嬉野方面へ向かう国道34号線の東側水田に、上杉古墳群（4基）がある。古墳時代後期の群集墳である。残念ながら、大村線の建設により、かなりの古墳が破壊されてしまった。

ひさご塚古墳

千綿の人形浄瑠璃

コラム 芸

　千綿宿郷に古くから伝わる千綿の人形浄瑠璃は、3人遣いで、人形櫃の蓋などに書かれた紀年銘によれば、1700年代なかばから後半ころにははじまっていたと考えられる。

　この人形遣いは阿波人形の系統を引いており、1734(享保19)年吉田文三郎が3人遣い発明後に、当地に伝来したものと考えられている。人形の頭は44組、逸品としては天狗弁の作「団七」「大江山のカブ」、天狗久の作「むすめ」の3組があげられる。

　昔は、宿郷の鎮守水神宮の例祭、祇園祭り(旧6月15日)に上演され、時には豊漁・豊作の祈りをこめて、壱岐・五島・佐賀県にまで招かれ巡業した。1954(昭和29)年、県の無形文化財として指定をうけた。

千綿の人形浄瑠璃

彼杵宿 ㉔

〈M▶P.76, 106〉東彼杵郡東彼杵町蔵本郷・彼杵宿郷
JR大村線彼杵駅 🚶 10分

長崎と江戸を結ぶ脇街道　長崎街道の宿場町

　東彼杵町の中心街が、かつての長崎街道の彼杵宿である。長崎街道は、江戸時代の五街道につぐ脇街道の1つで、小倉・長崎間23宿57里(約228km)、長崎と江戸を結ぶ要路であった。

　彼杵宿は佐賀県側の嬉野宿からくると、現在の国道34号線沿いに俵坂峠(大村領境碑がある)をこえ、彼杵川の谷をくだり、長崎県域にはいって最初の宿にあたる。宿には大名や長崎奉行らのための本陣(現、彼杵神社の地)が設けられ、脇本陣(本陣の斜め前)、問屋場・庄屋・横目役所・旅籠や酒屋などがあり、幅4間(約7.2m)の道をはさんで多くの商家があった。

　本陣跡をまっすぐ進むと港(堀川)があり、ここから大村湾を時津(時津町)へ渡り、長崎へと向かう海路をとる旅人も多かった。殉教した26聖人もこの経路で長崎へ連れていかれた。

彼杵宿界隈の史跡

彼杵駅周辺の史跡

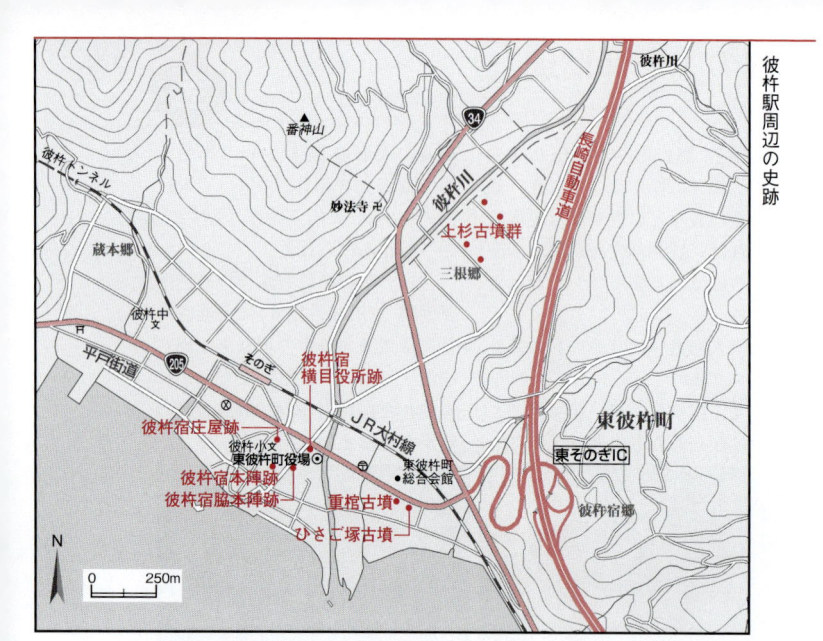

　五島近海でとれるクジラの集積地でもあり、両海岸には鯨問屋があった。現在も町内には、問屋や鯨肉加工業が立地している。
　港横の十字路を北西へ向かうと平戸往還（平戸街道）、南東へ向かうのが長崎街道で、ここは海陸交通の要地・接点であった。長崎街道は彼杵から海づたいになり、3里（約11.9km）ほどで松原宿、さらに2里（約7.9km）で大村宿であった。松原宿には本陣・脇本陣の設備はなく、小休の場であり、農具などの刃物づくりで古くから有名である。

5 虚空蔵山のふもと

川棚町より仰ぎみる，美しい山姿の虚空蔵山。太古の造山活動がもたらした陶石は，「窯業の町波佐見」の原動力となった。

河良城跡（七浄寺跡）の永仁の五輪塔 ㉕

鎌倉時代の息吹を伝える五輪塔

〈M▶P.76〉 東彼杵郡川棚町中組郷1506（川棚町郷土資料室）
JR大村線川棚駅🚶18分，または🚌役場前🚶2分

　川棚町中央公民館に隣接する川棚町歴史民俗資料館に，1基の五輪塔がある。石材は緑泥片岩で，西彼杵半島特産のものであるという。五輪塔とは，この世の物質は地・水・火・風・空によって構成されると説く五大思想と五輪図形が結びつき，下から方形の地輪・球形の水輪・宝形造の火輪・半球形の風輪・宝珠形の空輪を積みあげた石塔である。この塔は1948（昭和23）年の大水害の際，川棚上組郷河良城跡（七浄寺跡）の一隅から発見され，多少の曲折を経て現在の資料館に保管されるようになったものである。碑銘に「永仁五（1297）年十一月三日」とあり，鎌倉時代後期のものであることが判明し，長崎県内ではもっとも古い金石文として注目されている。永仁5年は，2度の蒙古襲来のあと経済的に苦しくなった御家人救済のために，鎌倉幕府が永仁の徳政令をだしたことで知られる。

　この石碑の地輪上段の四面には104文字が刻印されており，その内容は宗教史・地方史研究に多くの史料を提供しており，史料の乏しい中世史研究にはきわめて貴重なものである。碑銘によれば「源長盛の後家尼・比丘尼法阿」が逆修（生前にあらかじめ自分のための仏事をして，冥福を祈ること）のために造立したものである。「源長盛」がどのような人物であったかは不明であるが，少なくとも鎌倉時代後期には，源の姓をもった有力者がこの地にいたことを物語っている。

キリシタン墓碑 ㉖

破壊を免れた貴重なキリシタン墓碑

〈M▶P.76〉 東彼杵郡川棚町
JR大村線川棚駅🚶25分，または🚌役場前🚶10分

　川棚町歴史民俗資料館に向かって左手に，常在寺（日蓮宗）がある。長い石段が本堂に向かって美しい直線をなしている。常在寺本堂の左手約200mの山腹に，キリシタン墓碑がひっそりとたつ。眼

虚空蔵山のふもと　107

キリシタン墓碑

下には波おだやかな大村湾を、やや目を転ずれば虚空蔵岳が天をつくように偉容をみせる。

この墓石は高さ約100cm・幅29cm、縦長の自然石碑で、向かって右に「元和八(1622)年壬戌」、中央に「富永二介妻」、左に「七月十五日」ときざんである。ほかの地方にみられる墓碑銘は剝落が著しいのに対し、この銘文は鮮明である。この石碑でとくに注目されているのは、上部の直径19cmほどの円形のなかにアルファベットのCRVSを組み合わせた線刻があることと、「富永二介妻」のうえに女性のキリシタン教名と思われる線刻がみえることである。この教名をなんと読むのかについては諸説あるところだが、一説にはChristus(キリスト)のhとistが省かれたものと考えられている。元和8年は西暦1622年であるから、1657(明暦3)年大村でおこった「郡崩れ」以降、領内のキリシタン墓碑は徹底的に破壊されたことを考えれば、この墓碑はその難を免れ今日まで残ったものと思われる。過酷なキリシタン弾圧史を今に伝える、貴重な石碑である。

特攻殉国の碑 ㉗

〈M▶P.76〉 東彼杵郡川棚町新谷郷
JR大村線小串郷駅🚶25分、または🚌新谷🚶8分

海の特攻隊員訓練の基地跡

新谷バス停で下車し、JRのガードをくぐって数分海岸方向へ歩くと特攻殉国の碑がある。1944(昭和19)年、日々悪化する第二次世界大戦の戦局を挽回するために、旧日本海軍は臨時魚雷艇訓練所を横須賀からこの地に移した。水上特攻隊としての魚雷艇・震洋艇の乗員を訓練する基地である。急迫する戦局に処するため、全国から数多の若者たちが集まり過酷な訓練に励んだ。

1967年5月、旧隊員らが全国によびかけてこの地に碑を建立した。戦時下、西太

特攻殉国の碑

陶磁器のワラ荷造り

コラム 芸

　重くて割れやすい陶磁器を無事消費地に送り届けるためには、出荷時に堅牢な梱包を施すことが重要であり、商品としての陶磁器の価値はこの梱包が左右するといっても過言ではない。陶磁器の梱包は、伝統的に農業の副産物であるワラを単一の素材として用い、荷師とよばれる職能集団によって担われてきた。各陶磁器メーカーはワラの確保のために農家と契約を結び、専属の荷師を雇用していたのである。ところが、この技法は昭和30年代半ば以降、ダンボール梱包が主流になると急速に途絶えてしまい、今や産地においてもその技法を知る人は少なくなっている。鉄道に代わりトラック輸送が一般化したこと、電化製品の普及により、消費地で火鉢の灰に再利用されていた荷解き後のワラの需要が減ったことも途絶えた要因にあげられる。

　ワラ荷造りの技法は、産地間において多少の差異はあるものの、さまざまな製品ごとに手順や荷姿・使用する道具類などは、ほぼ定式化されている。繊維質の強い素材の特長をいかし、捨てるところなく用いるなど、資源再利用の観点からみても完成度は非常に高い。運ぶ人の注意を喚起するためにわざと隙間をあけ、製品がみえるように梱包する方法もある。

　残念ながらワラ荷造りの技法は、一部をのぞけば、これまでほとんど研究対象とされてこず、今日においては調査すら困難な状況となっている。この技法は、生産（農業・工業）の発展に目をそそぐだけでなく、流通などそのほかの視点からも、民俗学研究に取り組むことの重要性を教えてくれているようである。

波佐見におけるワラ荷造り

平洋全域に配備され、フィリピンのコレヒドール島などの激戦地で、若い命を散らせた海上特別攻撃隊関係の戦没者3000余人がまつられている。毎年5月には、慰霊大祭がもよおされ各地から多くの関係者が参列している。今、新谷の海は沖合いにコンクリート製の台礎

虚空蔵山のふもと

が昔日の面影を残すばかりである。

なお、大村湾に突きでた大崎半島は、ほぼ全域が大崎自然公園として整備され、1963年に開設した大規模なクジャク園をはじめ、海水浴場・キャンプ場・遊歩道、そして国民宿舎「くじゃく荘」などがあり、年間を通じて、多くの観光客で賑わっている。

肥前波佐見陶磁器窯跡 ㉘

〈M▶P.76〉東彼杵郡波佐見町村木郷(畑ノ原窯跡)
川棚バスセンター 東 峠 行村木 🚶 10分

日用和食器くらわんか手の大量生産地

JR川棚駅前、川棚バスセンターより波佐見方面行バスに乗ると約10分で、陶磁器の里・波佐見町に着く。

波佐見町は長崎県のほぼ中央部、佐賀県との境界に位置し、隣接する三川内地区(佐世保市)、佐賀県有田町と並ぶ窯業の町として知られる。豊臣秀吉の朝鮮出兵に従軍した領主大村喜前が帰国する際つれ帰った李朝の陶工らによって、最初の窯が開かれたといわれるが、それ以前の陶器焼成窯の存在も確認されている(下稗木場窯跡)。江戸時代をつうじ、波佐見はおもに安価な日用食器(くらわんか手)を大量生産する窯業の町として栄え、磁器の大衆化に寄与してきた。現在も国内で使用される和食器の1割強を生産しており、同町にある長崎県窯業技術センターでは、新素材の開発や技術指導に力をそそいでいる。

現在、町内には約30基の古窯跡が確認されるが、このうち、陶器から磁器焼成への過渡期の畑ノ原窯跡、「三股青磁」と称される国内随一の青磁を産出した三股青磁窯跡と長田山窯跡、全長150mをこえる世界最大級の中尾上登窯跡と永尾本登窯跡の5カ所の窯跡、大村藩が窯業の指導と管理にあたった皿山役所跡、原料である

畑ノ原窯跡

110　多良連山のふもと

陶石を産出した三股砥石川陶石採石場跡が、肥前波佐見陶磁器窯跡として国史跡の指定をうけている。各古窯の出土品は観光交流センター(井石郷)に展示され、ここでは出土品とともに波佐見の窯業の歴史を概観することができる。

波佐見で古い創建の伝承をもつ神社・仏閣としては、742(天平14)年に橘諸兄が勅使として参向し神社創建に至ったという伝承をもつ金屋神社(金屋郷)、行基伝説を付帯する東前寺(真言宗、岳辺田郷)がある。これらの寺社は、領主大村純忠の入信以後、増加したキリシタンによって破壊・焼却され、純忠の子で初代大村藩主喜前の棄教後に再興されたといわれる。天正遣欧使節副使の1人原マルチノは、この地の出身で帰国後、1614(慶長19)年の禁教令によりマカオに追放され、同地で没した。

波佐見町には皿山の人形浄瑠璃(県民俗)保存会がある。1732(享保17)年におこった享保の大飢饉は、西日本一帯に大きな被害をもたらし、皿山でも深刻な経営不振に直面した。翌年、皿山の人びとは人形浄瑠璃の興行を思いたち、藩内各地を巡業して、木戸銭のかわりにムギ・干しイモ・干し魚をもらって帰り、窮民を救った。これが人形浄瑠璃の始まりと言い伝えられ、現在も「美玉座」として、町内はもとより町外への出張公演も盛んに行っている。

Shimabara # 雲仙をのぞむ島原半島

島原城

口之津港

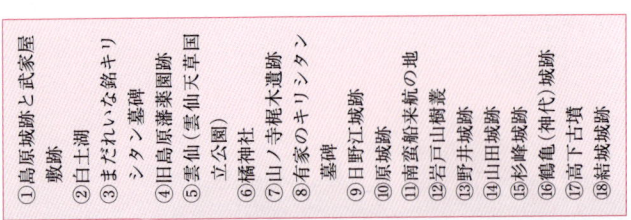

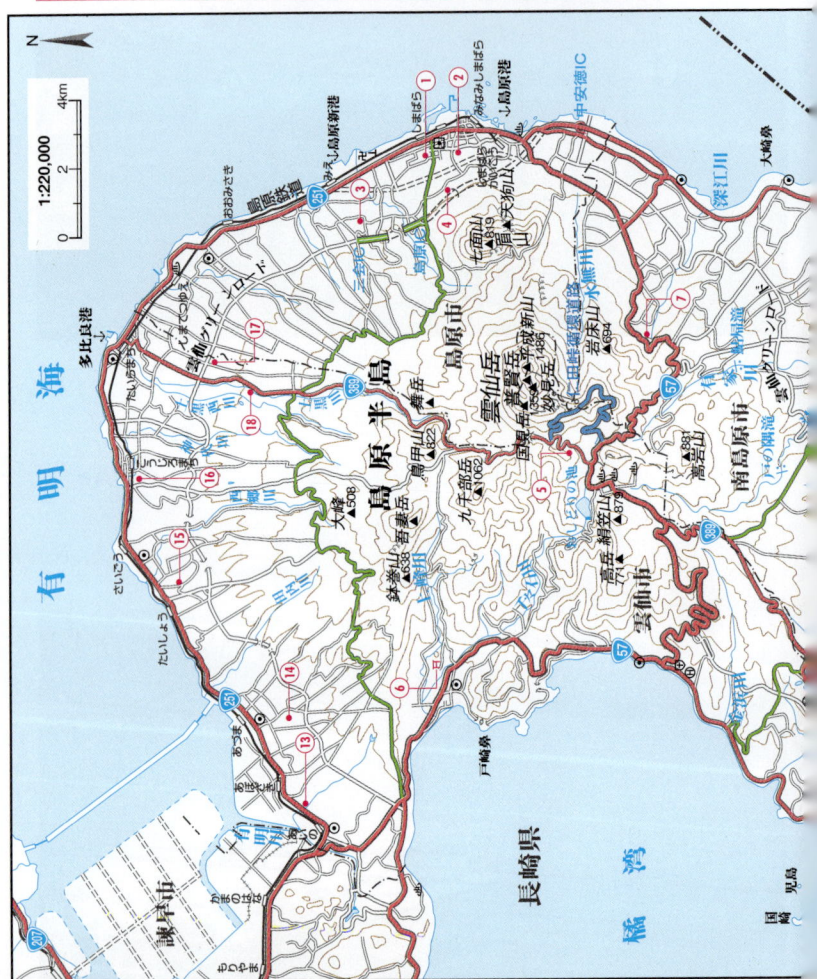

① 島原城跡と武家屋敷跡
② 白土湖
③ まだれいな碑キリシタン墓碑
④ 旧島原藩薬園跡
⑤ 雲仙（雲仙天草国立公園）
⑥ 橘神社
⑦ 山ノ寺樫木遺跡
⑧ 有家のキリシタン墓碑
⑨ 日野江城跡
⑩ 原城跡
⑪ 南蛮船来航の地
⑫ 岩戸山樹叢
⑬ 野井城跡
⑭ 山田城跡
⑮ 杉峰城跡
⑯ 鶴亀（神代）城跡
⑰ 高下古墳
⑱ 結城城跡

雲仙をのぞむ島原半島

◎島原・雲仙散歩モデルコース

1. 島原鉄道島原駅_10_島原城跡_7_武家屋敷跡_20_本光寺_10_旧島原藩薬園跡_20_護国寺_3_江東寺_15_島原駅

2. 島原鉄道島原駅_20_山ノ寺梅木遺跡_20_雲仙地獄_5_一条院満明寺_5_原生沼野植物群落_40_島原駅

3. 島原鉄道島原駅_40_須川名の吉利支丹墓碑_10_西有家_10_日野江城跡_15_日野江城入口_10_原城前_10_原城跡_10_原城前_10_原城跡_15_口之津_20_口之津歴史民俗資料館_20_口之津_10_岩戸前_10_厳吼寺_3_岩戸観音_5_岩戸山樹叢_5_穴観音_15_岩戸前_60_島原駅

4. 島原鉄道神代町駅_10_鍋島陣屋跡_3_鶴亀城跡_10_常春寺_3_長栄寺_10_淡島神社_10_神代町駅_7_多比良町駅_20_国見高校考古学資料館_10_高下古墳_20_多比良町駅

雲仙と湧水の都島原

湧水流れる詩情豊かな城下町島原。屹然とそびえる雲仙岳一帯は、かつて密教信仰の一大中心地。四季折々の景観が美しい。

島原城跡と武家屋敷跡 ❶
0957-62-4766（島原城）

〈M▶P.114,118〉島原市城内1・下ノ丁
島原鉄道島原駅🚶10分

藩政時代の名残りをとどめる島原のシンボル

島原駅におりると、真正面に島原城（森岳城）の天守閣がみえる。この城は、有馬直純（晴信の子）が延岡に転封されたのち、この地にはいった松倉重政によって、1618（元和4）年から7年余をかけて築かれた。以後、有馬の日野江城にかわって、島原が政治・経済・文化の中心となり、高力氏・松平氏・戸田氏、再び松平氏と4氏19代の譜代大名が交代して支配した。島原の乱（1637～38年）では、城の外郭部の大手門（現在の裁判所の地）と桜門（島原第一中学校玄関付近）で攻防戦があった。

城は、内郭の本丸・二の丸と三の丸（藩主の邸宅。現、島原第一小学校と県立島原高校）、外郭の家中屋敷からなり、規模は壮大である。城の特徴は、鉄砲戦に対応する築城法で、建物は装飾のない層塔風総塗込式となっている。1964（昭和39）年に復元された天守閣のなかには、キリシタン史料館があり、南蛮貿易時代から島原の乱までを中心に、多くの貴重な史料を展示している。

天守閣に隣接して、北村西望記念館がある。北村西望は島原が生んだ日本彫塑会の巨匠で、長崎市の平和公園にある平和祈念像の制作者として知られるが、その作品約60点を展示している。

天守閣の北西側前方には、観光復興記念館があり、雲仙普賢岳の噴火活動の経過を中心に、島原の歴史・文化などを紹介している。

城をあとに県立島原商業高校正門をすぎ、江戸時代に時を

武家屋敷跡

116　雲仙をのぞむ島原半島

知らせた時鐘楼をとおっていくと、武家屋敷跡にでる。土塀と石垣に囲まれた屋敷が整然と並び、江戸時代の武士の生活をしのばせてくれる。道の中央を清流が流れている。この用水道は1669(寛文9)年に設営され、飲料としても利用された。江戸時代、この一帯には鉄砲組の下級武士の住いがあったので鉄砲町とよばれた。島原城築城とともに形成された町である。近くにさかきばら郷土史料館がある。郷土史関係を中心に、収集した民具なども展示しており、館長の郷土によせる思いが伝わってくる。

城の南堀端には島原図書館があり、そのなかに松平文庫が付設されている。名君との誉れ高かった松平忠房は、当代きっての儒学者林鵞峰とも親交が深く、この松平文庫には、そういう彼が中央文化との交流をとおして収集した約1万冊の書籍がおさめられている。国文学資料の宝庫だが、「島原藩日記」や『墨是可新話』などの貴重な史料の存在もみのがせない。

島原駅から北へ5分ほどいくと、江戸期に藩主松平氏が島原領の総社として崇敬した猛島神社があり、島原藩政関係の古文書類を所蔵している。ここから北へ20分ぐらい歩くと、北門町に龍造寺隆信戦死の跡がある。16世紀中ごろ、有馬晴純は肥前の大部分を制圧し、20万石余を領有したが、その後、龍造寺氏の勢力が強大となり、所領も4万石ほどに縮小した。龍造寺氏の圧迫が強まるなか、晴純の孫、晴信は島津氏に救援を求め、1584(天正12)年に龍造寺軍と沖田畷で衝突し、大軍を頼みとした隆信を討ちとることに成功する。戦死の跡付近に隆信をまつる二本木神社がある。

白土湖周辺 ❷ 〈M▶P.114, 118〉島原市白土町
島原鉄道島鉄本社前駅 🚶 7分

火山活動でできた白土湖周辺の寺院群

駅から繁華街を横ぎりながら、西へ500mほどいくと白土湖がみえる。白土湖は1792(寛政4)年の島原大変(雲仙岳の噴火)でできた。もと、この一帯は江東寺(曹洞宗)の旧墓地で、地変により埋没して水がわきでてきた。あふれる湖水を海まで導くために、音無川が開かれた。

白土湖畔の北西に湧水を利用した耳洗公園があり、この前をとおって北へ3分ほど歩いたところに、神仏習合の護国寺(日蓮宗)があ

雲仙と湧水の都島原

島原駅周辺の史跡

漂流記『墨是可新話』

コラム

　墨是可は「めしこ」と読んで，メキシコのことである。この書物『墨是可新話』は，天保年間(1830～44)に漂流してメキシコに渡り，苦労のすえ帰還した，島原片町出身の漁民太吉の物語である。当時の藩医賀来佐之(通称佐一郎)らが聞き書きして，一書を編み「御秘書」として伝え，松平文庫に所蔵されている。

　太吉が乗り組んだ兵庫西宮の廻船問屋中村屋の持船永住丸の漂流記は，『墨是可新話』のほかにも，紀州生れの船頭善助からの聞き書き『東航紀聞』，阿波生れの水主初太郎からの聞き書き『海外異聞』が伝えられる。乗り組んだ13人は全員が奇跡的に助かったため，数種の漂流記が残存したのである。

　『墨是可新話』はあざやかな絵図入りで，史料的な価値が非常に高かったが，長い間埋もれて世に知られなかった。しかし，在野の研究者入江潔がこれを見いだして，1969(昭和44)年に『墨是可新話』(現代出版社)を公刊し，ようやく日の目をみた。

　太吉らを乗せた永住丸が兵庫の港を出航して奥州へ向かったのは，1841(天保12)年8月のことだった。しかし，まもなく大風に遭遇して走航不能になり，船は東へ流され，3日後には陸地がみえなくなった。大時化が続くなか，積み荷を一部捨てて身軽にしたり，帆柱を切り倒したりしたかいあって，何とか遭難を免れたものの，それから長期にわたる漂流生活がはじまることとなる。日に日に食料も乏しくなり，米がなくなると，酒に砂糖を溶かして温めて飲み，空腹をしのいだ。飛んでくる鳥をつかまえたり，フカ(サメ)やブリなどをとって，飢えをしのいだ。

　ところが，漂流しはじめてから4カ月ほどが経過した明くる年の2月2日，通りかかったイスパニア船に救出された。太吉らはメキシコ沿岸でおろされ，サントウカという小村でしばらくすごした。その後，太吉はメキシコの国際貿易港マサットランに赴き，そこから貿易船でまずフィリピンのマニラにいき，さらに中国広東省のマカオに渡った。そこで，アメリカ人の宣教師ウィリアムと出会い，日本へ帰る手はずを整えてもらうこととなる。マカオから，寧波，杭州を経て乍甫にむかい，ここで船待ちしたのち，日本行きの船に乗り込んだ。

　1846(弘化3)年3月，太吉は4年数カ月ぶりに日本に帰り着いた。いったん長崎奉行所で取り調べをうけたのち，故郷の島原に送られた。当時はまだ鎖国の時代で，藩の厳しい監視のもと余生を送り，1873(明治6)年，74歳で没した。島原市桜町の安養寺に墓がある。

る。1738(元文3)年，藩主松平忠侯が造立を発願した三十番神霊像が安置されている。法華経守護として熱田大明神からはじまる日々の守護神の着色木像である。護国寺一帯は寺町で，嘉納寺(真言宗)・光伝寺(日蓮宗)・善法寺(浄土真宗)が並ぶ。

護国寺から東へ3分ほど歩くと江東寺に至る。この寺は，島原城を築いた松倉重政の菩提寺として建立された。寺内には松倉重政や，島原の乱時の幕府上使板倉重昌の墓碑がある。1957(昭和32)年に両者を追善するために，大きな涅槃像が建立された。

白土湖畔から西南へ江戸期の旧道沿いを10分ほどいくと，今村刑場跡にでる。もともと藩の刑場であったが，キリシタン禁制が強化されるなかで，信徒への拷問と虐殺の場として使われた。1622(元和8)年にはイエズス会司祭ナバルロが，信徒3人とともに火刑で殉教した。

護国寺

まだれいな銘キリシタン墓碑 ❸

〈M▶P.114〉島原市山寺町
島原鉄道島原駅🚶5分，島原大手発🚌三会線下山寺🚶7分

クリスチャンネームが彫られた自然石の墓碑

島原駅から5分ほどの島原大手からバスに乗り，下山寺でおりて北東へ400mほどいくと，まだれいな銘キリシタン墓碑(県史跡)がある。この墓碑は西方寺の共同墓地内にあり，高さ90cm，幅63cm，厚さ36cmである。「まだれいな」は，ある女性につけられたポルトガル語のクリスチャン・ネームである。島原半島内のキリシタン墓(150基余)は伏碑が多いが，この碑は珍しい自然石の立碑である。前面を削って深さ1cmほどの長方形のくぼみをつくり，そのなかに台付のカルワリオ型十字紋(干十字)が平彫りされている。左側に「まだれいな」と平仮名できざまれている。厳しい弾圧と殉教がは

「島原大変」と平成の大噴火

コラム

　1990（平成2）年にはじまる雲仙普賢岳の噴火災害はまだ記憶に新しいが、これより198年をさかのぼる1792（寛政4）年にも、大噴火がおこっている。このときは、普賢岳の前方に位置する眉山が大崩落し、巨岩、土砂が島原城下を襲って、家屋敷や住民をのみこみ、さらには、その衝撃による大津波が肥後・天草を直撃するとともに、返し波が島原半島の沿岸18カ村を襲い、およそ1万5000人の死者をだすという未曽有の大災害となった。世にいう「島原大変、肥後迷惑」である。島原市内の白土湖はこのときの湧水がたまってできた。また、島原新港からみえる九十九島は、海に流れ込んだ巨岩が形成した島々である。

　この普賢岳が1990年11月17日、約200年の眠りからさめたかのごとく、大きな噴煙とともに噴火をはじめた。翌年5月、最初の溶岩ドームが形成され、以後第13ドームまで延々と続いた。その間、溶岩ドームがくずれる際に、火砕流を発生させた。これは高熱の火山岩塊、火山灰、軽石などが高温の火山ガスとともに山の斜面を流れくだる現象で、その速度は時速100kmをこえることもあった。この火砕流で最大の被害地となったのは、同年6月3日の北上木場地区である。警察官・消防団員・報道関係者らの死者・行方不明者が43人、焼失家屋179棟という大きな犠牲をだした。5日後の6月8日にも、大火砕流が発生し、207棟の建物を焼失倒壊させ、その先端は有明海まで約2kmに迫った。

　また、火砕流とともに深刻な被害をもたらしたのが、土石流である。これは、谷や川底に積もった石や土砂が、長雨や集中豪雨によっていっきに下流に押し流される現象で、水無川、中尾川などで発生し、家屋や国道251号線・57号線、島原鉄道を土砂で埋没させ、一時は島原市が陸の孤島と化す事態も生じた。平成の噴火災害は、以後も断続的に続き、住民の不自由な避難生活が長期に続いた。

　しかし、その噴火災害も1995年にはいるころから、徐々に収束のきざしをみせはじめ、大火砕流惨事からまる5年を経過した1996年6月3日に「噴火活動の終息宣言」が発せられた。その前後から島原市は、国や県の支援をうけながら、「災害に強い街づくりをめざし、火山との共生の道を求めて」噴火災害からの復旧・復興事業に力をいれはじめた。2002年7月には、島原市平成町に雲仙岳災害記念館（がまだすドーム）も落成した。ここには火砕流や土石流をドーム形大型スクリーンと、可動式の床で体験する「平成大噴火シアター」などがある。2009年には、島原半

島が，地形や地質，火山，断層など地球活動の遺産を主な見どころとし，地質資源を保全しながら教育や観光に活用できる自然公園として，ユネスコにより「世界ジオパーク」に認定された。

じまる1614(慶長19)年以前のものではないかとみられているが，「まだれいな」が誰なのかはあきらかではない。1613年，原城下で村田マダレイナほか7人が殉教しているが，この人物との関係は不明である。

　まだれいな銘キリシタン墓碑から北方2kmほどの洗切バス停近くに，景華園遺跡(中野町)がある。旧島原藩主別邸跡地で，大石を動かしたときに，銅剣2本が出土した。その後の発掘で弥生期の甕棺・玉類・布片・貝輪・鉄製鋤先が発見されている。

　この遺跡から西南の山手に礫石原遺跡(礫石原町)がある。九州地区国立大学島原共同研修センターのある一帯で，有明海の眺望がすばらしい。縄文後期末から晩期にかけての遺跡が中心で，方形石組みや地下式石棺の存在に特色があり，初期農耕社会の遺跡である。

旧島原藩薬園跡 ④
0957-63-4853

〈M▶P.114, 118〉島原市小山町
島原鉄道島原駅前🚌農高・辰元口行県立農高前🚶5分

薬園開設者はシーボルトに学んだ名医

県立島原農業高校の西側をいくと旧島原藩薬園跡(国史跡)がある。島原藩主松平忠誠は，「島原大変」以来傾いた藩財政を立て直すため，1846(弘化3)年に医師賀来佐之(佐一郎)を招き，眉山東麓において薬園を開かせ，1853(嘉永6)年に完成した。

　薬園内には薬草園のほか，詰所跡・貯蔵穴・貯水槽などが復元されている。賀

旧島原藩薬園跡

本光寺

来佐一郎は、豊前国出身でシーボルトに学んだ名医で、島原藩に招かれて藩医となり、医学校である済衆館の教授をつとめ、種痘の普及につとめたり、当時としては珍しく、人体解剖を実施して解剖絵図(島原城キリシタン史料館蔵)を残したりするなど、多彩な活躍をみせた人である。

　薬園から北へ10分ぐらい歩いたところに、藩主松平家の菩提寺**本光寺**(曹洞宗)がある。2代藩主松平忠雄とその一族の墓がここにあり、ほかの歴代藩主の墓は三河国深溝の本光寺にある。境内には1739(元文4)年にきざまれた十六羅漢像のほか、島原城内から移築された常磐御殿があり、ここは<u>常盤歴史資料館</u>として、深溝松平家ゆかりの歴史史料を収蔵・展示している。

　そのコレクションは徳川一門の名家に恥じぬ一級品揃いで、とくに、城郭図・海図・日本全図などの古地図・絵図類は、学術的な史料価値が高い。たとえば、「混一疆理歴代国都地図」は15世紀初めごろに朝鮮で製作された世界地図だが、モンゴル帝国の世界認識を反映したものとして、学界でも注目を集めている。なお、寺域は戦国末期の丸尾城跡で、侵攻してきた龍造寺方と有馬・島津方がたたかった古戦場でもある。

雲仙(雲仙天草国立公園) ⑤

わが国最初の国立公園　密教信仰の一大中心地

〈M▶P.114,124〉雲仙市小浜町雲仙
島原鉄道島原駅前🚌諫早行雲仙、または長崎バスターミナル・諫早駅前🚌雲仙経由島原駅行雲仙🚶すぐ

　雲仙一帯は1934(昭和9)年、わが国最初の国立公園として指定された(のち天草地区を加え雲仙天草国立公園と改称)。雲仙岳は、最高峰の普賢岳(標高1359m)を有する雲仙火山群・絹笠火山群・九千部火山群の総称である。春のツツジ、初夏の新緑と夏の避暑、秋の紅葉、冬の霧氷と、四季の織りなす景観がすばらしい。雲仙は、江

雲仙と湧水の都島原

雲仙の史跡

戸期にシーボルトらのオランダ商館医たちによって海外に紹介され、明治中期から外国人の避暑地として人気があった。

雲仙の島鉄バスターミナル近くに、一乗院満明寺（真言宗）がある。『温泉山縁起』によると、701（大宝元）年の開基と伝えられ、最盛期には僧坊1000（別所に700坊、札の原に300坊）があって、密教信仰の一大中心地であった。宝物殿には弘法大師直筆心経・宇多法皇尊影・一休禅師直筆掛軸などがある。

満明寺から北東へ3分ぐらい歩くと、温泉神社がある。この神社は四面大菩薩の神祠がもとになっており、満明寺とともに栄えた。拝殿の口上部の札から、藩主松平忠房の保護がうかがえる。

雲仙地獄は30余の噴気孔群からなり、お糸・清七・血の池などの名称がつけられている。雲仙公園ビジターセンターでは、雲仙火山群の生成過程、植生、雲仙の歴史、風俗の展示解説を行っている。

江戸幕府3代将軍徳川家光からキリシタン禁圧の厳命をうけた藩主松倉重政は、雲仙地獄で迫害を開始した。1627（寛永4）年2月、内堀作右衛門パウロほか15人が殉教、5月に峰助太夫ヨアキムほか11人が殉教、翌年に中島ミカエルら2人が殉教した。1629年、長崎奉行は、松倉氏と組んで、長崎からつれてきた64人のキリシタンに熱湯をかけるなどの

雲仙地獄

「耳採」地名考

コラム

雲仙地獄から小浜町街へくだる国道57号線の途中に，耳採というバス停がある。この地名は，キリシタンの殉教悲話から生まれた。

1629(寛永6)年7月，長崎のキリシタン男37人・女27人が，船で運ばれ小浜海岸に着いた。当時の長崎奉行竹中采女正重義は，幕府の命令でキリシタン弾圧を強化し，転宗させるため，雲仙地獄で想像を絶する拷問をはじめた。この拷問をうけるために雲仙地獄へ向かうことを「山入り」といったが，厳しい拷問はその途上からはじめられた。

まず，一行64人は数珠つなぎにされて，石合浜――妙寺裏の坂――平松――東中――西中と道をたどる。小休止する際，役人たちは岩清水でのどをうるおしたが，キリシタン一行には一滴の水もあたえなかった。その後，刈水―椎木坂の急坂―小浜中学校付近―道前―鬢串―笹之辻と急な坂が続いた。極度ののどのかわきにさいなまれながら，キリシタン一行は歩いた。「ころばせる(転宗)ためには苦し めよ」と役人たちは命令されていたのである。

さらに雲仙での野宿の際に，キリシタン一行は，逃亡防止の名目で左の耳を切りとられている。一目で逃亡者とわかるようにである。1597(慶長2)年，京都から長崎に護送され，西坂で殉教した26人のキリシタンも，京都で左の耳をそがれている。

のちに村人たちが，切りとられた耳を埋葬し耳塚をつくった。これが「耳採」の地名のおこりになったと語りつがれている。耳塚は1957(昭和32)年，国道57号線改修工事で消滅し，現在では，バス停留所にその名が残るのみとなった。

耳採バス停

地獄責めを行った。弾圧は1632年まで続いた。

国立公園内では，地獄地帯シロドウダン群落，雲仙地獄から西へ歩いて5分の原生沼沼野植物群落，普賢岳紅葉樹林(11月初旬)，池の原ミヤマキリシマ群落(5月中旬)，野岳イヌツゲ群落(いずれも国天然)がみられる。

雲仙から西へバスで30分くだると小浜温泉へでる。ここは海岸部にある温泉で，江戸初期の開場である。小浜町にはいずれも県史跡

の椎山のキリシタン墓碑(飛子名字椎名), 土手之元のキリシタン墓碑4基(飛子名字土手之元), 茂無田のキリシタン墓碑(数少ない樽型墓碑, 木場東中島)がある。小浜町北本の小浜黒谷遺跡からは縄文晩期の組織文土器(布痕・網痕などのある土器)・磨製石剣・敷石住居が発掘された。小浜町温泉街の北, 千々石町との境に文禄年間(1592～96)創建の猿葉山稲荷がある。参道から境内までは約1kmで, この間に約1100本の鳥居が林立している。境内は海抜265mで, 安山岩の巨石におおわれ, 橘湾をみおろす景勝地である。

橘神社 ❻
0957-37-2538

〈M▶P.114〉雲仙市千々石町己
島原鉄道島原駅前🚌雲仙経由長崎行または諫早駅🚌小浜行・島原方面行橘神社前🚶3分

神社背後の釜蓋城跡は千々石ミゲルの出生地

バスをおりると目の前に巨大な鳥居がみえる。1904(明治37)年8月, 日露戦争のときに, 旅順首山堡高地で戦死した橘周太(1865～1904)をまつる橘神社である。橘は戦功により, 死後陸軍中佐に昇進, その徳望と人間味あふれる人柄から軍神としてあがめられた。銅像は1919(大正8)年, 若き日の北村西望の力作である。境内には, 天正遣欧使節正使の1人千々石ミゲル(清左衛門)の碑と, 江戸期に南画家として活躍した釧雲仙の記念碑がある。橘神社公園はサクラの名所でもある。橘神社の背後には, 有馬晴純の孫千々石ミゲル出身地の釜蓋城跡(1569〈永禄12〉年, 千々石淡路守直員が築く)がある。

千々石については『肥前国風土記』に「土歯ノ池」が記されているが, 現在の千々石町の上峰・下峰一帯といわれている(一説では雲仙市森山町の唐比の蓮沼にあてられている)。満潮時には海水がはいって, ハスとヒシがしげったという。また, 鎌倉時代末期, 佐賀の肥前国一宮河上神社の造営費用を荘園・公領に割りあてるために作成された文書に, 「千々岩庄30丁」とある。

1923年, 愛野から千々石までの鉄道(雲仙鉄道)が敷設され, さらに千々石から小浜まで(小浜鉄道)が開通して, 1937(昭和12)年まで営業していた。船津から木津駅跡をとおって小浜町北野まで, 旧鉄道の線路跡が道路になっていて, 千々石湾沿いにパノラマのような景色が展開する。

② 南目（島原半島南部）の史跡

キリシタン大名有馬氏の旧跡から，島原の乱の激戦地原城跡へ。近世日本の宗教・外交政策確立の過程が描きだされる。

山ノ寺梶木遺跡 ❼ 〈M▶P.114〉 南島原市深江町古江 名
島原鉄道島原駅🚌雲仙経由諫早駅行山ノ寺🚶3分

籾圧痕のある土器発見 縄文晩期の遺跡

　雲仙行きのバスで，なだらかな坂が続く国道57号線を20分ほどいくと山ノ寺バス停に着くが，この付近に縄文晩期の山ノ寺梶木遺跡がある。籾の圧痕のある土器（山ノ寺式）が発見され，米作りの起源ではないかと注目された。土器・石器が続出し，合口甕棺・住居跡，弥生文化に属する紡錘車も発掘された。

　南島原市深江町は雲仙岳の東麓に広がり，深い入江に面している。深江川沖合から，約100万年前のナウマンゾウの臼歯化石が1個発見されているが，有明海からは10個採取されている。

　また深江には中世期に地頭安富氏がいた。安富氏は沖田畷の戦いで龍造寺軍に味方したため，龍造寺隆信敗死後は有馬・島津軍に攻められ孤立した。そのため，鎌倉時代以来続いた安富氏は深江城を去り，佐賀県藤津郡の能古見（現，鹿島市）にのがれ，子孫は龍造寺氏・鍋島氏につかえた。現存する「深江家文書」100余通は，中世武家文書として貴重な史料である。

山ノ寺梶木遺跡跡

有家のキリシタン墓碑 ❽ 〈M▶P.115, 129〉 南島原市有家町中須川，西有家町須川名松原など
島原鉄道島原駅🚌口之津方面行西有家🚶15分（須川名の吉利支丹墓碑）

キリスト教布教の広がりを示す墓碑群

　1562（永禄5）年，キリスト教が島原半島に布教され，有馬晴信をはじめ，キリシタン大名が1582（天正10）年に天正遣欧使節をローマに派遣したころ，領内のキリシタンは9000余人であった。1600

（慶長5）年には島原領（長崎方面の日見・古賀・茂木・樺島を含む）でキリシタン7万余人を数えた。

南島原市有家町にはキリシタン墓碑が23基ある。中須川のキリシタン墓碑（県史跡）のある下前田は寺屋敷と俗称され、天正年間（1573〜92）、教会とセミナリヨがあったと推定されている。2基のうち1基の背面中央に花十字が浮彫りされていて、これは1902（明治35）年、県内キリシタン墓碑発見の最初となったものである。2基とも水神様としてまつられてもいる。このほか小川名・山川名力野・尾上名にキリシタン墓碑（いずれも県史跡）がある。

同市西有家町にはキリシタン墓碑が36基あり、島原半島内でもっとも多い。須川名松原の吉利支丹墓碑（国史跡）は、完全な形で残っていて、もっとも美しいかまぼこ形である。碑文は日本最古のローマ字金石文であり、ポルトガル式ローマ字で、「フィリ（堀）作右衛門ディオゴ生年 8 3 御出生以来1610　10月16　慶長15」と判読できる。 8 3 は1929（昭和4）年に出土した当時、目撃した人の記憶による。このほか付近には、平形5基のキリシタン墓碑が点在する。

日野江城跡 ❾

〈M▶P.115〉南島原市北有馬町谷川名
島原鉄道島原駅🚌口之津方面行日野江城入口🚶5分

旧北有馬駅から北へ200mほどいき右折、そのあと看板にしたがって左折すると小高い丘の上に日野江城跡（国史跡）がある。日野江城は、有馬経澄が建保年間（1213〜19）に築城したものと推定され、その後戦国大名に成長した有馬氏は、肥前21万石を領有した。1614（慶長19）年、14代直純が日向（延岡）に転封されるまでの約400年もの間、日野江城は本城としての役割をはたした。

日野江城本丸跡（標高78m）からの眺望は南方向に開け、北有馬町の町並みや有明海を

階段の踏石に仏式の石塔を使用　金箔瓦も出土

日野江城跡

雲仙をのぞむ島原半島

有家のキリシタン墓碑群

みおろすことができる。本丸の東に二の丸と大手門、西に三の丸、丘陵の南西端に出丸が配されている。当時は城の下まで海岸線が迫っており、近くには船着き場と思われる遺構も確認されている。本丸の北東約500mの大手川左側に、1580(天正8)年、わが国で初のセミナリヨがたてられた。これは日本巡察使アレッサンドロ・ヴァリニャーニが、有馬晴信に学校設立を説き、できたものである。ここで学んだといわれる伊東マンショ・千々石ミゲル・原マルチノ・中浦ジュリアンの4少年が天正遣欧使節としてローマ教皇に謁見することになる。

　1995(平成7)年以降、発掘調査が行われ、大手門に17世紀前後のものと思われる階段と石垣の遺構が出現した。階段の踏石には石塔も使われており、有馬氏のキリスト教保護政策から、寺院の破壊などがなされた結果ではないかとの見方もある。また金箔瓦も出土しており、当時、豊臣秀吉が重要な城郭で金箔瓦を使っていることから、有馬氏と豊臣氏の親密な関係を物語るものとして注目される。

南目(島原半島南部)の史跡

この瓦は、南島原市教育委員会へいけばみることができる。

日野江城から東方へ15分いくと、谷川のキリシタン墓碑（県史跡）がある。「るしや」と銘があり、「ジョウロウ様（有馬家の上﨟様）」と伝承され、有馬家ゆかりの身分の高い女性の墓と考えられる。日野江城の北西約3kmに西正寺のキリシタン墓碑（県史跡）がある。この墓碑のある八良尾の高台は寺屋敷とよばれ、1588（天正16）年から1595（文禄4）年までの間に前後2回セミナリヨが移された。

北有馬から諏訪の池方面に車で約20分ほどいくと、坂上下名字新田に原山支石墓群（通称原山ドルメン、国史跡）がある。縄文晩期から弥生初期にかけての支石墓群で、2群現存し60基余りある。"ドル""メン"とはフランスの地方語ブレトン語で、「卓」「石」をそれぞれ意味する言葉である。支石墓のなかには、埋葬部分に縄文期の風習である屈葬や箱式石棺が利用されるなど、原山独自の形態もみられる。標高250mの高原でこれだけの支石墓群が確認されるのは非常に珍しく、考古学上貴重な遺跡である。

原城跡 ❿

〈M▶P.115〉南島原市南有馬町浦田名・大江名
島原鉄道島原駅🚌口之津方面行原城前🚶10分

島原の乱の激戦地　十字架などの遺物が出土

旧原城駅から国道を横断し、西へ小道をいくとすぐ原城（国史跡）の二の丸にでる。1496（明応5）年、有馬貴純が「原の島」といわれた岬地形を利用して築いた平山城である。雲仙岳を背景に、有明海をのぞむと湯島（談合島）や対岸の天草がみえる景勝の地である。ちなみに談合島は島原の乱に際して、島原と天草の農民が船で互いに集まり談合したといわれる島である。原城跡の東と南は海に面する断崖、西は泥田で満潮時には海水が流入し、難攻不落の天然の要害をなしていたが、現在城跡はほとんど農地化されている。

有馬貴純は日野江城を本拠とし、支城として原城を築いた。以来直純の代まで118年間続いた城で、日暮城ともいわれた。支城とはいえ、戦国期には由緒ある日野江城より、広大で堅固な原城のほうが現実的には重視されていたようである。

1614（慶長19）年の有馬直純転封に伴い、新領主松倉重政が入封するが、一国一城令により原城は破壊され、あらたに島原城が築かれた。このとき巨大な石垣が原城から運ばれたという説、また日野

縄文の館

コラム
泊

　原山ドルメンに隣接して原始生活体験型の宿泊施設「縄文の館」がある。竪穴住居の形をしたロッジが4棟あり、小グループ（7〜8人）でのキャンプ宿泊ができる。開設は7月1日〜8月31日。問合わせ先：南島原市教育委員会北有馬教育振興班（☎050-3381-5164）。

江城と原城は、海の上にかけられた橋でつながっていたという従来の説に対しては、現実的ではないとして疑問を投げかける声もある。

島原の乱では天草・島原の一揆軍3万7000人が、天草（益田）四郎時貞を盟主として、1637（寛永14）年12月3日から翌年の2月28日まで88日間、廃城となっていたこの原城を修復して籠城した。幕府軍は最後に、「知恵伊豆」といわれた老中松平信綱のもとに、12万6000の大軍を結集して一揆軍を全滅させた。

原城跡は1996（平成8）年より発掘調査が行われており、遺構や遺物が相ついで発見されている。島原の乱後、石垣の上部だけを壊していたことを示す遺構、またその際、石垣と一緒に遺体を落とし、濠を埋めたと思われ、大量の人骨の出土などあらたな事実も判明している。遺物には十字架やロザリオの数珠、メダイなどのキリシタン関係のものが多い。これらの出土品は原城文化センターでみることができる。

原城本丸跡

南蛮船来航の地 ⑪

〈M▶P.115, 134〉南島原市口之津町西大屋名字唐人町

島原鉄道島原駅🚌口之津方面行口之津🚶10分

7隻のポルトガル船が入港した国際貿易港跡

旧口之津駅から南へ国道を300m進み、さらに北西へ島原鉄道を横ぎり500mいくと、南蛮船来航の地（県史跡）の碑がある。1562（永禄5）年有馬義貞は口之津港を開いて貿易に乗りだし、また一方で

南目（島原半島南部）の史跡　　131

南蛮船来航の地

は大村純忠(実弟)をつうじて宣教師の派遣をたのみ、ルイス・アルメイダを口之津に迎えた。翌年に口之津教会(玉峰寺付近)が建設され、ここに島原半島におけるキリスト教布教の第1ページが記された。1579年、ローマから派遣された日本巡察使ヴァリニャーニが口之津に到着した。翌年、有馬晴信(義貞の子)は、彼のもとで洗礼をうけ、キリシタン大名となり、来航するポルトガル船との南蛮貿易で利益をあげ、龍造寺隆信の圧迫で傾きつつあった有馬家の再興に成功する。1584(天正12)年に沖田畷の戦いで龍造寺軍をしりぞけることができたのも、1つには、ポルトガルとのつながりを背景としていたからだといわれる。

現在の口之津港より北西700mぐらいの、今日の唐人町一帯が当時の港町であり、口之津港に1567(永禄10)〜82(天正10)年まで5回にわたり合計7隻のポルトガル船が入港している。その後、有馬晴信は朱印船貿易にも力をいれ、1605(慶長10)〜13年までに、合計7隻以上の朱印船を派遣した。

1878(明治11)年、口之津港は三池炭鉱の石炭海外輸出港に指定され、上海への石炭積み出しで活況を呈した。しかし、1909年に三池港が完成したあとは急速に衰退していった。この口之津港で、1888年ごろから「からゆきさん」がはじまった。貧しい農村の女性たちが、石炭輸送船の船底に隠し乗せられて、シンガポールをはじめとし

キリシタン墓碑

雲仙をのぞむ島原半島

セミナリヨとコレジヨ

コラム

1579(天正7)年、イエズス会巡察師ヴァリニャーニは口之津で宣教師会議を開き、セミナリヨとコレジヨの設置を決定した。

セミナリヨは小神学校で、全寮制によって約7年の教育を課す機関であり、人文科学の基礎的教育をおもに行い、絵画・音楽教育も取り入れた。ルネサンス期のヒューマニズムに基づく調和のとれた人間の育成をめざした。

日本人司祭38人のほとんどが、セミナリヨ出身者である。セミナリヨで学んだ人たちはキリシタン文化の中心的役割をになり、やがては殉教の渦のなかに消えていった。セミナリヨを卒業してイエズス会入会を希望する学生には、さらに2年課程の修練院が設けられた。

コレジヨは3年制の大神学校で、宣教師養成機関であり、神学・哲学・自然科学を教授した。ヨーロッパのコレジヨなみの学問的レベルをもっていたという。

〈セミナリヨの日課〉

4:30〜6:00	ミサ・掃除
6:00〜7:30	自学自習
7:30〜9:00	ラテン語(ローマの古典・随筆)
9:00〜11:00	朝食・休憩
11:00〜14:00	日本語学習(作文・習字)
14:00〜15:00	音楽(声楽・器楽・合唱)
15:00〜17:00	ラテン語
17:00〜19:00	夕食・休憩
19:00〜20:00	ラテン語(復習)
20:00〜20:30	夕拝・就寝

有家セミナリヨ跡

て海外に売られていった。村の人たちは「日光行き」といった。日光とは密航の隠語である。口之津と海外とのつながりを示している。

口之津町白浜海岸にはキリシタン墓碑(県史跡)がある。南蛮絵師であった山田右衛門作は、島原の乱のとき、原城内の有力武将であったが、矢文で幕府方へ内通した。このことが発覚し、彼は城内の牢にいれられていたが、落城のときに助けられ生き残った。その後、江戸にでてキリシタン弾圧に協力したりしていたが、最後は長崎で没した。右衛門作は有馬のセミナリヨで洋画を学んだと思われ、

南目(島原半島南部)の史跡

口之津・加津佐駅周辺の史跡

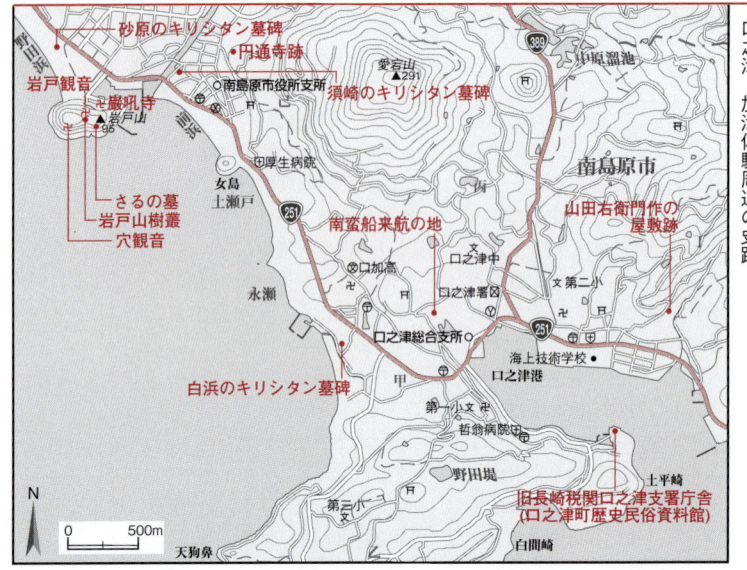

「御聖体の組」という信徒会の旗を描いたといわれる。それが原城籠城中の天草四郎時貞の指物となり，「陣中旗」（天草歴史資料館蔵）となったと伝えられている。山田右衛門作の屋敷跡や墓，絵を描くのに使った右衛門作井戸といわれる遺跡が，口之津町東大屋名に伝存している。

口之津公園の近くの旧長崎税関口之津支署庁舎（県文化）に，口之津歴史民俗資料館があり，歴史・産業資料や民具を展示している。また，隣接して海の資料館もあり，有明海から世界の海へでていく窓口にあたっていた貿易港，口之津の歴史をたどることができる。

口之津歴史民俗資料館

雲仙をのぞむ島原半島

島原の乱

コラム

　島原における苛政の実態については、ポルトガル人神父の『ドアルテ・コレア島原一揆報告書』と『鍋島勝茂公譜考』に記されている。年貢は収穫高の約8割が課され、さらに窓銭・棚銭・戸口銭・頭銭など多くの賦課税が加えられた。

　『耶蘇天誅記』に、一揆への動きとして、「村々庄屋ども公用の相談ありて、有家村の庄屋甚右衛門が家に会合しけるが、用事終わり四方山の物語に移りし時、深江村の庄屋勘右衛門、小声にて申けるは、穏便の申事なれども、各とても同じ心にて候はんと、想いはかりて候故申すなり。近年、領主の収納、年々に重み、課役日々に増し、最早、今年は我等の支配の百姓困窮、立つ足もなき程なり。飢渇申すにてこそ候はめ」とある。

　上使の板倉重昌戦死後、幕府正使として下向した老中松平伊豆守信綱の嫡子松平輝綱は、『島原天草日記』で「領主松倉長門守、苛政士卒に施し、厚く百姓を収斂（収税のこと）、是を以て領内の衆庶、手足をおく処なし。これを継続興廃の時也。同志陰謀、切支丹を発起し」と、幕府の宣伝するキリシタン一揆よりも、重税に対する農民一揆の現実を把握している。

　一揆軍の強固な結束の背景には、旧領主有馬氏以来のキリシタン組講（コンフラリア）の活発な存続があった。有馬の「サカラメント（秘蹟）の組」「御告げの組」「マルチリヨ（殉教）の組」「聖母の組」、有家の「ゼウスの組」、高来の「サンタマリアの組」などである。庄屋・乙名層からなる組親が中心となって、宣伝活動が途絶したあとも、信仰・生活の共同体が命脈を保っていた。村人全員が籠城した村が8村あった。

　原城の陣容は、本丸に村々抜粋の人数2000余人、二の丸に口之津方面の郷民3000余人、同出丸に三会村の郷民500余人、三の丸に有家・有馬方面の郷民3500余人、同所池尻口に中木場方面の農民500余人、松山丸大江口に小浜方面の郷民1400余人、天草丸に天草郡の郷民2000余人、浮勢2000余人であった。

岩戸山樹叢 ⑫　〈M▶P.115,134〉南島原市加津佐町野田名字岩戸山
　島原鉄道島原駅🚌口之津方面行岩戸前🚶10分

山頂の巌吼寺は、島原藩主に尊崇された古刹

　旧加津佐駅前の国道沿いを西方にいくと、美しい海岸線が続く。夏季、海水浴客で賑わう前浜と野田浜の間に、岩戸山樹叢（国天然）がある。岩戸山（標高100m）山麓の傾斜地には照葉樹林、林下には常緑草木が密生する。山頂の岩角地にはクロマツが生育している。

南目（島原半島南部）の史跡

穴観音

この岩戸山に巌吼寺（曹洞宗），1671（寛文11）年につくられた岩戸観音，海に面した断崖の大きな洞穴にまつられている穴観音がある。

巌吼寺の由来は，1353（文和2・正平8）年，有馬氏によって肥後から加津佐に招かれた大智禅師を開山とする円通寺と関連がある。円通寺（曹洞宗）は七堂伽藍をもつ広い寺域であったと伝えられるが，キリシタン隆盛期に破壊された。島原の乱後，加津佐を訪れた泉州の雲山愚白和尚は，大智禅師養老の地である岩戸山に小庵をたて，巌吼庵と称した。この庵が円通寺の復興と解されて，以後，歴代の島原藩主の尊崇をうけた。1942（昭和17）年寺号統制令により巌吼寺と変更された。円通寺門礎石は，県史跡の指定をうけている。

加津佐に一時，コレジヨ，セミナリヨが設立された。所在地については，六反田名の古城跡説もあるが，水月名天辺の円通寺跡が妥当のようである。このコレジヨで，1591（天正19）年，わが国最初の活字版印刷機による印刷が行われた。この機械と技術は天正遣欧使節一行がもたらしたものであった。出版物として，ローマ字日本文の聖人伝である『サントスの御作業の内抜き書 巻第一』（イギリス・ボードレー図書館蔵），『どちりなきりしたん』（聖教要理と訳）がある。のちに天草で多くの天草版（キリシタン版）が出版された。

加津佐の水月名に須崎のキリシタン墓碑（県史跡），野田浜に砂原のキリシタン墓碑（県史跡）がある。隣町の南串山町荒牧名にも門前のキリシタン墓碑（県史跡）があり，「里阿ん」「慶長11年」ときざまれている。

③ 北目（島原半島北部）の史跡

長崎県内の横穴式古墳を代表する、高下古墳などの遺跡。佐賀藩飛び地の鍋島陣屋跡は、藩政時代の往時をしのばせる。

野井城跡 ⑬ 〈M▶P.114, 138〉雲仙市愛野町野井川端
島原鉄道愛野駅 🚶 20分

南北朝時代、南朝方の拠点　交通の要衝に立地

愛野町は島原半島の付け根にあり、雲仙火山の裾野に位置する。愛野駅から東へ旧道を歩くと光西寺（浄土真宗）があり、千鳥川を渡ると野井城跡にでる。この城は南北朝動乱期にたびたび戦場となっている。1341（興国2・暦応4）年、豊後（大分県）大友一族の庶子で国東郡田原郷を本拠とする田原直貞が、足利尊氏によって山田荘地頭職に任命された。以来、田原貞広が相続するが、この間に野井城が築城されたと思われる。

その後、この城は南朝方の拠点となったらしく、1352（正平7・文和元）年に北方で九州管領一色氏の有力武将小俣氏連軍の攻撃をうけ、1373（文中2・応安6）年には九州探題今川了俊を中心とする北朝方の大軍が押し寄せている。天正年間（1573～92）には有馬氏の勢力下にあったといわれている。島原半島の入口にあるこの城は、島原街道を押さえる重要な城であった。

光西寺の南方の山手に、6世紀に築造されたと思われる一本松古墳がある。基底部が直径16mある円墳で、高さは平均2m、複室の横穴式石室を有する。耳環・勾玉・鉄鏃・馬具・須恵器が出土した。

諫早・島原方面から国道57号線、長崎方面から251号線が合流するところに愛野展望台がある。展望台は標高95mの千々石断層崖上に位置し、東の雲仙岳、北の多良岳・有明海、眼下の陥没したカルデラ（大きな火口状のくぼ地）の千々石（橘）湾、はるか向こうの長崎半島を展望でき、その眺望は雄大である。

野井城跡

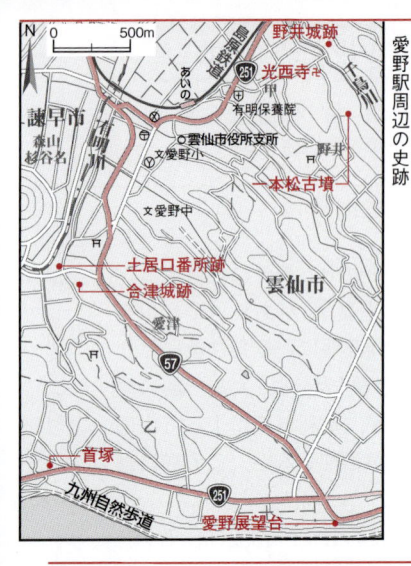

愛野駅周辺の史跡

愛野展望台の西方約2kmに首塚がある。島原の乱で殺されたキリシタンの首1万が3分されて，この首塚と千人塚(天草富岡)・長崎市西坂に埋葬されたという。

首塚の北方約1.2kmの愛津幸町に，江戸期，島原領への入口であった土居口番所跡がある。このすぐ東に，戦国期，有馬氏の家臣が城主であったという合津城跡がある。

山田城跡 ⑭　〈M▶P.114,138〉雲仙市吾妻町栗林名
島原鉄道吾妻駅🚶20分

南朝勢力下の島原半島で，北朝勢力の拠点

吾妻駅から南へ，山田川にそって1.5kmほどいくと台地に位置した山田城跡がある。本丸・二の丸・出丸跡が残っている。豊後(大分県)大友氏一族で，国東郡田原別符を本拠とし，山田荘地頭職であった田原氏能が1372(文中元・応安5)年に築城したといわれる。田原氏は武家方(北朝方)として九州探題今川了俊のもとで勢力をのばした。このころ，島原半島は南朝の力が強く，北朝勢力の基盤を確保するために，山田城が築かれたものと思われる。山田城には，田原氏一門の木付左近将監一党が防備していた。1374〜75(文中3・応安7〜天授元・永和元)年に，

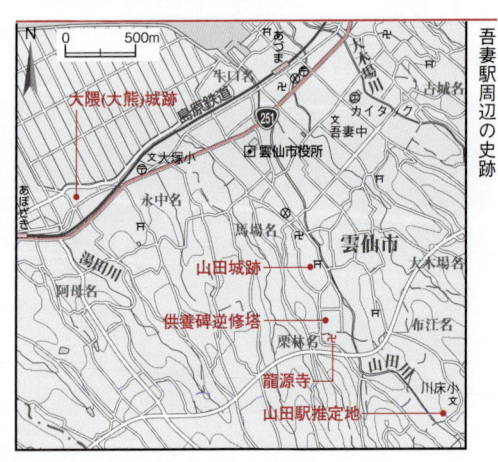

吾妻駅周辺の史跡

138　雲仙をのぞむ島原半島

山田城跡

島原半島の南朝方を制圧するため、今川了俊はたびたび出陣し、この城に在陣した。室町末期の1469(文明元)年から1488(長享2)年にかけては、有馬氏の有力武将山田兵部が城主であった。吾妻町にはこの城のほかに、南朝方の拠点であった大隈(大熊)城跡(阿母名)がある。

1589(天正17)年、山田にキリスト教が布教され、480人の受洗者があった。その後、山田氏は1614(慶長19)年に、有馬直純が日向(宮崎県)延岡に転封になったときついていった。

山田城跡から西へ5分ほどいった柿田に、供養碑逆修塔2基(逆修とは生存中に功徳をうけるために、死後の供養をすること)、台地には中世寺院遺跡の龍源寺(真言宗、雲仙山大乗院満明寺分院)・石仏・五輪塔がある。

古代の駅制で、大宰府(福岡県)から肥前国(佐賀・長崎県)へのルートで、船越駅(諫早市)について、山田郷に山田駅がおかれ、駅馬5匹があてられている。駅の場所は山田川上流の川床名茂敷が考えられる。付近には、縄文早期の遺跡で、押型文土器・石器など900点が出土した弘法原遺跡がある。

杉峰城跡 ⓯

〈M▶P.114〉雲仙市瑞穂町西郷戊杉峰名
島原鉄道西郷駅🚶20分

在地領主で南朝方の西郷氏の居城跡

西郷駅から南へ、西郷川にそって1.5kmほど歩くと、舌状台地の先端部に築城された杉峰城跡がある。西郷川の西側に、北から出丸・本丸、その南に城主・家臣の館があったと思われ、道路と用水路が館と並行している。

1352(正平7・文和元)年12月17日、菊池一族の出自といわれ、南朝方であった城主西郷次郎は、九州探題一色氏の有力武将小俣氏連の攻撃をうけ杉峰城は落城した。1374(文中3・応安7)年、九州探題の今川了俊の子満範が、伊佐早右近五郎・西郷藤三郎のまもる宇木城(諫早市有喜)を攻撃している。1474(文明6)年ころ、西郷氏の

神代町駅周辺の史跡

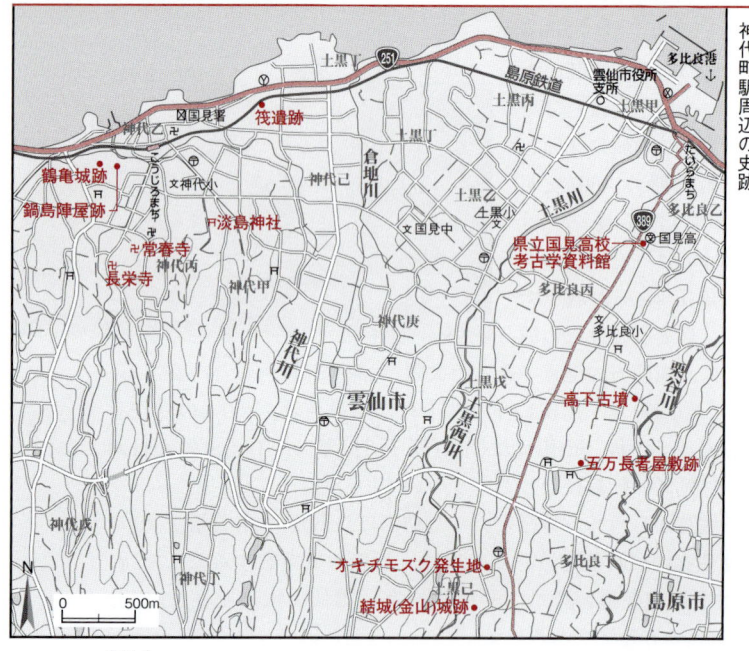

本拠は高城(諫早市)に移った。

　杉峰城の西側台地に鎌倉時代の大河城跡がある。平安時代末期，旧瑞穂町内の伊福・大河・伊古は，大分県の宇佐八幡宮の荘園であった。鎌倉時代初期，宇佐宮領沙汰人の綾部氏は，相伝の所領所職を庶子の伊福・大河・伊古に配分した。これらの諸氏が独立して勢力の地盤を築いている。江戸時代，旧町内の古部・伊古は神代鍋島領で，佐賀藩の飛び地であった。

鶴亀(神代)城跡 ⑯

〈M▶P.114,140〉雲仙市国見町神代
島原鉄道神代町駅 🚶 7分

藩政時代のたたずまいを残す佐賀藩の飛び地

　神代町駅から南へ500mほどみのつる川にそっていくと，鶴亀城跡がある。別名神代城といい，有明海に面している。この城は，築城当時は周囲を海に囲まれた海城であった。現在，神代神社のたっているところが本丸跡，二の丸は本丸の北の広い畑地，北側のみのつる川に面して大手口があり，東が出丸，西が三の丸となっていた。

　南北朝期，神代式部高益がこの城を居城に南朝方として活躍した。戦国時代末期，領主神代貴茂は龍造寺方につき，有馬晴信と対決

鍋島陣屋跡長屋門　　　　　　　　　　　　　　　　　　　淡島神社の小さな鳥居

した。沖田畷の戦いで龍造寺隆信が討死したとき、貴茂は孤立して鶴亀城で奮戦した。攻め手に苦しんだ晴信は和議を申し入れ、貴茂を多比良城(国見町轟木名)に招き、酒宴後、帰途についた貴茂を暗殺した。これを機に、晴信は神代氏の勢力を撃破した。
　豊臣秀吉の九州平定後の知行割で、有馬領のうち神代領3000石が鍋島直茂の領分となった。以来、神代は神代鍋島領として佐賀藩の飛び地となった。
　鶴亀城二の丸の東側斜面に、島原の乱時には幕府軍の上陸地となった鍋島陣屋跡がある。元禄年間(1688〜1704)にたてられた長屋門など江戸期の遺構を含み、1889(明治22)年に増改築された鍋島邸もある。鶴亀城跡から南へ5分ほどのところに、神代鍋島家菩提寺の常春寺(曹洞宗)がある。
　この陣屋跡の周辺の小路という地域には家中屋敷がつくられた。陣屋跡から南へ5分ほどいくと、長栄寺(真言宗)があり、庭に日本有数のヒイラギの雄株の巨樹(県天然)がある。すぐ近くの西里に淡島神社がある。1812(文化9)年に建立され、神社裏の道祖神には男性性器と女性性器が社のなかにまつられている。小さな鳥居が珍しい。東里には縄文後・晩期の筏遺跡がある。合口甕棺16基、単甕棺41基が出土し、農耕文化の始まりを示す遺跡も多い。

高下古墳 ⑰　〈M▶ P.114,140〉雲仙市国見町多比良高下名
島原鉄道多比良町駅🚶20分

　多比良町駅から南へ1.5kmほどいくと高下古墳(県史跡)がある。雲仙岳からのびる扇状台地の北端に位置している。別名鬼の岩屋と称されるこの古墳は、6世紀中ごろにつくられ、追葬が確認される。

北目(島原半島北部)の史跡　　141

高下古墳(鬼の岩屋)

別名鬼の岩屋　国見高校で遺物を展示

農耕社会の基礎が確立していくなかで出現した首長の墳墓と考えられる。円墳であったと思われるが盛り土はなく，石室構造が露出している。横穴式石室の古墳で全長6.3m，約3m四方の方形石室と羨道(石室への通路)の2区画からなり，巨大な一枚岩が使われている。副葬遺物として，金銅製の装飾金具・指輪，金環，勾玉・管玉，武具類(鉄斧・刀子・直刀)，馬具類，須恵器が出土した。

県立国見高校考古学資料館には，高下古墳をはじめ筏遺跡，百花台遺跡出土の遺物が展示されている。

高下古墳より南に15分ほどいくと五万長者屋敷跡がある。昔，高下地域には五万長者といわれる者がいて，温泉山満明寺の開基に際して莫大な寄進をしたという伝説がある。このことを立証するかのように，この屋敷跡から布目瓦・軒平瓦・軒丸瓦(大宰府系老司式という)が多く出土した。建物は奈良時代のものと推定される。長者屋敷が郡司屋敷か郡寺か明確にされていない。

結城城跡 ⓲

〈M▶P.114,140〉雲仙市国見町土黒宮田名
島原鉄道多比良町駅 🚌 5分

城主結城氏はキリシタンで，熱心な布教を展開

多比良町駅から百花台公園へ向かう道を金山簡易郵便局から右折し，北方の小高い丘に向かって400mほどいくと，結城城跡がある。中世以来金山城跡ともよばれている。土黒川と土黒西川にはさまれた丘陵に，本丸・出丸・土塁・石垣などの跡が認められる。城主はジョルジュ結城弥平治。信仰篤いキリシタン城主として教会をたて，宣教師を招き，領民にも信仰をすすめた。

ルイス・フロイスの記録によると，弥平治は，畿内きってのキリシタンであった結城山城守忠正の甥であり，京都の南蛮寺建立に力をつくした。その後，岡山の結城家や高山右近につかえたが，1588(天正16)年，小西行長領の肥後国(熊本県)にきて，13年間矢部

城主として活躍した。関ヶ原の戦いののち,有馬晴信に招かれ,知行3000石をあたえられ,1602(慶長7)年に金山城主となっている。有馬直純によるキリシタン迫害が激化するなかで,弥平治は追放されて長崎へ移っていった。

　結城城跡の東側を流れる土黒川は,オキチモズク発生地(国天然)である。オキチモズクは熱帯性の淡水産紅藻類であり,黒味をおびた紫色をしていて,生育すると長さ40cmぐらいになる。

　土黒川の上流の東側,標高200～240ｍの台地状地形に百花台遺跡がある。旧石器時代から縄文時代までの遺跡が約5 km^{2}の範囲に分布し,百花台型とよばれる台形石器によって全国的に注目された。

Sasebo・Hirado 　# 松浦党跳梁の舞台

佐世保港

旧松浦炭鉱事務所（佐世保市世知原町）

◎佐世保・平戸散歩モデルコース

1. JR佐世保線・MR(松浦鉄道)佐世保駅_15_海上自衛隊佐世保史料館_1_旧海軍鎮守府凱旋記念館_5_西海パールシーリゾート_10_東漸寺・平戸往還中里宿_5_MR(松浦鉄道)中里駅_8_MR泉福寺駅_10_大智庵城跡_5_泉福寺洞窟_5_MR泉福寺駅_10_佐世保駅

2. JR佐世保線・MR(松浦鉄道)佐世保駅_30_西海橋_5_楠本端山旧宅跡_5_浦頭引揚記念平和公園_15_早岐瀬戸_20_三川内皿山_5_井手平城跡_10_三川内焼伝統産

①国際通り界隈	⑱里田原遺跡
②早岐瀬戸	⑲田平天主堂
③井手平城跡	⑳庄野の六地蔵塔
④西海橋	㉑松浦党梶谷城跡
⑤浦頭引揚記念平和公園	㉒鷹島
⑥やきものの町三川内	㉓生月島
⑦泉福寺洞窟	㉔松浦史料博物館（御館）
⑧岩下洞穴	㉕平戸和蘭商館跡
⑨飯盛城跡	㉖亀岡城跡
⑩黒島天主堂	㉗最教寺
⑪東漸寺	㉘積徳堂跡
⑫東光寺山城跡	㉙三浦按針之墓
⑬市ノ瀬窯跡	㉚教会と寺院群
⑭福井洞窟	㉛雄香寺
⑮直谷城跡	㉜幸橋（オランダ橋）
⑯山下家の酊蔵・江迎本陣跡	㉝中野窯跡
⑰大野台支石墓群	㉞根獅子の浜
	㉟式内社志々伎神社跡

業会館・佐世保うつわ歴史館_3_ JR佐世保線三河内駅

3. MR(松浦鉄道)佐々駅_15_東光寺山城跡_10_市ノ瀬窯跡_15_福井洞窟_10_直谷城跡_15_大野台支石墓群_20_山下家の酊蔵・江迎本陣跡_20_平戸大橋_15_里田原遺跡・里田原歴史民俗資料館_10_MRたびら平戸口駅

4. 平戸大橋_10_松浦史料博物館_5_平戸和蘭商館跡_5_雄香寺_15_三浦按針之墓_5_瑞雲寺・光明寺・平戸カトリック教会・正宗寺_5_幸橋・英国商館遺址之碑_5_最教寺_5_亀岡城跡_10_積徳堂跡_15_平戸桟橋

港町させぼ今昔

多島海に囲まれた天然の良港佐世保。軍港都市の面影だけではなく、中世の山城跡、太古の遺跡群なども見逃せない。

国際通り界隈 ❶ 〈M▶P.146,148〉 佐世保市元町・上町・平瀬町
JR・MR(松浦鉄道)佐世保駅🚶15分

異国の人とすれ違う大通り 新興都市佐世保の原風景

「佐世保」という地名の由来は定かでないが、1384(永徳4)年の松浦党一揆契諾状(「松浦山代文書」)に「させほ石見守元」の名がみえ、松浦党の一族にこの名を冠する土豪勢力の存在したことが確認される。また、江戸時代に編纂された『松浦家伝』に、宗家松浦氏の政の弟諫が佐世保を領した記事がみえ、諫は戦国時代には佐世保城を拠点とした在地領主であったと思われる。佐世保城跡は、市役所の向かい側、城山町の急峻な山付近といわれている。

国道35号線を平戸方面に進み、松浦町交差点を左折する。元町の佐世保橋から米海軍佐世保基地前までの通りは、国際通りとよばれている。1950(昭和25)年、朝鮮戦争が勃発すると、佐世保は国連軍の前進基地となり、各国の兵士の姿が通りにみられるようになった。通りの名はこれにちなんだ呼称である。通り沿いに海上自衛隊佐世保史料館・旧海軍佐世保鎮守府凱旋記念館(国登録)がある。後者は第一次世界大戦における佐世保鎮守府所属艦船の武勲をたたえるため、1923(大正12)年にたてられたもので、洋風造の白亜の容姿は通りの名にふさわしい景観をつくりだしている。

米海軍基地ゲート前を右折すると、すぐ右手に旧海軍佐世保鎮守府跡(現、海上自衛隊佐世保地方総監部)が、左手には海軍工廠を前身とする佐世保重工業(SSK)がみえてくる。基地から工場一帯には旧海軍が建設した日本屈指の赤レンガ造り倉庫群が建設当時の偉容を誇っており、停泊する艦船、林立する巨大なクレーンと重なりあう風景が新興都市

国際通り界隈の史跡

松浦党跳梁の舞台

旧海軍佐世保鎮守府凱旋記念館（市民文化ホール）　　　　　　　　　　　早岐瀬戸・観潮橋下

佐世保を象徴している。

　佐世保港の湾岸延長は、じつに長崎港の約11倍にもおよぶ。1889（明治22）年、海軍鎮守府開設後の佐世保の変貌はめざましく、1902年には町制を経ないまま市制を施行、日清・日露戦争では連合艦隊の集積地となり、その後も軍港として施設の整備・拡充が続けられていく。第二次世界大戦中はしばしば大規模な空襲にあい、市街地のほぼ全域が焼失した。1950（昭和25）年に制定された旧軍港都市転換法の下で、平和産業都市をめざし再出発を期すが、同年6月に勃発した朝鮮戦争の際、国連軍の前進基地としての役割をになった佐世保には、1952年4月発効のサンフランシスコ平和条約・日米安全保障条約・日米地位協定により米海軍基地が設置されることとなり、再び基地の町としての歩みがはじまった。

　2002（平成14）年に市制施行100周年を迎えた佐世保市は、2006年までに周辺の7町10カ村を合併し、現在の市域を確定した。人口25万人を有する県北の中核都市として、都市基盤の充実のためにさまざまな施策が進められているほか、歴史・観光資源をいかした町づくりにも力をいれている。

早岐瀬戸 ❷
〈M▶P.147,150〉　佐世保市早岐
JR佐世保線早岐駅🚶10分（観潮橋）

　早岐駅前の国道205号線にそって、川のようにせまい瀬戸がみえる。この**早岐瀬戸**は、西海橋のかかる針尾瀬戸とともに大村湾の湾口の1つで、針尾島北東側に開いた延長10km余、幅平均100mの瀬戸である。江戸時代初期の絵図によれば、今より幅が広くて海岸線は起伏に富み、平戸八景の1つに数えられる名勝であった。瀬戸は

『肥前風土記』に由来する古い地名。早岐茶市で有名

港町させほ今昔　　149

早岐駅周辺の史跡

北部の田子の浦付近がもっともせまく、対岸の針尾島との間に観潮橋がかかる。

早岐は『肥前国風土記』(8世紀)に記された「速来村」「速来門」に比定され、干満により音をたてて行き来する瀬戸の潮流にちなむ地名であると考えられる。観潮橋のたもとの恵比須神の前には、風土記の一節をきざんだ句碑がある。

早岐は中世には土豪早岐氏の所領地となり、現在、速来宮(早岐神社)がまつられている場所に早岐城があったが、平戸藩の支配がおよんで廃城となった。

国道やJR各線が分岐する早岐は古くから交通・流通の要衝であり、平戸藩政下にあっては、大村藩領と接する南の関門として重要な位置を占めた。藩主が長崎勤番や参勤交代のおり利用した平戸往還の宿場町としても栄え、界隈には往還跡、一里塚跡、本陣門構・脇本陣跡、大念寺(浄土宗)鐘楼山門などがあり往時をしのばせる。明治維新後は東彼杵郡早岐村となり、1942(昭和17)年に佐世保市に合併された。

早岐瀬戸沿いの旧道では、毎年5月の8の日を中心に前後3日、約400年の歴史をもつ早岐茶市がたち、初夏を告げる佐世保の風物詩の1つとなっている。茶市は、7～9日を初市、16～18日を後市、6月7～9日を梅市といい、物品は茶にかぎらず山海の品々、陶磁器・金物におよび、今なお物々交換の名残りをみることができる。

近郊には日本有数のテーマパークとしてハウステンボスが開業し、人口増加にあわせ宅地造成もあいつぐなど、周辺地域は大きく変貌しつつある。

井手平城跡 ❸ 〈M▶P.147,155〉 佐世保市新替町
JR佐世保線三河内駅 🚶15分

駅をおり、JR線に沿う国道35号線を佐世保方面に向かい、小森川にかかる新替橋を渡って3分ほど歩くと、右に小高い山がみえて

千年の街ハウステンボス

コラム

　国内有数のテーマパーク・滞在型リゾート施設として知られるハウステンボスは，大村湾に面した佐世保市針尾島に，1992（平成4）年3月に開業した。

　「ハウステンボス」とは「森の家」を意味するオランダ語で，オランダ王室より現在のオランダ女王の宮殿「パレスハウステンボス」を忠実に再現する許可を得て，開業に向けたプロジェクトがはじまった。

　152万㎡の広大な敷地には四季折々の花が咲き，年間をつうじて多彩なイベントが開催されている。アミューズメント施設や宿泊施設，博物館・美術館も充実し，博物館では海事資料やシーボルトに関する資料，帆船模型，ジオラマ，東インド会社の貿易品などから日蘭交流の歴史を学ぶこともできる。

　また，オランダ直輸入の木靴やデルフト焼などの民芸品，種類豊富なチーズなど，長崎と歴史的な縁の深いオランダの物産にふれることができるのも魅力である。

　しかしながら，ハウステンボスの最大の魅力は，自然と調和しながらエコロジカルな環境をつくりあげた干拓の国オランダの叡智に学び，「人と自然の共生」をコンセプトに持続可能な循環型の街づくりを進めていることであろう。下水浄化や海水淡水化プラントなどの装置は，ハウステンボスのもう1つの顔である。約20年前に工業団地用地として造成されながら長い間放置されていた荒涼たる土地は，街づくりにさきだって行われた土壌改良によって蘇生した。

　ハウステンボスはうるおいのある環境をまもり，未来の子どもたちへ引きついでいくことを最優先の使命としている。

平戸松浦氏の出城跡　大村軍との激戦地

くる。ここに，戦国時代平戸松浦氏の出城の跡，井手平城跡がある。

　早岐から三川内一帯は，戦国時代には平戸松浦氏や有田氏，南方の大村氏や有馬氏などの勢力がいり乱れて争う境界紛争の地であり，周囲には塩浸城跡，広田城跡，唐船城跡（佐賀県有田町）など中世の城跡が存在する。『印山記』（松浦史料博物館蔵）によれば，1586（天正14）年，井手平城は早岐奪回をはかり，有馬・波多・有田の三勢力と手を握った大村純忠の攻撃をうけ，城代岡甚右衛門をはじめ300余人の城兵のほとんどが討ち死にした。さらに大村勢は広田城を包囲したが，松浦氏の援軍により撃退されたという。城跡の発掘調査では明の染付・青磁，白磁，土師器のほか鉛製の弾丸や鉄鏃が出土した。城跡へとつうじる道沿いには，千人塚とよばれる石塔

千人塚

　群があり，この周辺に中世寺院があったことを示唆している。井手平城跡と隣接する薬王寺（曹洞宗）は，松浦鎮信が討ち死にした家臣をとむらうために建立した寺であり，境内には1616（元和2）年にたてられた，城兵の供養塔がある。

　その後の平戸松浦氏と大村氏との交渉により，重尾峠（舳の峰峠）を領地の境目とすることが決まった。1587（天正15）年6月，豊臣秀吉の九州平定後は平戸松浦氏も所領を安堵され，この時点で佐世保・日宇・針尾は平戸領として確定した。

　井手平城跡から国道35号線を佐世保方面に向かう途中，平戸藩主の祈願所であった浄漸寺（真言宗）の案内板がみえてくる。浄漸寺の銅造如来坐像（県文化）は，高麗時代末期（14世紀後半）に製造されたとみられるが，渡来した由来は定かでない。もとは平戸の勝音寺（曹洞宗）の本尊であったが，同寺の焼失後，松浦氏と関係の深いこの寺に移されたといわれている。17世紀初頭の平戸と朝鮮半島との交流や，この種の高麗金銅仏の鋳造技術・製作の地域性を研究するうえからも貴重な文化財である。

西海橋 ④

〈M▶P.146,153〉 佐世保市針尾東町・西海市西彼町小迎郷 P
JR・MR佐世保駅🚌西海橋経由長崎駅行西海橋🚶1分

わが国アーチ橋の先駆　橋下は急潮の針尾瀬戸

　西海橋は佐世保市東部の針尾島と西彼杵半島北部の西彼町を分ける針尾瀬戸（伊ノ浦瀬戸）にかかる，全長316m余りの固定アーチ形橋で，1950（昭和25）年に着工し，6年の歳月を経て1955年10月に完成した。

　針尾瀬戸は日本三大急潮の1つに数えられ，旧暦3月3日の節句潮は毎分340m（11ノット）の急流と3～11mにもなる渦潮をみることができる。橋の両岸には遊園地・展望台・ホテルなどの施設が整い，第2西海橋も2006（平成18）年に開通した。

　橋のたもとから大村湾へつきでた小半島を明星ヶ鼻（佐世保市

針尾東町)といい，ここから「文治五(1189)年」銘の滑石製の経筒(高さ34.7cm・口径7.8cm)が発見された。

橋上から西にあおぎみる3基の巨大な塔は，1922(大正11)年，155万円で旧日本海軍により建設された針尾無線塔(高さ137m・最大周囲33m)である。資料では確認できないが，米英との開戦を告げた「ニイタカヤマノボレ1208」は，ここからも太平洋や東南アジアで待機していた各部隊に向け発信されたという。旧佐世保無線電信所施設の名称で国の重要文化財に指定されている。

針尾中町には楠本端山旧宅跡(県史跡)がある。ここへは西海橋から佐世保行バスに乗り葉山バス停でおりて，徒歩10分ほどである。楠本端山はこの地に生まれた幕末の儒学者で，弟の碩水とともに平戸の藩校維新館に学んだのち，江戸にでて佐藤一斎の門にはいり，一斎の門人大橋訥庵にも師事した。1853(嘉永6)年平戸に戻って，維新館教授となった端山は藩主への漢学講義もつとめ，幕末から明治維新期にかけて藩政に，廃藩置県後は

西海橋周辺の史跡

港町させぼ今昔

引揚第一歩の地碑

平戸県権大参事として県政にも参与した。父楠本養斎が1832(天保3)年にたてた旧宅は，端山が晩年居宅としたもので，旧状がよく保存されている。敷地内には，1881(明治14)年，平戸から針尾に戻った端山が，碩水とともにたてた私塾鳳鳴書院も復元されている。端山・碩水は西海の儒者であったためか後世知る人は少ないが，当時では崎門学派(山崎闇斎派)の朱子学者として思想界に重きをなしていた。端山の死後，書院の運営をになった碩水の門人録「登門録」からは，青森・新潟から鹿児島におよぶ全国から門人が集まったことが知れる。

葉山バス停近くの国道沿いの墓地には，儒教のしきたりにしたがった土墳形式の<u>楠本家墓地土墳群</u>7基(県史跡)があり，端山・碩水もここに眠っている。

浦頭引揚記念平和公園 ❺

0956-58-2561(資料館)

〈M▶P.146,153〉 佐世保市針尾北町 [P]
JR・MR佐世保駅🚌西海橋方面行浦頭🚶
5分

凄惨きわめた引揚事業戦後復興の出発点

楠本端山旧宅最寄りの葉山バス停から，佐世保行きに乗って約5分で浦頭バス停に着く。<u>浦頭引揚記念平和公園</u>へは，ここから公園内の女神像を目印に徒歩で3分ほどの距離である。針尾島の浦頭は佐世保湾内東側に位置する小港で，第二次世界大戦後，ここに軍人・軍属およびその家族ら海外からの引揚者を受容するための，佐世保引揚援護局検疫所がおかれた。

第二次世界大戦の終結に伴い海外邦人の引揚げがはじまり，1950(昭和25)年までに約630万人が帰国する。このうち，浦頭には1945(昭和20)年10月，320余人の復員者を乗せた引揚船が南大東島から入港して以来，米軍からLST(上陸用舟艇)も借りうけて，4年間で139万人余の引揚者が上陸した。故国の土をふみしめた人びとは，ここからいちばん近い南風崎駅より帰郷の途についたが，浦頭はおもに戦傷者・病人の引揚者をうけいれたため，故国への上陸かなわ

ず船内で死亡する人や、入港後、検疫所から引揚援護局（旧針尾海兵団、現在のハウステンボスの地）までの7kmの道程を徒歩で移動中息たえる人もあとをたたず、引き揚げは凄惨をきわめた。ハウステンボス・米海軍針尾住宅地に隣接する戦没者釜霊園（かまれいえん）は、故郷に帰ることなく死没した人びとが荼毘（だび）に付された場所の跡で、身元不明者は、外地で戦病死し遺骨となって帰国した人びとの霊とともにここに合祀（ごうし）されている。

　戦後復興の出発点ともいえる浦頭の歴史的意義を後世に伝えるため、1986年、全国からの寄付金・市費を合わせて検疫所跡地をみおろす高台に資料室を擁する浦頭引揚記念平和公園が完成した。検疫所のあった埠頭（ふとう）のそばには、「引揚第一歩の地」ときざまれた碑がたっている。

やきものの町三川内（まちみかわち）❻

〈M▶P.147, 155〉　佐世保市三川内町・木原町（きはら）
JR佐世保線三河内駅🚶30分

　三川内町は佐世保市東部、市の中心部から10kmの位置にあって佐賀県有田町との県境の町である。三川内町は江戸時代に平戸藩窯（はんよう）が開かれて以来、隣接する波佐見町（はさみ）、佐賀県有田町とともに肥前窯業地帯の一角を占め、現在、約40の窯元が400年の伝統に現代的な感覚を加味した器づくりを行っている。

　慶長（けいちょう）の役ののち、平戸領主松浦鎮信（しげのぶ）（法印（ほう いん））が連れ帰った朝鮮半島の陶工たちは、はじめ平戸島の中野（なかの）に窯（かま）を開いたが（県史跡、中野窯跡）、良質の陶土を得られず、1622

三河内駅周辺の史跡

三川内皿山

肥前陶磁器の一翼をになう三川内焼

（元和8）年（1637年、1650年など諸説あり）三川内に藩窯を移した。木原地区には葭の本窯跡（県史跡）など、慶長年間（1596〜1615）の開窯とみられる三川内諸窯のなかで、最古に位置づけられる窯跡がある。出土品には素朴な重ね焼きの皿や天目風の茶碗、叩き手飴釉壺などがあり、陶器から磁器への過渡期にかかる貴重な窯跡として知られる。ほかに、地区内の木原・江永・三川内の各皿山には、江戸時代以来の窯跡が点在している。

三川内地区には県無形文化財の献上唐子焼、白磁透彫り、木原刷毛目の技法が伝えられている。国道35号線沿いには、三川内焼伝統産業会館（三川内焼美術館）・佐世保うつわ歴史館が並び、佐世保市内泉福寺洞窟から出土した1万3000年前の土器（豆粒文土器）以来の器づくりの変遷や三川内焼の技法・歴史が紹介されている。

泉福寺洞窟 ❼

1万3000年前の豆粒文土器出土

〈M▶P.146,158〉 佐世保市瀬戸越1-1571
JR・MR佐世保駅⇨矢峰行佐世保工業高校前🚶10分

バス停から桜木町方向に歩くと春日小学校に着く。その手前に洞窟入口の標柱がある。洞窟まではそこから小道を10分ほど歩く。

泉福寺洞窟は、相浦川の左岸標高約90mの丘陵南斜面左岸壁に形成されており、1969（昭和44）年に発見され、翌年から1979年まで10次にわたる発掘調査が行われた。その結果、土層の堆積が12層確認され、洞窟の主体的利用は旧石器時代から縄文時代草創期で、ナイフ形石器文化層を最下層とし、その上に細石器文

泉福寺洞窟出土の豆粒文土器（復元）

松浦党跳梁の舞台

三川内焼の技法

コラム

　国の伝統的工芸品に指定されている三川内焼(みかわち)には，染付，彫り，ろくろなどに卓越した技法が伝承されており，高い芸術性を誇っている。

　献上唐子焼(けんじょうからこやき)は，天草陶石を原料とした純白の磁器に，松の木陰で蝶とたわむれる唐子(中国の幼児)を描いた製品で，呉須(ごす)染付のあざやかな青が白磁に映えみごとである。江戸時代，平戸藩が京都御所や将軍家に献上したことからこの名でよばれ，藩の御用窯(ごようがま)の指定図柄として，三川内以外の窯で焼くことはできなかった。

　白磁透彫りは，きわめて高度な技術を必要とする芸術性の高い周りの技法である。五重塔や飾り香炉などの大作は卓越した技術に加え，完成までに長時間を必要とし，藩窯でなくてはなしえない作品であった。

　木原刷毛目(きはらはけめ)は，現(うつつがわ)川焼の流れをくむ。鉄分の多い土を使用する木原皿山において，江戸後期以降用いられた刷毛目の技法が，装飾性をもった図柄となるよう工夫されてきたもので，白磁を基調とする三川内皿山の製品とは異なる特徴をもつ。器の外面には横走りする櫛(くし)刷毛，内面には流し掛けをほどこして仕上げる。

三川内焼献上唐子焼(平戸洸祥窯)

化層が厚く堆積していることがわかった。遺物は層序をなして出土しており，おもな石器としてナイフ形石器，掻器(そうき)，石核，細石器などがある。土器は豆粒(とうりゅう)文土器，隆起線文土器(りゅうきせん)，爪形文土器(つめがた)，押引(おしびき)文土器，押型(おしがた)文土器が確認された。とくに細石器と共伴した豆粒文土器は科学的年代測定の結果，1万3000年の古さを示し，世界最古の土器としていちやく脚光をあびた。遺物は泉福寺洞窟出土品(国重文)として，佐世保市立博物館島瀬美術センターに保存されている。

　佐世保工業高校前バス停向かい側の前の城山(しろやま)(標高106m)に大智庵(だいちあん)城跡がある。この城の創建については定かではないが，江戸時代の文献によれば，1490(延徳(えんとく)2)年，宗家松浦氏の定(さだむ)の築城といわれる。『松浦家世伝(おおうちよしおき)』『印山記』によれば，1498(明応(めいおう)7)年，筑前(ちくぜん)の大内義興を後ろ盾とする平戸の松浦弘定(ひろさだ)・興信(おきのぶ)父子の夜襲にあい大

港町させほ今昔　157

左石駅周辺

智庵城は落城, 定の嗣子で城主の政も討ち死にする。政の子幸松丸は平戸に幽閉されたが, 脱出後親を名乗り, 外祖父の少弐資元を頼んで再起し, 相浦川下流の飯盛山に移った。大智庵城跡は, この地域一帯を根拠とした松浦党の興亡の歴史を知るうえで, みのがすことのできない史跡である。本丸跡とされる山頂広場には, 政の墓といわれる宝篋印塔がたつ。

岩下洞穴 ❽
〈M▶P.146,158〉 佐世保市松瀬町1835
JR・MR佐世保駅🚌知見寺経由世知原行新田溜池🚶5分

3基の炉址 29体の人骨を発掘

　バス停横の案内板をみて農道を歩けば, 約5分で岩下洞穴(県史跡)に着く。この洞穴は, 相浦川をさかのぼる約9kmの右岸, 標高約200mに位置する洞穴遺跡である。洞穴は浸食作用によって砂岩壁にあけられたもので, 間口約17m・奥行8m, 高さ1.5mで東南に開口している。1964(昭和39)年より4回の調査が行われ, 縄文時代早期を主体とする遺物類に3基の炉址, 29体の人骨が発掘された。

　石器では石鏃を中心とする狩猟具が豊富で, なかでも局部磨製石鏃の出土が注目される。土器では, 縄文時代草創期の条痕文土器から前期の曽畑式土器までの変遷が解明された。人骨は洞穴最奥部に密集した状態で埋葬されており, 副葬品に5本の半磨製石槍をもつものがある。遺跡は各時期で炉址の位置が異なり, 洞穴利用のあり方や生活様式について多くの示唆が得られた。

　相浦川水系には, このほかにも泉福寺洞窟, 下本山岩陰遺跡, 菰田洞穴, 四反田遺跡などの旧石器時代から弥生時代にかけての遺跡が数多くあり, これらの遺跡の発見には, 地元の小中高生(当時)の考古学研究サークルがかかわっていることも特筆すべき点である。さらに近年, 同水系下流域から大規模な古代の遺跡(門前遺跡)が確

松浦党跳梁の舞台

認された。発掘調査のなかで，弥生時代初期の箱式木棺墓が完全な形で発見され，当時の埋葬方法を知る重要な手掛かりになるとして注目を集めている。

飯盛城跡 ❾ 〈M▶P.146〉 佐世保市相浦町
MR（松浦鉄道）上相浦駅🚶15分

松浦党の攻防跡　2月24日〜26日「あたごさん市」

　上相浦駅におりたつと，目の前に円錐形の美しい飯盛山（標高259m）がみえる。この山は山頂に愛宕神社をまつることから愛宕山とも，裾野の美しさから相浦富士ともよばれる。山の南西山腹に鎮座する飯盛神社の境内から裏手一帯が，松浦氏宗家の松浦親が1535（天文4）年に築いた飯盛城跡といわれている。

　15世紀後半から，松浦宗家と平戸松浦氏との関係が悪化し，両家は抗争を繰り返してきた。親の父政を城主とした大智庵城は平戸の松浦弘定・興信父子の夜襲にあい1498（明応7）年に落城，平戸での幽閉生活を経て親は佐賀の龍造寺氏の斡旋で平戸と和解し，叔父の少弐資元の尽力で相神浦の旧領を回復し築城に至った。しかしながら，1542（天文11）年には再び平戸の松浦隆信の，1563（永禄6）年には隆信・鎮信の攻撃にあい，2年にわたる籠城戦の末，ついに敗れ親は出家した。この戦いの経緯については，『壺陽録』『印山記』など江戸時代の文献に記されている。なお，親の系図を「宗家松浦」とするのは『松浦家世伝』の記述によるが，平戸松浦氏との抗争を宗家対庶家の抗争とする見方については疑問とする説もある。

　飯盛山登山口に面する旧栄町通りには，宗家の代から松浦氏に尊崇された飯盛神社，洪徳寺（曹洞宗），金照寺（浄土真宗）があり，界隈には「門前」の地名が残る。通りでは藩政時代より，愛宕神社の祭事として，毎年2月24〜26日の3日間「あたごさん市」がたつ。

　相浦川下流に位置する飯盛山の山裾一帯には，現在，

海上よりのぞむ飯盛山

港町させぼ今昔

住宅・商業地のほかに，長崎県立大学，佐世保市営野球場，佐世保市総合グラウンド，自衛隊駐屯地などが立地しているが，江戸時代初期まで下流域一帯は干潟であった。左岸では，1655（明暦元）年から1666（寛文6）年まで平戸藩直営事業として干拓工事が実施され，川下新田が完成した。対岸河口域には1857（安政4）年，石炭業によって財をなした草刈太一左右衛門によって大潟新田が完成した。これら干拓事業によって河川両岸一帯は，現在のような広々とした田園風景へと変貌したのである。

相浦からバスで佐世保市街に戻る途中に，鹿子前地区がある。ここにある西海パールシーリゾートには，近海に生息する魚類，その他の生物を多数展示する水族館（海きらら）やビジターセンター，各種体験コーナー，観光遊覧船の発着場などがあり，西海国立公園九十九島の玄関口として多くの観光客が訪れている。沖合の波静かな多島海では，真珠やカキの養殖など栽培漁業が盛んである。

黒島天主堂 ❿
0956-56-2766
〈M▶P.146〉 佐世保市黒島町3333番イ
JR・MR佐世保駅🚌相浦桟橋⛴40分

島民の信仰の結晶 レンガ造りの美しい教会

相浦桟橋からフェリーで約40分，平戸島との間にある黒島は，周囲約12km，九十九島のなかの最大の島で，江戸時代には平戸藩の放牧場が開かれ，また，御影石の産地としても知られた。「黒島村郷村記」（1918〈大正7年〉）によれば，天明年間（1781～89）の戸数は30戸弱だが，その後他領地からの移住が許可され，明治維新後は300戸になった。移住者のなかにはキリスト教信者も多かったといわれている。島には寛政年間（1789～1801）に創建された興禅寺（曹洞宗）がある。藩政時代の記録によれば全島民が寺の檀徒であり，宗門改めがおこなわれていたという。

1873（明治6）年，

黒島天主堂

160　松浦党跳梁の舞台

佐世保と現代文学

コラム

　港内に停泊する艦船、林立するクレーンに赤レンガ倉庫群。海軍と造船の町として近代以降特異なあゆみをとげた佐世保はまた、個性豊かな作家たちを輩出している。

　天皇制・炭鉱・被差別部落・原爆・朝鮮人問題などのテーマを追求し、前衛的な作家として、おもに佐世保を舞台に数々の作品を発表した井上光晴(いのうえみつはる)(1926〜92)は、中華人民共和国旅順(りょじゅん)に生まれ、7歳で佐世保に移住、生活苦から12歳で崎戸(さきと)に移り崎戸炭鉱で働いた。その間、朝鮮坑人を朝鮮独立運動に煽動(せんどう)した容疑で検挙されている。16歳で佐世保に戻ったあとは、炭鉱技術養成所の教師などもつとめた。代表作『虚構(きょこう)のクレーン』(1960)では、自身が経験した戦後の混乱した社会状況とそこでの苦悩が鋭いタッチで描かれている。なお、2004(平成16)年9月、井上文学の原点ともいうべき崎戸町(現、西海市崎戸(さいかい)町)の炭鉱記念公園内に井上光晴文学碑が建立された。

　白石一郎(しらいしいちろう)(1931〜2005)は韓国釜山(プサン)に生まれ、14歳で佐世保に移住、県立佐世保北高校を卒業し早稲田大学政経学部に進んだ。九州在住の作家として、おもに、国家や民族の枠をこえ海を舞台に生きた人物の物語を生き生きと描き、代表作『海狼伝(かいろうでん)』(1987)において第97回直木賞を受賞、本格的海洋歴史小説の分野を開拓した。ほかに『サムライの海』(1980)、『島原大変』(1982)などがある。

　村上龍(むらかみりゅう)(1952〜)は佐世保市出身。県立佐世保北高校在学中の1968(昭和43)年、反代々木系全学連によるアメリカ原子力空母エンタープライズ入港阻止闘争に感動し、翌年、学校屋上をバリケード封鎖し、無期謹慎処分となる。武蔵野美術大学在学中に発表した『限りなく透明に近いブルー』(1976)は群像新人文学賞と第75回芥川賞を受賞、ベストセラーになる。現在は小説の枠をこえ、映画監督などあらゆるメディアで活躍している。

　佐藤正午(さとうしょうご)(1955〜)も佐世保市出身で県立佐世保北高校を卒業、北海道大学を中退して佐世保に戻った1979(昭和54)年から小説を書きはじめた。処女作『永遠の½』(1984)で第7回すばる文学賞を受賞する。この小説で舞台となっている西海市は、日本のどこにでもあるような架空の都市とされているが、佐世保の原風景が随所に描かれている。

　これらの作家の年譜・自筆原稿・初版本などは、佐世保市立図書館の展示コーナーでみることができる。

禁教の高札（こうさつ）がはずされたのち，現在地には木造の教会堂がたてられ信仰が復活した。1897年にはマルマン神父が新しい教会堂の建築の命をうけてフランスから来島し，その指導のもとで本格的な教会堂の建築が開始され，1902年に竣工したのがレンガ造りの黒島天主堂（国重文）である。

天主堂は正面中央部に鐘塔を付設し，円形アーチを基調とした天井を有する。祭壇部は珍しい半円形の平面をなし，有田焼のタイルが貼られるなど地方的特色も有している。長崎県内はもとより，近隣の地域で後世にたてられた教会堂建築にあたえた影響も大きいことが判明し，明治時代にたてられた，わが国を代表する三層構成の教会堂として貴重である。

なお，島全域に残る潜伏キリシタン関連の遺構，伝統的な土地の利用法，防風林にみられる特徴的な集落形態などから作り出された景観が，2011（平成23）年4月，佐世保市黒島の文化的景観として重要文化的景観の選定を受けた。

東漸寺（とうぜんじ） ⓫
0956-47-2544

〈M▶P.146〉 佐世保市中里町（なかざと）250 Ｐ
MR（松浦鉄道）本山駅🚶15分

松浦氏宗家の菩提寺
山門おおう巨大クスノキ

佐世保市北部有数の住宅地がある中里町は，もとは東漸寺の門前に開けた集落で，江戸時代には江迎（えむかえ）・佐世保・早岐とともに平戸往還の宿駅や郡代官役所（ぐんだいかん）がおかれていた。飯盛山をのぞむ旧往還沿いには，往時をしのばせる古い町並みが残っており，文禄の役（ぶんろくのえき）で戦死した兵士の供養塔と伝えられる一石五輪塔（いっせきごりんとう），板碑（いたび），六地蔵（ろくじぞう）もまつられている。この通りには，MR（松浦鉄道）本山駅でおり，相浦川をまたぐ中里橋を渡って，中里郵便局前からはいることができる。通りにはいってすぐの，八幡神社門前から中里小学校横の通りを案

東漸寺山門

内板にしたがって歩いていくと，まもなく東漸寺の古い山門と山門をおおう巨大なクスノキがみえてくる。

　東漸寺(真言宗)は，一説には行基により開基された岩間山薬師堂を奥の院として，985(寛和元)年，現在地に開創されたといわれている名刹である。宗家松浦氏が，武辺城を居城としていた時代に菩提寺として尊崇された寺で，境内には応仁年間(1467～69)建立とされる松浦氏の祖松浦 久の手向所や「応仁元(1467)年」銘松浦 盛(宗家13代)の宝篋印塔などがある。

　1643(寛永20)年，平戸藩主松浦鎮信(天祥)は寺領15石を寄せ，当寺を地域一帯の郷寺とし，さらに愛宕山ならびに飯盛神社別当寺とするなど，宗家松浦氏が衰退し一帯が平戸藩領となったのちも，藩主により尊崇をうけた。山門横にある東漸寺の大クス(県天然)は高さ約30m，樹齢500年余を数え，躍動するような力強い美しさをもった巨樹である。

　東漸寺の南方，古城山とよばれる山のいただきから，東西双方に派生する尾根上に武辺城跡がある。発掘調査では，本丸跡と思われる場所から建物遺構や備前陶器，中国・朝鮮製陶磁器が多数出土した。宗家松浦氏により15世紀に築城されたと推測されるが，創建者は不明である。

2 平戸往還に沿う町並み

平戸遊学に向かう吉田松陰も歩いた平戸往還。本陣跡や一里塚の残る本土最西端の地を、ローカル列車がのどかに走る。

東光寺山城跡(とうこうじやまじろあと) ⑫　〈M▶P.146,165〉 北松浦郡佐々町羽須和免
MR(松浦鉄道)佐々駅🚶15分

長崎県北地域の代表的な中世山城の跡

佐々町は、北松浦郡南端にあって、県内最長の佐々川の河口に開けた町である。江戸時代は平戸藩領、田平筋郡代(たびらすじぐんだい)の支配下で、田原新田や大新田の新田開発がさかんに行われ、塩田も開かれた。

佐々駅におりたつと、東方700mほどの丘陵中腹に**東光寺**(そうとう)(曹洞宗)の本堂をみることができる。この寺の裏山全体が、中世の土豪佐々氏によって築かれた**東光寺山城跡**である。

佐々氏については、南北朝期の1384(元中元・至徳元)(げんちゅう・しとく)年、近隣の領主たちによって結ばれた一揆許諾状案(「青方文書」(あおかたもんじょ))に「ささ長門守相」としてその名がみえる。その後、平戸松浦氏が勢力を拡大し、佐々氏はその支配下におかれることになった。医王山東光寺は1436(永享8)(えいきょう)年、平戸松浦氏の創建といわれる。

城は、医王山の標高73mの丘陵部にある径80mの主郭、尾根続きに2つの郭(くるわ)、西麓におかれた居館の3部分からなっており、この地方の代表的な中世山城である。城跡からは、同時期の山城の**鳥屋城跡**(とりやじょうあと)や佐々氏が尊崇した**三柱神社**(みはしら)、北隣の**竜王寺跡**(りゅうおうじ)をみることができる。

佐々町と隣接する佐世保市小佐々町(こさざ)へと向かい、小佐々小学校前の田原バス停から県道139号線を鹿町(しかまち)方面へ進むと、右手に**永徳寺**(えいとくじ)(浄土真宗(じょうどしん))へとつうじる参道がみえてくる。**永徳寺の五輪塔・宝篋印塔群**(ほうきょういんとう)は県内最大の中世石塔群で、五輪塔約140基、宝篋印塔

永徳寺の中世石塔群

164　松浦党跳梁の舞台

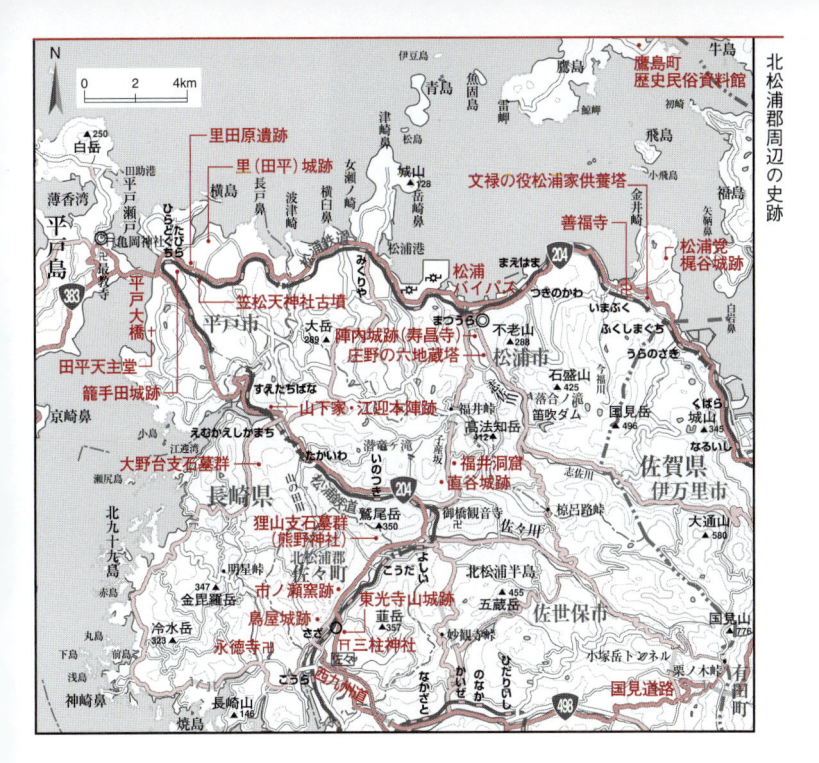

約8基に分類される。製作年代は13世紀後半から16世紀以降(南北朝期〜室町後期)と考えられている。中世の土豪, 小佐々氏の出自については, 松浦党の一族とみるほかに諸説あり定かではないが, いずれにせよ, 大量の建塔能力をもった豪族勢力がこの地に存在していたことを示す遺跡として貴重である。

市ノ瀬窯跡 ⓭

〈M▶P.146,165〉 北松浦郡佐々町鴨川免 P
MR(松浦鉄道)佐々駅 🚌平戸行小春 🚶15分

瀬戸焼の陶祖　加藤民吉修業の地

小春バス停から国道204号線を平戸方面に歩くと, 道路左手に皿山公園がみえてくる。初夏にはハナショウブの咲き誇る広々とした公園の奥の斜面に, 市ノ瀬窯跡(県史跡)がある。

市ノ瀬窯跡は, 1751(宝暦元)年, 領内の三川内村(現, 佐世保市三川内町)からこの地に移った福本新左衛門ら5人の陶工によって開かれたと伝えられる, 全長62m・最大幅7.3m・窯室5室の連房式の登窯跡である。現在は階段状に窯壁のみが残るが, 遺構から

平戸往還に沿う町並み　165

市ノ瀬窯跡

はおおよその規模をうかがうことができ、一部は発掘当時のままに磁器片が保存されている。窯跡横手の墓地には、窯関係者の福本家一族の墓碑がある。

　焼成に用いられた磁器の原料としては、一部に地元佐々の陶石を使用したといわれるが、多くは天草陶石が使用され、白磁染付の日用品が大量に生産された。1804(文化元)年に、尾張国瀬戸皿山の陶工加藤民吉がこの窯に身分を隠して住み込み、磁器製作の秘伝を盗んだという民吉伝説の舞台でもある。

　小春バス停から平戸方面に向かい、2つ目の佐々松瀬バス停から山手へ徒歩約6分の熊野神社境内に狸山支石墓群(県史跡)がある。現存するのは7基で、縄文時代晩期の夜臼式土器の時代の墳墓群である。このなかには、内部の箱式石棺が長さ50cm・幅40cm・深さ40cmと小型で、被葬者は極端な屈葬位であったと考えられるものがあり、縄文時代の伝統的葬法と外来の墳墓形式の融合がみられるものとして学術的価値が高い。

福井洞窟 ⓮

〈M▶P.146,165〉　佐世保市吉井町福井免
MR(松浦鉄道)吉井駅🚶5分、吉井バス停🚌松浦行下福井🚶3分

縄文草創期の降線文土器出土、国史跡

　吉井駅から徒歩5分で吉井バス停に至り、ここから松浦行バスに乗り約4分で下福井バス停に着く。ここで下車しバスの進行方向へ3分ほど歩くと、福井洞窟(国史跡)に至る。遺跡は1737(元文2)年の創建と伝えられる稲荷神社の裏手にあり、間口12m・奥行8mの洞窟である。1936(昭和11)年、社殿改築のため、洞窟床面が約1m掘削されたおり、土器・石器・人骨などが発見された。

　さらに1960年からの3次にわたる発掘調査で、洞窟内には約6m、16層の土の堆積があり、上層の縄文早期から最下層の旧石器時代に至る重層遺跡であることが判明した。2・3層では、細石刃や舟底

福井洞窟

形石核が爪形文土器・隆線文土器とともに出土し、最下層からは3万年前の遺物が出土した。とくに、1973年に佐世保市泉福寺洞窟から豆粒文土器が出土するまで、当時としては日本最古（約1万2000年前）の土器である隆線文土器が出土したことで知られ、当時の考古学界にこれまでにない新しい問題を提起した。最新の発掘調査では、旧石器時代の炉跡が確認され、注目を集めている。

直谷城跡 ⑮

〈M▶P.146,165〉 佐世保市吉井町直谷免
MR（松浦鉄道）吉井駅🚶5分、吉井バス停🚌松浦行福井農協前🚶20分

松浦党の山城跡平家落人伝承を付帯

福井洞窟から福井川をはさんで500mの対岸に直谷城跡（県史跡）がある。城跡へは吉井北小学校の裏手から登山路がつうじている。

直谷城は、松浦党を代表する在地領主・志佐氏の居城であった。志佐氏は、15世紀には壱岐を拠点として、朝鮮国と活発な海上交易を展開していたことがわかっており、日本および朝鮮の中世文書にもたびたびその名が登場する。所領は志佐（松浦市志佐町）を本拠としているが、考古学的な発掘調査により、戦国時代に志佐の陣内城から直谷城への本格的な移動があったと考えられている。

城跡は、佐々川の支流福井川中流の右岸にそびえ立つ比高50mの懸崖上に築かれている。1988（昭和63）年から1990（平成2）年まで3カ年にわたり発掘調査が行われ、頂部の本丸跡から砂岩の岩盤を掘った掘立柱建物跡の柱穴群や溝跡などが発見された。ほかに、追

直谷城本丸跡

平戸往還に沿う町並み

手郭には3重の空堀と土塁が築かれ,一の木戸,二の木戸,各要所に武者溜まり,出郭,竪堀,帯郭や矢石置場跡などの強固な防御施設がつくられ中世山城の特色をよく示している。この城の縄張りは,松浦史料博物館所蔵「福井内裏山城絵図」に詳しく示されている。

出土品には,平安時代のおわりころから江戸時代前半までの中国製の輸入陶磁器や国産の土器・陶磁器などが多数あり,時期的にもっとも多いのは,16世紀の戦国時代のものである。

この城は寛元年間(1243〜47)の築城とされるが,創建者も含め諸説あり定かではない。平戸松浦氏の史料『壺陽録』によれば,延徳3(1491)年,志佐純勝は有馬貴純らと結び,平戸領主松浦弘定を筑前に追った。ところが純勝は,弘定を庇護した大内義興の命により派遣された大村・龍造寺連合軍に攻略され,平戸を失い五島へのがれる。

その後,弘定の兄弟で,田平の領主峰昌が,志佐氏の名跡を相続して志佐純本(純元)を名乗り,こののち志佐氏は,陣内城から直谷城へと移った。最終的には,この地の覇権は戦国大名となった平戸の松浦隆信に移り,一国一城制(1615年)により廃城となった。

本丸跡には,1857(安政4)年に建立された内裏神社がまつられている。壇ノ浦の合戦後,安徳天皇がこの山に潜んだとの伝承があり,この山を内裏山と称するのは,この伝承に由来する。

山下家の酛蔵・江迎本陣跡 ⓰
0956-65-2209

〈M▶P.146,165〉 佐世保市江迎町長坂免

MR(松浦鉄道)江迎鹿町駅 🚶 5分

参勤交代をしのばせる史跡 酛蔵は今も醸造に使用

駅から国道204号線を平戸方面に歩くと,道路に面して古い門構えの屋敷がみえてくる。ここが山下家である。

山下家は,江戸時代以来造酒業を営み,創業は元禄年間(1688〜1704)と伝えられる。広い屋敷には,酵母を発酵させる蔵である山下家の酛蔵(県文化)が残されている。この建物は,1〜2階を貫通する巨大な手斧仕上げの通し柱を中央部にたて,これにすべての梁桁をかけて屋根をささえるきわめて特徴のある構造となっており,柱を少なくして作業を便利にする工夫であったと思われる。内部は

江迎本陣跡

一部改造や若干の補強がみられるが，300年の風雪にたえ旧態はよく残されており，今も醸造に使用されている。

　平戸口（平戸市田平町）から彼杵（東彼杵町）に至る16里（約63km）の江戸時代の街道を平戸往還（平戸街道）といい，平戸藩主の参勤交代や長崎勤番のおり陸路として利用されていた。江迎はその最初の宿駅であった。酒蔵のある山下家は往路の第一夜，復路最終夜の宿泊所として利用され，その跡は江迎本陣跡（県史跡）として建物・遺物が大切に保存されている。本陣は元禄年間（1688〜1704）には機能していたと推測され，現在の本陣は1830（文政13）年から改築と築庭をはじめ，1832（天保3）年に完成したものである。

　御成門をはいると左手から式台の間，次の間，重臣控えの間，奥の間が南北に直列して並び，右手に次の間と1段高くなった藩主専用の座敷・御成の間があり，藩主ゆかりの品が展示されている。御成の間の背後には藩主専用の小屋が付随し，風呂と雪隠（トイレ）がある。座敷の南北に縁側が走り，裏山の崖を利用した庭園と池からなる築庭があり，現在では珍しい水琴窟がみられる。現在，本陣の形態をそのまま保存しているのは県内でも例がなく，貴重なものである。

大野台支石墓群 ⑰

〈M▶P.146,165〉　佐世保市鹿町町深江免
MR（松浦鉄道）江迎鹿町駅🚶25分

古代墓制の伝播に多くの示唆をあたえた史跡

　駅から南西方面にのびる直線道路にそって歩くと，約15分で県立鹿町工業高校に至る。高校正門のさきから左折して町道にはいり，鹿町小学校への道をたどれば，裏手が大野台支石墓群（国史跡）である。ここは旧鹿町町の北東端，なだらかな深江台地の西辺にあたり，眼下には江戸時代に干拓された深江新田が広がり，さらに江迎湾をのぞむことができる。

　支石墓は大陸文化の影響をうけて，縄文時代晩期から弥生時代中

平戸往還に沿う町並み

大野台支石墓群

期にかけてつくられた墳墓で、西北九州に多く分布する。県内では、本支石墓群のほかに15カ所確認されている。

　本遺跡は江迎湾にそそぐ鹿町川南岸、標高70〜80mの玄武岩台の地上にある。4群5万m²の遺跡範囲には、かつては八十数基の墳墓が存在していたと推測されるが、現在は2群46基が指定をうけている。甕・壺の土器類、扁平片刃石斧・広形銅鉾の袋部なども発掘され、稲作の伝播や、遠く朝鮮半島にさかのぼる古代墓制の伝播経路に関する多くの示唆が得られた。

里田原遺跡 ⑱
0950-57-1474（里田原歴史民俗資料館）

〈M▶P.146,165〉　平戸市田平町里免 P
MR（松浦鉄道）たびら平戸口駅 🚶15分

弥生時代以降の農耕遺跡
古代条里制の跡をとどめる

　本土最西端の駅であるたびら平戸口駅で下車して、国道204号線を松浦市方面へ約1kmたどれば、沿線の右手に田園地帯が広がる。里田原は、西側をのぞくほかの三方を低い丘陵で囲われた、東西1km・南北800m、水田面積約40haの水田地帯で、古代条里制の跡をとどめている。田原の北辺に鎮座する宗像神の休石と称される巨石が田原に点在しており、これが支石墓であることは早くから指摘されていたが、1972（昭和47）年の用地造成工事がその後の発掘調査のきっかけとなった。

　里田原遺跡（県史跡）の中心となる時代は、弥生時代中期初頭で、豊富な遺構・遺物は初期農村の姿をよく示している。ことに、木製遺物は700点余が出土し、広鍬・竪杵などの農具は農村の成立と定着を、手斧などの工具木柄と未完成木器は専業工人集団と分

里田原遺跡支石墓

業社会の成立を，案・槽などの食物恭敬具や磨製石剣と把頭飾などは，祭政の首長の存在と階級の発生を示すものとして注目された。

近年の発掘調査では石棺・甕棺・土壙墓，副葬品として多紐細文鏡(県文化)・碧玉製管玉やガラス玉，鉄剣も出土した。甕棺底部からは小片ながら人骨片も検出されている。これらの遺物は，1982年に現地に竣工した里田原歴史民俗資料館に保存展示されている。

国道の向こうの樹叢のなかにある笠松天神社古墳(県史跡)は，島嶼部をのぞけば，県内で数少ない前方後円墳である。また，田原北方の丘陵上には，当地方の土豪峰披が鎌倉時代初期に築いたと伝えられる里(田平)城跡が，西辺には田平西部を支配した籠手田氏により，15世紀末に築城された籠手田城跡がある。

田平天主堂 ⑲
0950-57-0254

〈M▶P.146,165〉 平戸市田平町小手田免19-19 P
MR(松浦鉄道)西田平駅🚶20分

多彩なレンガ積み手法を駆使 八角形のドームを戴く鐘塔

西田平駅でおりたら国道204号線へ進み，北松農業高校へとつうじる坂道をのぼる。農高前から長崎県種畜場方向へ歩いていくと，海峡を介して平戸島を眺望できる高台に天主堂の尖塔がみえてくる。

田平天主堂(国重文)は，長崎県内をはじめ，九州北部で数多くの教会堂建築を手がけた鉄川与助の設計・施工によるもので，1917(大正6)年に竣工，翌年5月14日に献堂式が行われた。レンガ造りおよび木造のロマネスク様式，正面中央に八角形のドームを戴く鐘塔をつけた重層屋根が特徴的で，多彩なレンガ積み手法を駆使した細部のつくりも，外観の表情に彩りを加え，全体的に均整のとれた構成になっている。静寂に包まれた天主堂内部には，ステンドグラスから陽光が差し込む。天主堂のかたわらには，信者らの眠る墓地があり，司祭館をはじめ，門柱・石段・石垣など周囲の歴史的環境もよく保存されている。

天主堂のある高台一帯は，

田平天主堂

平戸往還に沿う町並み

西彼杵半島の外海地方で布教にあたっていたド・ロ神父が、明治中期、私財で土地を買い求めて外海地方の信者らを移住させた土地である。その後、黒島や五島からも信者の移住があり、1888(明治21)年にはこの地に仮御堂がたてられた。信者らは天主堂の建築にもかかわった。天主堂近くには貝殻焼き場が残されている。天主堂の建築には、焼いて砕いた貝殻を赤土に混ぜてつくったつぎめ(目地)が用いられている。ほかに、レンガや資材の運搬なども信者らの献身的な労働によって行われた。現在約900人の信者が、先祖の強い信仰の証としてたてられた天主堂の維持・管理にあたっている。

庄野の六地蔵塔 ⑳

〈M▶P.146,165〉松浦市志佐町庄野免
MR(松浦鉄道)松浦駅🚶20分

年号がきざまれた端正な仏像の六地蔵塔

松浦市は1955(昭和30)年に新御厨町、志佐町、調川町が合併し、これに今福町を加え成立した市である。玄界灘に面した日本有数の漁獲量を誇る漁港を有し、古くから松浦党の本拠地であった。

市街地中心部を流れる志佐川左岸にそう県道を吉井方面に進んでいくと、田の畔に庄野の六地蔵塔(県民俗)がある。この石塔は、六地蔵形式多仏石塔で、この形式のものは室町時代から江戸初期にかけて長崎県内で多数つくられている。しかし、この六地蔵塔のように年号が記載され、かつ端正な仏像がきざまれているものは珍しい。石塔の下部正面に「逆修」、裏側に「干時天正十四(1586)年丙戌十月吉日　一会講衆」と記してある。

市の中心部、志佐川河口右岸に寿昌寺(臨済宗)がある。この寺の境内が、在地領主志佐氏の居城跡とされる陣内城跡である。ここへは松浦駅で下車し、世知原方面へ歩くと10分ほどである。

15世紀末の延徳年間(1489〜92)に書かれた『壺陽録』によ

庄野の六地蔵塔

172　松浦党跳梁の舞台

れば，田平の領主峰 昌 は兄弟である平戸の松浦弘定と争ったが，筑前の大内政弘の仲介で和睦，その結果，昌は田平を弘定に譲りみずからは志佐の地を領し名を志佐純本（純元）に改めた。陣内城はこの時期に拡充されたが，城の原形はすでに志佐氏が壱岐に進出するころには完成しており，志佐氏の直谷城（佐世保市吉井町）への移動後も出城としての役割をになっていたと考えられ，土塁や船寄場の石垣，空堀などの跡が残されている。

松浦党梶谷城跡 ㉑ 〈M▶P.147,165〉 松浦市今福町東免 P
MR（松浦鉄道）今福駅 🚶 30分

松浦党祖築城の伝承 本丸跡から玄界灘を一望

　MR今福駅で下車し，北東方向の城山（標高197m）に向かって歩く。途中，江迎の集落に文禄の役松浦家供養塔（県史跡）がある。ここには文禄の役に従軍し，戦死した松浦丹後守定の五輪塔のほか，7人の兵士の自然石板碑の供養塔がある。さらに坂道をのぼり，国道204号線を横断すると城山登山道に至る。ここが松浦党梶谷城跡（県史跡）への登り口である。自動車道も山頂近くまでつうじている。

　梶谷城跡は，松浦党の祖 源 久 が築城したと伝えられており，松浦家家譜『松浦家世伝』によれば，築城年代は1069（延久元）年のことである。このほか，1095（嘉保2）年，1145（久安元）年などとする説もある。いずれにしても，松浦党の初期の居城として平安時代末期に築城され，相当長年月にわたって断続的に利用されたと考えられる。

　登山道をのぼると，まずなかばくずれかかった野面積の石垣が目にはいり，大手門跡の石段をのぼると城山山頂に至る。城は山頂部を楕円形に削平して本丸とし，南側に物見台跡，北側に二の丸が配置され櫓台や井戸などの遺構がある。城の西麓には山際にそって長さ200m・幅40mにわたって「千人枡」の名でよばれる館跡があ

梶谷城本丸跡

平戸往還に沿う町並み

り，石壁・石塁・門などが残っている。

　本丸跡からの眺望はすばらしく，遠く大陸へとつながる玄界灘の大海原から伊万里湾を眼下に一望でき，海を舞台に活動した松浦党の姿を彷彿とさせる。

　梶谷城の城下，今福の仏坂免に善福寺（真言宗）がある。ここへは今福駅の西方約1km，国道204号線を平戸市方面に歩くと約15分の距離である。同寺は善福寺鰐口（県有形）を所有している。鰐口は軒先につるして打ち鳴らす銅製円盤状の金鼓であるが，ここの鰐口の縁廻り陰刻銘文には，1355（正平10）年，松浦丹後守直が，一族の祖松浦久をまつる今宮神社の別当寺善福寺に供養のため寄進したことなどが記され，松浦氏一族の歴史を知る遺物として貴重である。

元寇の舞台鷹島 ㉒

〈M▶P.146,165〉　松浦市鷹島町
松浦市今福港🚢殿浦港下船，または松浦市御厨港🚢船唐津港下船

蒙古襲来の激戦地 海底遺跡の調査実施中

　松浦市今福港から殿浦港までフェリーで40分，伊万里湾口に浮かぶ鷹島は，13世紀末，日本を震撼させた蒙古襲来の舞台となった島である。文永の役（1274〈文永11〉年）では鷹島とその周辺が主戦場となり，弘安の役（1281〈弘安4〉年）では鷹島沖に集結した蒙古の大艦隊が，暴風雨により一夜にして壊滅の打撃をこうむった。

　1980（昭和55）年から，鷹島周辺海域では，鷹島海底遺跡の水中考古学調査が行われ，陶磁器片・壺・石製品・鉄製品など元寇の遺物の数々が発見，引き揚げられた。地元漁師によって引き揚げられた遺物もあわせて，鷹島埋蔵文化財センター・鷹島歴史民俗資料館で一般公開されている。このうち，神崎海岸で発見された青銅製（印台6.5cm四方）の管軍総把印（県文化）の印面には「管軍総把印」と判読できるパスパ文字がきざまれている。また，側面には漢字で「印」「至元十四年九月造」ときざまれている。これはフビライ治世下の年号を意味し，西暦1277年，弘安の役の4年前にあたる。管軍は軍の統括，総把は将校の意で，この地位にあったもの

管軍総把印

174　松浦党跳梁の舞台

本土最西端鉄道の歴史

コラム

　佐賀県有田駅から北松浦半島をめぐり佐世保駅までの全長93.8kmの区間には、第3セクター松浦鉄道(MR)が運行している。その前身は旧国鉄松浦線だが、さらにこの鉄道の歴史をさかのぼると、1898(明治31)年、伊万里・有田間に開業した伊万里鉄道、石炭の輸送を主目的とした佐世保軽便鉄道の開業にたどり着く。

　佐世保軽便鉄道は、1920(大正9)年、中倉万次郎らによって設立され、すでに世知原・佐々間で運行していた石炭輸送専用の松浦炭礦鉄道も買収して、各炭田と積出港間に路線を拡張していた。のちに佐世保鉄道と改称、1936(昭和11)年には国鉄に移管される。

　軽便鉄道であるため、佐世保鉄道の軌間は762ミリとせまく、国鉄線の規格(1067ミリ)とあわなかったが、軍港佐世保に直結する運炭線であったため、第二次世界大戦の戦時下にあっても優先的に線路幅の拡張工事が行われた。伊万里を起点として拡張工事が進められていた国鉄伊佐線と連結し、全区間が開通するのは1944年4月のことで、翌年3月には線名も松浦線となった。

　松浦線は、佐世保軽便鉄道以来の山峡の産炭地と、相浦港や臼ノ浦港などの積出港をつなぐ支線を連結させていたが、石炭産業の衰退に伴い、柚木線(左石・柚木間)が1967年に、臼ノ浦線・世知原線(臼ノ浦港・佐々・世知原間)が1971年に廃線となった。その後も、過疎化の進行と自家用車の普及などで輸送密度が悪化、松浦線は廃止対象線となり、1987年4月、国鉄分割民営化に伴い、翌年2月廃止された。

　1988年に開業した松浦鉄道は、駅数をふやすなど地域密着の経営方針をとっている。佐世保中央駅から中佐世保駅の間はわずか200mと日本一短い。また、沿線には本土最西端(東経129度35分)のたびら平戸口駅があることでも知られ、平戸出身の詩人藤浦洸の揮毫による碑がたつ。駅舎内の松浦鉄道博物館や、世知原町歴史民俗資料館となっている旧松浦炭鉱事務所(県文化)には、軽便鉄道以来の写真や遺物が展示されている。

本土最西端の駅(たびら平戸口駅)

が弘安の役の際持ち込んだものと思われる。

　この史実を裏付けるように，島内には元寇にまつわる史跡が多い。玄界灘を一望する景勝の地にある宮地嶽史跡公園（阿翁免），牧の岳史跡公園（船唐津免）には，元寇の由来をきざんだ石碑や五輪塔がたっている。また，原免の小堂にある銅造如来坐像（県文化）は高麗時代前期の作品であるが，江戸時代に海底から引き揚げられたとの伝承をもつ。

　2011（平成23）年，海底遺跡を調査していた琉球大学の研究グループにより元の軍船が発見された。発見されたのは船底の背骨にあたる竜骨（キール）とよばれる部分とその周辺に並んだ外板で，ここから想定される船の長さは20m級とみられている。船体そのものの発見は今回が初めてで注目を集めている。

捕鯨とカクレキリシタンの島生月 ㉓

西海捕鯨の中心
キリシタン殉教史跡が点在

〈M▶P.146,178〉　平戸市生月町
平戸桟橋 🚌 生月方面行潮見 🚶 5分（島の館）

　平戸市内から生月島へ渡るには，県道19号線から60号線をとおるのが最短コースである。県道19号線沿いに，入宋した栄西禅師が帰国したとき立ち寄り，茶種を播いたとされる冨春園（平戸市木引町）があるので，ぜひ訪ねてみたい。車窓前方に生月島がみえてくると，その手前に浮かぶ小島がキリシタン殉教の地中江の島である。

　生月と平戸を隔てる辰の瀬戸にかかる生月大橋（全長960m）は，三径間連続トラス橋としては世界最大規模の橋として，1991（平成3）年に開通した。

　大橋を渡りおえ，左折すると，生月島の歴史や伝承，民俗芸能などを公開・展示している生月町博物館「島の館」がある。

ガスパル様の塚

『勇魚取絵詞』

　生月島は領主松浦氏の家臣で、キリスト教に改宗した籠手田安経の知行地であったため、島民の多くがキリスト教の信仰をもつに至った。1873(明治6)年に禁教の高札が廃されるに伴い、平戸・生月地方でもキリスト教再布教がはかられ、生月でも山田カトリック教会がたてられた。しかしながら、禁教の時代に潜伏して信仰をまもり続けた信徒のなかには、従来の信仰形態を保持する者も多かった。その信仰形態であるカクレキリシタンの習俗は、長崎県全域において国の選択無形文化財に指定されているが、生月町をのぞけばその信仰組織はほとんど残っておらず、同町においても近年組織の解散が進んでいる。

　大橋のある舘浦から壱部へ向かって走ると、左手の丘に十字架がみえる。この十字架は1609(慶長14)年に殉教したキリシタンの指導者ガスパル西玄可の殉教碑(黒瀬の辻殉教碑)で、周囲はクルスの丘公園として整備され、ガスパル様の塚がまつられている。このほか、島内にはだんじく様、幸四郎様とよばれる塚があり、迫害と殉教の悲話を今に伝えている。

　島の北部に向かって進むと、御崎納屋場跡に着く。生月島は、享保年間(1716〜36)、益富又左衛門の創始した益富組を中心とする西海捕鯨の一大拠点であった。益富組をはじめとする鯨組からの運上は、海外貿易による利潤を失った平戸藩の財政に大きく寄与し、鯨組は捕鯨だけでなく治水工事や新田開発などの普請も請け負った。益富家に伝わる『勇魚取絵詞』によれば、納屋場にはクジラ寄せ場、解体・加工を行う各作業場、倉庫など数多くの施設が確認でき、数百人が働いていたことが推測されるが、今は石垣の一部が保存され、碑が往時の様子を伝えるにすぎない。帰路は北端大碆鼻に立ち寄ってみたい。自然の造形による高さ80mの断崖絶壁は壮観である。

平戸往還に沿う町並み

城下町 Firando の面影

3

大航海時代，地図に Firando と記された平戸。かつての対外交易中心地で，今も至るところに"西の都"の面影を残す。

松浦史料博物館（御館） ㉔
0950-22-2236

〈M▶P.146, 178, 180〉 平戸市 鏡川町12
平戸桟橋 🚶 4分

旧藩主の私邸跡
高い石垣と白壁は城下町平戸のシンボル

　平戸桟橋は，平戸大橋が開通するまでは，平戸瀬戸を行き交うフェリーの発着場であった。ここから西にのびる海岸通りは平戸港交流広場として整備されている。横断歩道を渡り，歴史の道とよばれる通りを歩くと，正面に高い石垣と白壁に囲まれた松浦史料博物館 ▶

平戸の史跡

松浦党跳梁の舞台

平戸瀬戸（雷の瀬戸）

コラム

　九州本土側の田平町と平戸島を隔てる平戸瀬戸は、雷の瀬戸の異名をとるように激しい潮流で知られる。1850（嘉永3）年、渡航した吉田松陰は「舟行一里にして平戸城下に入る。此の間、瀬戸にして水勢の迅疾、赤間関より甚だし」と記している（『西遊日記』9月14日条）。16世紀以降の大航海時代の潮流はこの瀬戸にもおよび、1550（天文19）年のポルトガル船を皮切りに、スペイン・イギリス・オランダ船が平戸に入港、海外貿易により経済力をつけた平戸松浦氏は、戦国大名としての地歩を固めていく。

　この瀬戸をまたぐ平戸大橋は、延長665m（橋梁部分）、海面上30mにかかるつり橋で、1969（昭和44）年に平戸大橋有料道路事業として国の認可をうけ、8ヵ年の工期をかけて1977年4月に開通した。以来、今日まで産業・観光面のみならず、市民の生活道路として重要な役割をはたしている。また、朱塗りの容姿は群青の海原と緑豊かな島影に映え、開通から四半世紀を経て平戸瀬戸の景観としてすっかり定着している。

　平戸島に向かって大橋を渡ると（徒歩無料）、橋脚の向こうの瀬戸につきでた丘のいただきに、平戸城天守閣がみえてくる。平戸港口に浮かぶ小島は黒子島である。古くから島には領主松浦氏により弁財天がまつられ、幕末には異国船警備用の砲台もおかれた。また、神域であったことと瀬戸の急流が人の上陸をはばんだために、この地域一帯の低地林の原形がよく保たれ、学術的に貴重であるとして、島全域が国の天然記念物に指定されている。

　大橋を渡りおえると、平戸市街には平戸大橋公園前からバスで5分ほどである。

平戸瀬戸

がみえてくる。

　松浦史料博物館は、旧藩主の私邸としてたてられた鶴ヶ峯邸（1893〈明治26〉年、最後の藩主松浦詮）と39代陞より寄贈された松浦家相伝の遺品約3万点をもとに、1955（昭和30）年10月に財団法人登録博物館として設立された。収蔵品は文書・典籍・絵図・武具・貿易およびキリシタン関係資料・什器など多岐にわたり、うち約300点が展示されている。このなかに、紺糸威肩白赤胴丸（大

城下町 Firando の面影

松浦史料博物館

友宗麟から鎮信〈法印〉に贈られたもの,国重文)をはじめ豊臣秀吉のキリシタン禁制定書1通,日蘭貿易絵巻1巻,原城攻囲陣営並城中図1幅,オランダ船錨および附属文書,松浦家伝来船幟1流など県指定重要文化財14件が含まれる。敷地内にある茶室閑雲亭は,元禄時代,4代藩主鎮信(天祥)が創始した茶道鎮信流の門人たちの稽古場となっている。

博物館の敷地は松浦家の居館跡で御館とよばれる。1225(嘉禄元)年ころ,平戸松浦家の始祖とされる11代松浦持が,五島列島の小値賀島から平戸に移住して築城した館山城跡は博物館裏山の樹叢のなかにあり(『松浦家世伝』),南北朝時代,白狐山城(勝尾岳城)が築城されるまでの約150年間,松浦氏の居城であった。

のち,朝鮮出兵より帰還した松浦鎮信(法印)により現在の平戸城の地に日ノ岳城が築かれるころ,御館も整備・建設されたと考えられ,築城途中の日ノ岳城焼失後は,1707(宝永4)年に亀岡城が再建されるまでの約100年間,ここに藩主の私邸兼政庁がお

平戸市中心部の史跡

かれた。絵図によれば、館を中心に門・細工所・火薬庫・馬小屋などが周囲に配置され、城郭としての機能もはたしていたことがうかがえる。

博物館の石垣下、平戸出身の詩人藤浦洸の歌碑前から西につうじる石畳の通りは、対外貿易時代の街路の原型といわれる延命町通りで、貿易商の庭先に植えられた老ソテツや、唐船貿易時代の遺跡として伝承される平戸の六角井戸（県史跡）がある。

平戸和蘭商館跡 ㉕

〈M▶P.146,180〉 平戸市大久保町2474ほか
平戸桟橋 🚶 5分

平戸桟橋から東へ、海産物やみやげ物を売る商店が並ぶ街路を5分ほど歩くと、平戸和蘭商館跡（国史跡）に着く。

1609（慶長14）年7月、平戸に入港した2隻のオランダ船は、ポルトガル船が去ったのち、外国船の入港を待望していた鎮信（法印）の歓待をうけた。両艦船員ら通商使節団は駿府の徳川家康に拝謁して正式に通商の許可を得、同年、耐火倉庫付家屋1軒を借りて連合東インド会社の平戸商館を開設、初代商館長スペックス以下少人数で業務を開始した。1611年には平戸藩主隆信（宗陽）の許可を得て民家22軒を取り払い商館施設の拡充に着手、以後、倉庫・住居・常灯・埠頭・石造塀・門番小屋などの建設とそれに伴う敷地造成・海岸石垣の築造が行われ、商館施設の拡充がはかられている。

商館は、設立当初は貿易活動よりも、対抗関係にあるポルトガル船や中国船を意識した東アジアでの軍事戦略拠点としての役割が強かったようである。商館としての本来の活動に転換するのは、1628（寛永5）年におこったタイオワン事件の解決後である。この事件は中国産生糸の確保のため、台湾を根拠地としたオランダと日本の朱印船との間でおこった対立に端を発する。

事件後5年間にわたって商館は閉鎖されたが、再開後は鎖国政策の進展によるポルトガル船や朱印船など競争相

出島以前の対外交渉の跡
1640年、江戸幕府により破却の厳命をうける

平戸和蘭商館跡（オランダ塀）

城下町 Firando の面影

手の排除、中国人との取引の進展による中国産生糸の大量購入で取引量は急速にのびた。1635(寛永12)年以降の増加は著しく、後年の長崎出島商館時代の最盛期の取引額を、大きく上まわるものとなっている。

1637年からは増加する貿易品の管理のために、洋風石造倉庫が築造されているが、1639年に完成したこの倉庫は、破風に西暦年号が記されていることを口実に完成直後の1640年、幕府の破壊命令をうける。以後、その他の商館施設も全面的な破棄を命じられ、1641年6月には長崎出島への移転が決定する。平戸商館の閉鎖は、幕府による鎖国政策の完成を意味するものであり、キリスト教禁教とも深くかかわった日本史上の大事件である。

商館の遺構としてオランダ塀、オランダ井戸、オランダ埠頭、常灯の鼻、民家と倉庫の境界壁などが現存する。2011(平成23)年9月、石造倉庫の復元工事が完成し、瓦葺き屋根など日本建築の要素も随所にとり入れた当時の姿が、4世紀の時を経てよみがえった。

亀岡城跡 ㉖
0950-22-2201(平戸城)

〈M▶P.146,180〉 平戸市岩の上町1458 🅿

平戸桟橋🚶15分・MR(松浦鉄道)平戸口駅🚌平戸行猶興館高校前🚶5分

平戸松浦氏の居城跡　江戸中期、再築城

平戸城のある亀岡へは、平戸市役所前の鳥居のある石段をのぼるか、猶興館高校グラウンド向かい側の道路からのぼることができる。

中世以来、平戸松浦氏の居城は御館(現在の松浦史料博物館の地)をはじめとしていくつかの変遷をみるが、26代(初代藩主)鎮信(法印)が、それまでの白狐山城(勝尾岳城)を棄城して、現在平戸城のある亀岡に築城を着工するのは、1599(慶長4)年のことで、松浦氏が戦国大名を脱して近世大名へと転換をはかる時期と符合する。と

亀岡城跡

平戸神楽とジャンガラ念仏

コラム

4代藩主松浦鎮信(天祥)のとき,家臣 橘 三喜は全国の一宮参拝を行い,各地の神楽を見聞しその粋を集めて平戸神楽(国民俗)を完成したといわれ,椎葉神楽(国民俗)とならんで九州の神楽を代表するものである。歴代藩主の保護をうけ,藩内の神社の祭礼では必ず奉納された。神楽歌は平安時代の歌謡で,神楽は1番から24番までの舞からなる。内容は神話伝説を戯曲化したもの,相撲・曲芸に関するもの,剣や弓を使った颯爽としたものなどさまざまであるが,なかでも「二剣の舞」は圧巻である。毎年10月26日の平戸くんちの日には,亀岡神社で朝から夜にかけて全24番の神楽が奉納される。

平戸のジャンガラ(国民俗)は平戸特有の念仏踊りで,「自安和楽」とも書く。起源は定かでないが,志々伎神社の神田農民が豊年祈願の踊りとして神社仏閣に奉納したのが始まりといわれ,楽隊の構成などについては,朝鮮半島の農村部に伝わる舞楽と共通点の多いことが指摘されている。松浦清(静山)の著書『甲子夜話』によれば,ジャンは鉦の音,ガラは多数の小太鼓を打ちならすときの音であるという。

現在各地区(平戸・中野・紐差・獅子・中津良・津吉・大志々伎・野子)に踊り組が組織され,盆のころ,各地の神社や民家で奉納される。菅笠をかぶり,笠の頭には紙でつくった花を差し,笠のまわりに紙を張って顔をおおい,鉦や太鼓を打ちならしながら舞い踊る。踊りや囃子は地域によって多少違うが,それぞれの地域で伝統がうけつがれている。

平戸ジャンガラ

ころが城は完成を待たずに鎮信みずからの手で焼き払われてしまう。オランダ商館設置に象徴される平戸城下の発展と領内のキリシタンの存在に向けられた幕府の猜疑と不信をとくことが理由であったと考えられるが,はっきりした理由は不明である。

以後,藩主は約100年の間城をもたず御館に居住していたが,1703(元禄16)年,5代藩主 棟 の再築願いが許可され,翌(宝永元)年着工,1718(享保3)年,6代藩主篤信の代に完成する。焼却以前の城を日ノ岳城とよび,再築後は亀岡城,玄武城,朝日岳城,

平戸城の名でよばれた。

城の特徴は，平戸瀬戸につきでた亀岡の半島全体を城域とし，本丸を中心に西・北・東の各外郭を下方の海岸に向かって放射状に配置する円郭式平山城（ひらやまじろ）の典型を示しており，南端の半島頸部に大手門，西側の鏡川河口に城下と結ぶ幸橋（さいわいばし）がかかる。その縄張りは，山鹿流（やまがりゅう）兵学による築城法を採用したものといわれているが，基本的には焼失前の日ノ岳城の縄張りを踏襲している。

現在の天守閣は1962(昭和37)年の築造で，内部には甲冑（かっちゅう）・刀剣・火器などの武具や民俗資料が展示されている。

二ノ郭跡には鎮信ら19神を祭神とする亀岡神社が鎮座し，鐶頭太刀（かんとうのたち）（鐶頭太刀無銘 拵（こしらえつき）付1口，附（つけたり）太刀図1通，国重文）を社宝としている。社伝は，この太刀を神功皇后（じんぐう）の三韓遠征に従軍した七郎氏広（しちろううじひろ）が寄進した佩刀（はいとう）と伝えている。境内にはみごとな巨木の亀岡のマキ並木（かぐら）（県天然）がある。平戸神楽（国民俗）もこの神社の祭礼で奉納される。東外郭跡には最後の藩主詮（あきら）が，1880(明治13)年に設立した猶興書院を前身とする県立猶興館高校がある。

最教寺（さいきょうじ）㉗
0950-22-5121　〈M▶P.146,180〉　平戸市岩の上町1206　P
平戸桟橋🚌川内方面行平戸新町（しんまち）🚶3分

空海ゆかりの古寺
節分の日，境内で子泣き相撲

平戸市街地の南端に，空海ゆかりの最教寺（しんごん）（真言宗）がある。806(大同元)（だいどう）年，弘法大師（こうぼうだいし）空海は唐より帰国した際，この地で座禅をくみ護摩（ごま）をたいたと伝えられている。一時，曹洞宗（そうとう）瑞雲寺（ずいうんじ）の末寺（勝音寺（しょうおんじ））となるが，深く真言宗に帰依した松浦鎮信（法印）は，1607(慶長12)年，同寺を真言宗に改め高野山（こうやさん）最教寺をあらたに創建し，僧侶の修行機関として談議所（だんぎしょ）をあわせおいた。創建当時の建物として現存するのは奥の院（内殿）（ないでん）で，1609年の建立（こんりゅう）といわれる。近年建

最教寺山門

子泣き相撲

立された朱塗りの三重之塔より奥にはいった墓所には松浦鎮信夫妻，松浦隆信(道可)の墓がある。また，墓域一帯には，鎌倉後半ころ関西で制作された大渡長者五輪双塔など中世の石塔が多数確認される。これらの石塔類のなかには，関西で制作されたのち日本海をつうじて運ばれてきたものも多く，中世における海上交通の活況や建塔能力をもった在地勢力の存在をうかがわせる資料として貴重である。

　同寺内にある霊宝館には，絹本著色仏涅槃図(国重文)がある。これは松浦鎮信が朝鮮出兵の際朝鮮からもち帰ったもので，李朝中期(16世紀なかば)ころの作といわれる。このほか，県指定文化財の繡帳誕生仏一幅や三尊懸仏をはじめ，密教関係の法具など数多くの貴重な品々が展示されている。

　寺の境内では，毎年節分の日に1歳前後の乳児が参加して子泣き相撲がもよおされる。伝承によれば，松浦鎮信がこの地を真言密教の道場にしようとした際，勝音寺住職龍呑の拒絶にあい，怒った鎮信は寺を焼き討ちにした。その際，龍呑は割腹し臓腑を本尊の薬師仏(現在は佐世保市上原町の浄漸寺に安置)に巻き付け死守しようとし，弟子英鉄も師を追って焼死する。その後，鎮信は両僧の亡霊に悩まされるが，あるとき，最教寺参詣の際幼児の泣き声で亡霊が退散したという。このような縁起のもとに伝承される子泣き相撲は，最初に泣いたほうが勝ちというユニークな行事で，春を告げる平戸の風物詩となっている。龍呑・英鉄の墓も境内にあり，3月10日には慰霊追悼法要が行われている。

積徳堂跡 ㉘　　〈M▶P.146,180〉　平戸市岩の上町1146(山鹿家)
　　　　　　　　　平戸桟橋🚶20分，または🚌佐世保方面行猶興館高校前🚶5分

　猶興館高校前バス停からグラウンド横の市道を山手に向かって10分ほど歩くと，積徳堂跡(県史跡)に着く。この周辺は市街地の南部にあたり，かつて藩主の家臣屋敷が点在していたところである。

城下町 Firando の面影

積徳堂跡

江戸浅草の道場を移設
山鹿素行著述稿本類は国重文

　積徳堂は，江戸初期の儒学者山鹿素行が，江戸浅草に設けた学問道場であった。素行は4代藩主松浦鎮信（天祥）と親交があり，山鹿素行の孫高道（母は天祥鎮信の娘）は8代藩主誠信の請をうけ，1744（延享元）年，道場を平戸に移した。以来，山鹿流兵学・古学の根本道場として明治維新に至るまでの約120年間，有為な人材を輩出し，吉田松陰もここで兵学を学んだ。建物は現存しないが，966部1600余点の山鹿文庫（県有形）を中心に素行関係の史料・書籍類が山鹿家によって保存されており，関係史料の一部は，オランダ塀石段途中にある平戸観光資料館に展示されている。このほか，『中朝事実』2冊・『原源発機』1冊・『治教要録』20冊・『修教要録』9冊・『武教要録』5冊など55種からなる山鹿素行著述稿本類（国重文）がある。

三浦按針之墓 ㉙　〈M▶P.146,180〉　平戸市崎方町（崎方公園）
平戸桟橋 🚶10分

按針は徳川家康の外交顧問のち朱印船貿易に従事

　平戸和蘭商館の遺構の1つであるオランダ塀の石段をのぼり，背後の崎方公園までは徒歩10分ほどである。ここは遠見ともよばれ，平戸港から平戸瀬戸・平戸大橋，玄界灘の島々を一望できる絶景の地であり，春（3月下旬〜5月）には例年つつじ祭りで賑わう。公園内には聖フランシスコ・ザビエル記念碑，三浦按針之墓と夫婦塚がある。

　聖フランシスコ・ザビエル記念碑は，1550（天文19）年9月に来島し宣教活動を行ったイエズス会宣教師ザビエルの来島400年を記念して1949（昭和24）年に建立された。ウイリアム・アダムズ（三浦按針）は，1598（慶長3）年6月オランダより日本に向け出航した5隻の船団のうち，唯一日本（豊後）に漂着したデ・リーフデ号の航海長であった。アダムズ以外の乗組員の帰国はやがて許されたが，彼は徳川家康の厚遇を得て外交顧問となり，平戸オランダ・イギリス商館の

松浦党跳梁の舞台

三浦按針之墓と夫婦塚

開設に尽力し,みずからイギリス商館の外交顧問もつとめた。

後年は,平戸を本拠とする朱印船(しゅいんせん)貿易商として南方貿易に従事するが,1620(元和(げんな)6)年5月26日,宿主の安右衛門宅で病死し,再び故郷の土を踏むことはなかった。イギリス商館が平戸から退去する3年前のことである。墓地の場所は明らかではないが,アダムズの死後,イギリス商館が墓地を造成した地とされる遠見の丘に墓石がたてられ,1964(昭和39)年に英国墓地から妻の墓の小石3つが取り寄せられ,夫婦塚もたてられた。

教会(きょうかい)と寺院群(じいんぐん) ㉚ 〈M▶P.146, 180〉 平戸市鏡川町259
平戸桟橋🚶15分

石畳の坂道から眺望する史都平戸ならではの風景

平戸桟橋から海岸通りを南へ歩き,幸橋の前の交差点から商店街にはいり右手に進むと,まもなく山のほうへとつうじる石畳の小径(こみち)がある。ここをのぼって瑞雲寺の山門前にたつと,眼前には,仏教寺院の屋根瓦の連なりにゴシック様式の尖塔(せんとう)が屹立(きつりつ)する史都平戸ならではの景観が広がる。

瑞雲寺(曹洞宗)の創建は1381(永徳(えいとく)元)年と古く,領主松浦氏代々の尊崇をうけてきた寺院である。境内にはコルネリア供養塔がある。コルネリアとは,5代平戸オランダ商館長コルネリウス・ファン・ナイエンローデと日本人女性との間に生まれた女性で,1637(寛永14)年,平戸からバタヴィアへと渡航している。ナイエンローデは1633(寛永10)年,平戸で没した。1639(寛永16)年には,鎖国政策の

教会と寺院群

城下町 Firando の面影

一環としてオランダ人との間に生まれた子どもおよびその母親が日本からバタヴィアへと追放されることになる。はじめは文通も禁止されていたが，1655年ころから緩和され，日本にいる肉親，知人との文通が可能になった。これがいわゆる「じゃがたら文」で，平戸にはコルネリアの手紙を含め4通が伝存する。供養塔は，コルネリアの亡父50回忌献灯の求めに応じて，1682（天和2）年に本成寺に建立されたもので，本成寺廃寺により，明治期になってこの地に移された。

瑞雲寺と隣接する光明寺（浄土真宗）は，1615（元和元）年，3代藩主松浦隆信（宗陽）の開基，開山は柴田勝家の3男空性と伝えられ，本堂の天井絵は長崎南画三筆の1人木下逸雲の作といわれている。1931（昭和6）年に設立された平戸カトリック教会は，1971年にザビエル像が建立されたのを機に，聖フランシスコ・ザビエル記念聖堂ともよばれている。

教会の背後の小高い山は，中世松浦氏の居城（白狐山城）がおかれた勝尾岳で，寺院と教会にそう石畳の坂道は，この城の空堀跡（肥前堀）に比定されている。ふもとにある正宗寺（臨済宗）は，4代藩主鎮信（天祥）が，江戸品川の東海寺住職江月宗玩を招いて創建した寺である。先君隆信の死後，藩士によるキリシタン密告事件（浮橋主水事件，1639〈寛永16〉年）がおこった際，調査のために来平した江月宗玩の働きにより，平戸藩主がキリシタンであるとの嫌疑はとかれた。墓所には英蘭貿易時代の藩主である隆信の巨大な墓と，キリシタン大名大村純忠の娘で，隆信の実母である松東院（メンシア）の墓がある。

商店街に面する勝尾岳の東麓には，印山寺屋敷跡といわれる場所がある。16世紀なかばには，ポルトガル船を誘導した五峰王直がここに中国風の豪奢な居宅をたてて住んだといわれている。1561（永禄4）年，平戸武士とポルトガル船乗組員との間に発生した乱闘事件（宮ノ前事件）により，翌年ポルトガル船は大村領横瀬浦へと移っていく。ところが横瀬浦は焼き討ちにあい，1564（永禄7）年，ポルトガル船は平戸に再入港する。再入港の条件として，宣教師ルイス・フロイスは教会堂の建築を条件とし，松浦隆信（道可）もこれを

鄭成功とその関係史跡

コラム

　1715(正徳5)年の初演以来絶大な人気を博した近松門左衛門の人形浄瑠璃『国性爺合戦』は、反清復明運動の中心人物として著名な鄭成功の事績を題材としたものである。鄭成功は、平戸の川内浦で、福建省出身の海商鄭芝龍と日本人の母との間に生まれた。

　成功が幼年期をすごした平戸には、鄭成功居宅跡(県史跡)のほか、成功にちなむ史跡・遺品とされる品が伝存する。居宅跡に隣接する川内観音堂に安置されている千里眼と順風耳の2体の随神をしたがえた媽姐像も、文献的な根拠はないが鄭氏所縁のものと伝承されている。宋代、中国福建省に生まれた媽姐信仰は、江南地方における貿易の発達と中国人の海外進出に伴って、航海の安全を託して台湾、琉球、日本、南洋各地に広まった。わが国では崇福寺など長崎の唐三寺の媽姐像がよく知られている。鄭氏の遺品とされる香炉と象紐銅印は、松浦史料博物館に所蔵されている。

　川内浦の東方に続く延長約1kmの千里ヶ浜には、鄭成功出生の地と伝承される高さ約2mの児誕石と鄭成功遺蹟碑がある。遺蹟碑は、11代藩主松浦曜の時代に藩によって実施された事蹟調査をもとに1856(安政3)年に建立された。顕彰の気運高揚の背景には、地元における遺績の風化をくいとめ、『国性爺合戦』の上演以来巷に流布する俗説を正す必要があったことなどが考えられる。

　鄭成功がオランダ勢力から解放し、反清復明運動の根拠地とした台湾では、成功は今なお偉人として尊崇され、その霊は台南城内の明延平郡王祠(鄭氏廟)にまつられている。1962(昭和37)年には、台湾政府により、平戸市に鄭氏廟の砂が贈られたのを機に、川内丸山の地に鄭成功分霊廟がたてられた。

媽姐像(川内観音堂)　　　　　　　　鄭成功分霊廟

許可した。同年11月に落成した天門寺(御孕みのサンタマリア教会)も印山寺屋敷跡の付近にあったといわれている。

城下町 Firando の面影

雄香寺 ㉛　〈M▶P.146,180〉　平戸市大久保町2173　P
0950-22-2011　　平戸桟橋🚶10分

歴代藩主の菩提寺
開山堂(赤堂)は県史跡

　平戸桟橋から島の北端の田助方面行きのバスに乗り，平戸和蘭商館跡を通過して供養川バス停で下車すると，バス停から雄香寺の境内がみえてくる。

　雄香寺（臨済宗）は1695（元禄8）年，5代藩主松浦棟が大島（現，平戸市大島村）にあった江月庵をこの地に移して松浦家の菩提寺としたもので，盤珪永琢の開山である。

　松浦棟は，明僧の超者元につき長崎の崇福寺で修行中の盤珪に師事し，盤珪は棟の求めに応じて3度にわたって平戸を訪れている。棟は盤珪の三回忌に盤珪を開山とするこの寺を建立し，以降，松浦氏歴代藩主の菩提寺となった。

　開山堂（県史跡）は，雄香寺開山の年に建立された禅宗仏堂で，堂内に盤珪永琢，妙光禅師，松浦棟の像と墓所がある。建物は木造入母屋造平屋建て，総丹塗りであることから赤堂ともよばれ，江戸時代中期を代表する禅宗様寺院建造物として貴重である。このほか，松浦家歴代藩主墓所，禅宗様式山門，鐘楼があり，境内には古刹の面影が色濃く残っている。

　供養川バス停より田助方面行きのバスに乗れば，約5分で田助港に着く。平戸瀬戸北の玄関口に位置する田助港はハイヤ節発祥の地とされ，日本海沿岸を通行する帆船の寄港地であった。その賑わいは司馬江漢の『西遊日記』にも記され，往時をしのばせる古い町並みが残っている。さらに，これより北に進むと，玄界灘に面した田の浦地区に着く。ここには空海伝承を付帯する古い温泉があり，空海渡唐の地と伝承される。北方には度島，的山大島を眺望できる。

雄香寺開山堂（赤堂）

190　松浦党跳梁の舞台

吉田松陰の平戸遊学

コラム

長州藩の若き兵学師範吉田矩方（のちの松陰）が，最初の遊学地平戸に到着するのは，1850（嘉永3）年9月14日のことである。その目的は，陽明学と山鹿流兵学をおさめた平戸藩の重臣葉山鎧軒に師事し，東アジアおよび世界の情勢，わが国の海防の方策などについて学ぶことであった。家学である山鹿流兵学宗家が平戸にあることも遊学の動機であったに違いない。

50日余の滞在の間，矩方は鎧軒のあらわした海防書『遏備摘案』や，同時代の清の思想家である魏源の『聖武記』をはじめとする和漢の書籍を鎧軒から借りうけ，重要な箇所は抄録しながらつぎつぎに読破していった。その数は八十数冊にものぼる。遠来の客人を親切丁寧にもてなす鎧軒を，矩方は「老師」と慕い，学識はもちろんのこと，その人柄にも深く傾倒している。

平戸での学業をつうじて矩方は，防長二国をいかにしてまもるかという一藩の兵学者の発想をこえ，領土的野心をもって迫る列強からいかにして日本国をまもるかという問題へと認識を昇華させている。しかしながら，鎧軒の教えは必ずしも大艦巨砲をもってすれば足りるとするような，単純なものではなかった。下級武士の子として生まれ農民の窮状を肌で知る矩方は，刑死する直前まで民政を重視する鎧軒の教えを継承しながら，海防のあり方を模索する。その姿勢は晩年の著作『講孟余話』のなかに読みとることができる。その意味で，吉田松陰の思想的原点は，平戸における日々のなかにあるといっても過言ではない。

到着して宿探しに窮した矩方は，鎧軒の紹介で，紙屋という，当時茶や紙を扱っていた店に宿をとった。その跡（市内浦の町）には，「吉田松陰宿泊紙屋跡」の碑がたつ。

吉田松陰宿泊紙屋跡

幸橋（オランダ橋） ㉜

〈M▶P.146,180〉 平戸市岩の上町亀岡
平戸桟橋 🚶 7分

平戸桟橋から海岸通りを南に3分ほど歩くと，幸橋（国史跡）に着く。幸橋は，1702（元禄15）年，5代藩主松浦棟がかけた石橋で，オランダ橋の別名があるのは，オランダ商館の石造建築に関与した石工豊前から，技法を伝授された石工たちが架橋にかかわったからだ

城下町 Firando の面影

といわれる。幸橋の名は，船で渡らざるをえなかったこの河口付近に，1669(寛文9)年，4代藩主鎮信によって木橋がかけられ，渡河の不便が解消されたことにちなむもので，この名が石橋に改架されたのちも残った。巨石を巧みに組み合わせて半円弧を描き，堅牢で美しい姿は平戸のシンボルの1つとなっている。

幸橋を渡ると平戸市役所前に，英国商館遺址之碑がある。古写真によれば，ここには昭和の初期までイギリス船をつないだといわれるマツ(イギリスマツ)が数本残っていた。1613(慶長18)年に開設(1623〈元和9〉年閉鎖)された。平戸イギリス商館の所在地については，確実な資料がなく定かではない。オランダ・ハーグ国立文書館のコックス商館長の日記や1621〈元和7〉年の古地図には，勝尾岳の麓の海岸付近に聖ジョージ旗(St. George's Cross)のはためく建物が描かれており，商館跡碑がある一帯(宮の町・木引田町)に所在したのではないかと推測される。

碑の向かい側には外国貿易船鉄錨・遣唐使船石碇が展示されている。2本の鉄錨のうち大きいほう(約4m)は1927(昭和2)年に川内浦から，小さいほう(約3.5m)は1956年に平戸瀬戸から引き揚げられたものである。石碇(約2m)は宮の浦から引き揚げられたものである。

幸橋(オランダ橋)

英国商館遺址之碑

伝授されたオランダ商館の石造建築技法を駆使

中野窯跡 ㉝ 〈M▶P.146,178〉 平戸市山中町

平戸桟橋🚌中野方面行堂の元🚶7分

日本最西端の古唐津系陶器窯跡 陶器から磁器焼成の過渡期の窯

　県道16号線を走り，堂の元バス停から中野川の上流に向かい2kmほど歩いた紙漉の集落に，中野窯跡(県史跡)がある。ここは平戸島の最高峰で，古くは霊場であった安満岳(標高512m)の東山麓の，中野川支流の紙漉川にそい帯状に開けた集落で，第二次世界大戦前までコウゾの栽培・和紙の生産が行われていた。

　中野窯跡は，1598(慶長3)年，文禄・慶長の役に出陣した26代松浦鎮信(法印)が帰陣する際に渡来した，朝鮮熊川の陶工巨関・頓六らによって開かれた窯であるとされる。構造は階段状連房登窯で，紙漉川をはさんで上手(茶碗窯)と下手(皿焼窯)があり，それぞれ2.5m四方5～6室の窯室が確認されている。製品は，高麗風の刷毛目文様や白化粧土に呉須や鉄釉で絵付けされた茶陶類や，一般の日用雑器である壺・甕などが出土している。また，一部には白磁・染付の製品が出土していることから，陶器から磁器焼成への過渡期の窯であると考えられる。1650(慶安3)年ごろ，窯は佐世保三川内に移転するが，弘化年間(1844～48)に天草陶石を用いて再度磁器焼成が行われている。

　紙漉の里から川内浦へと向かい，国道383号線を平戸方面へと走ると千里ヶ浜にでる。千里ヶ浜に接する丘の上にコックス甘藷畑跡(県史跡)がある。平戸英国商館長リチャード・コックスの1615年6月2日の日記には，朱印船貿易家として活動するウイリアム・アダムズから1袋の甘藷が送られてきたことが記載されている。さらに，同年6月19日の日記には，「私は今日庭を造り，琉球から来た芋を植えた。日本ではまだ植えられたことのないものである。私はこの庭のために年額10匁すなわち5シリングを支払うことになって

中野窯跡

城下町 Firando の面影

いる」とある。これが日本の内地で甘藷を植えた最初の記録であるとされ、当地は菜園跡に比定されている。

根獅子の浜 ㉞
0950-28-0176（平戸市切支丹資料館）

〈M▶P.146,178〉 平戸市大石脇町
平戸桟橋🚌宮の浦行（紐差乗換え）根獅子海水浴場前🚶2分

キリシタン殉教悲話を伝える美しい砂浜

　平戸市街から車で国道383号線を南に走ると、約15分で宝亀に着く。ここには1899〈明治32〉年に建造された平戸市内最古の教会、宝亀教会〈県史跡〉がある。教会は正面がレンガ造り、側面や背面は木造の珍しい複合構造で、県内には他に例がない。さらに進むと紐差までは約10分の距離で、集落中央部の高台に紐差教会がみえてくる。紐差地区における聖堂の建築の動きは、1873（明治6）年のキリスト教解禁後にはじまるが、1887年マタラ神父の着任後本格的な聖堂建設の計画がたてられ1927（昭和2）年に着工、1929年10月27日に落成式があげられた。設計は天主堂建築の第一人者鉄川与助。入口や窓はロマネスク様式の半円アーチで、天井の格組のなかに日本式の装飾紋様を取り入れ、変化のある雰囲気をみせている。さらに車を南に走らせて、根獅子別道を右にはいると根獅子集落に着く。ここには全国海水浴場55選にも選ばれた美しい白砂の、根獅子の浜がある。

　戦国時代、松浦氏の家臣でキリシタンに改宗した籠手田安経の知行地であったこの地では、キリシタンに改宗するものが多く、のちの迫害・弾圧の時代には多くの信徒が根獅子浜で処刑された。浜には「昇天石」とよばれる小岩があり、殉教の悲話を伝えている。

宝亀教会

平戸市切支丹資料館

松浦党跳梁の舞台

浜の近くには，キリシタンの聖地うしわきの森(おろくにんさま)があり，森に隣接して平戸市切支丹資料館がある。ここには，禁教の時代に表面上は仏教徒をよそおいながら，密かに信仰をまもりつづけたキリシタン(潜伏キリシタン)たちが信仰の対象としたマリア観音像，納戸神，禁教高札や踏絵などを展示している。一帯は平戸島の文化的景観として，重要文化的景観に選定されている。

式内社志々伎神社跡 ㉟

〈M▶P.146,178〉 平戸市野子町3172 ほか
平戸桟橋 🚌 宮の浦行野子 🚶20分(中宮)

古代より海上交通の守護神として尊崇を集める式内社

平戸桟橋から島南端の野子町宮の浦へは，バスで1時間30分，40kmの行程である。バスは平戸市街から，川内・紐差・津吉・志々伎などの古い歴史をもつ各町を経て野子町に至る。

式内社志々伎神社跡(県史跡)は，志々伎山を中心にして上宮(山頂)，中宮(中腹)，地の宮(宮の浦)，沖の宮(沖ノ島)の4社と別当寺(円満寺，現在の中宮の地)の社殿があり，祭神は神功皇后の三韓出兵(『日本書紀』)に従軍した仲哀天皇の皇弟十城別王である。祭祀の中心である中宮はもとは山頂下の洞にたっていたが，1559(永禄2)年現在の中宮社より200mほど上手の位置に移され，さらに1961(昭和36)年に現在地に移された。十城別王の墳墓といわれる沖の宮，武器庫であったといわれる地の宮(邊津宮)は宮の浦にある。当社は10世紀に編集された『延喜式』神名帳に肥前国四座のうちの1社として記載され，現在の長崎・佐賀両県のうち壱岐・対馬をのぞけば4つしかない式内社の1つで，県内でもっとも古い神社である。志々伎神社は古代朝鮮との交易・海上交通の守護神として崇拝され，また中世には松浦党諸氏や西北九州の漁民の尊崇を集めた。壱岐，対馬の式内社にくらべ規模が大きく，その形式を現在までよく伝えている点など歴史的価値が高い。

神域である志々伎山は海

志々伎山

阿弥陀寺

抜347.2m，円錐形の山頂は岩肌が露出して険しく，本土海岸部はもとよりはるか南方の五島列島からも望まれ，古来より航海の標識とされてきた。とくに南西海上からの山の容姿は美しくかつ神秘的で，このような神秘性から原初的な信仰・祭祀が発生し，神社の鎮座へと発展したものと推測される。

　志々伎山の東麓にある阿弥陀寺（真言宗）は，志々伎神社の別当寺であった円満寺の末寺として創建された。明治初年の廃仏毀釈で円満寺が廃寺になった際，社宝や什器などがこの寺に移され，十一面観世音菩薩像（県文化）や地蔵菩薩像，懸仏などの重要な文化財や梵鐘，仁王像などを所蔵している。地の宮，沖の宮には多様な常緑樹の群落があり，志自岐神社地の宮・沖の宮社叢として県天然記念物に指定されている。

　国道383号線を平戸方面へと戻る途中，前津吉入口バス停から前津吉方面へ約1kmほど進むと長泉寺バス停がみえてくる。長泉寺へはここから約5分ほどである。

　長泉寺（曹洞宗）の創建は1457（長禄元）年といわれ，境内には鯨供養石造五重塔（県文化）がある。この五重石塔の高さは539cm，塔身第1層の中央部をえぐり，多宝如来と釈迦如来の座像（20cm）を安置し，諸仏の名をきざんでいる。塔の創建の由来をきざんだ側面の銘文によれば，この塔は1739（元文4）年，当寺8代海純大和尚によって，鯨だけでなく魚類やとむらう人のいない一切の魂（「魚鱗鯨魂・孤魂滞魂」）の供養のために財を募ってたてられた。寺を下ったところにある前津吉の浜は，小値賀島の小田組が1692（元禄5）年に捕鯨の基地をおいてから，1859（安政6）年ごろに休止するまでの間，捕鯨業で繁昌していた。

Iki・Tsushima・Gotou 大陸とのかけ橋

対馬藩お船江跡

奈留教会のマリア像

◎壱岐散歩モデルコース

郷ノ浦港 10 亀丘城跡 25 黒崎砲台跡 15 壱岐風土記の丘 10 勝本城跡 5 文永の役新城古戦場跡 20 一支国博物館 10 松永記念館 5 郷ノ浦港

◎対馬散歩モデルコース

対馬港 20 対馬歴史民俗資料館 1 旧清玄寺梵鐘 5 金石城跡 1 万松院

◎五島散歩モデルコース

長崎大波止福江港 5 石田城跡・五島邸 10 六角井・明人堂 15 大円寺 10 明星院 15 福江バスターミナル 30 堂崎教会 30 福江港

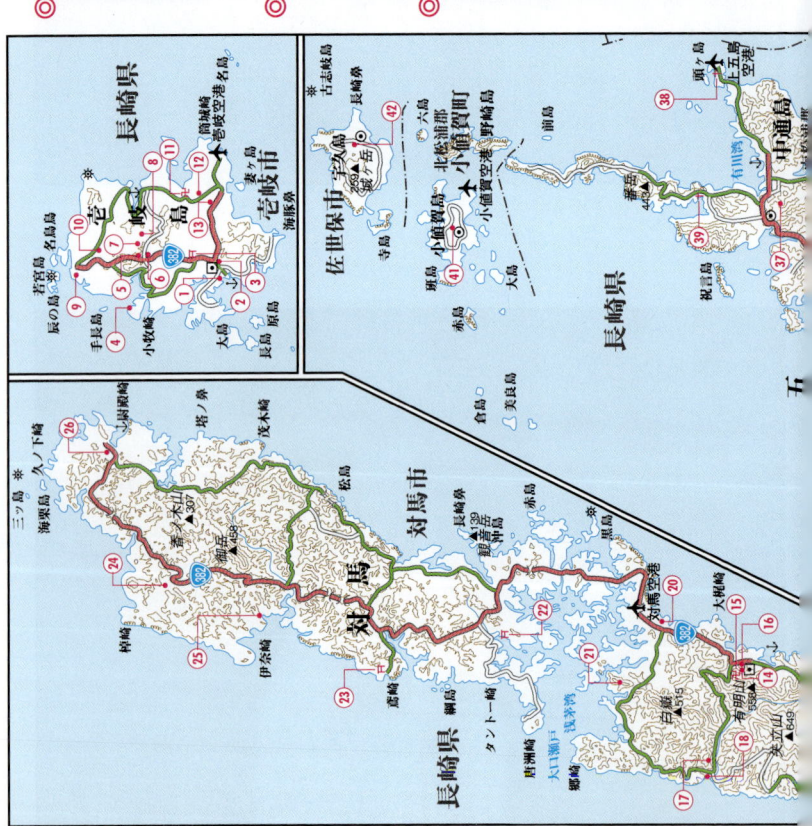

198　大陸とのかけ橋

① 春一番の塔
② 亀丘城跡
③ 天手長男神社
④ 黒崎砲台跡
⑤ 壱岐風土記の丘
⑥ 双六古墳
⑦ 鬼の窟古墳
⑧ 壱岐国分寺跡
⑨ 勝本城跡
⑩ 文永の役新城古戦場跡
⑪ 安国寺
⑫ 原の辻遺跡
⑬ 雪連宅満の墓
⑭ 対馬歴史民俗資料館
⑮ 万松院
⑯ 旧金石城庭園
⑰ 矢立山古墳
⑱ 元寇古戦場
⑲ 豆酘内院の石塔群
⑳ 根曽古墳群
㉑ 金田城跡
㉒ 和多都美神社
㉓ 木坂海神社
㉔ 山辺辺遺跡
㉕ 志多留古墳と貝塚
㉖ 鰐浦の塔の首遺跡
㉗ 石田城跡
㉘ 六角井
㉙ 大円寺
㉚ 明星院
㉛ 堂崎教会
㉜ 遣唐使船寄泊の地
㉝ 大宝寺
㉞ 山崎の石塁
㉟ 嵯峨ノ島
㊱ 江上天主堂
㊲ 中通島
㊳ 頭ヶ島教会
㊴ 青砂ヶ浦天主堂
㊵ 極楽寺
㊶ 小値賀島
㊷ 宇久島

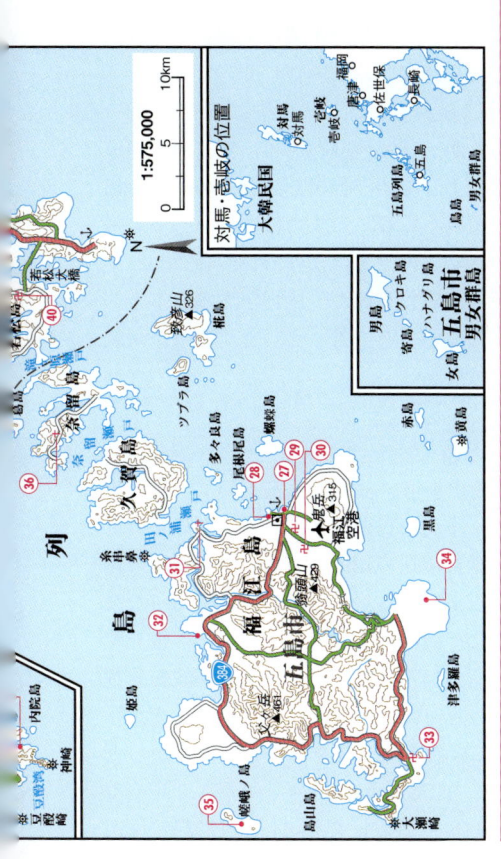

玄界灘に浮かぶ「一支國」の島

大陸と列島の狭間に位置する島であるがゆえ、大陸との交流を示す遺跡が良好な状態で数多く残る、まさに歴史の宝庫。

春一番の塔 ❶ 〈M▶P.198,201〉 壱岐市郷ノ浦町元居 P

> 原始・古代から現代までの壱岐の歴史を紹介

博多港発のフェリーに乗り約2時間で壱岐郷ノ浦港がみえてくる。郷ノ浦は壱岐八浦の1つで、昔から港として栄えるとともに、平戸松浦藩時代には代官所が、現在も壱岐支庁がおかれる政治の中心であった。フェリーが湾内にはいると、進行方向右手の岬状につきだした部分が鎌崎遺跡、さらにその奥が名切遺跡である。ともに縄文時代の遺跡で、名切遺跡は、ドングリ類を水漬けで保存する複数の貯蔵穴がみつかったことで知られている。

郷ノ浦港に上陸して、5分ほど歩くと春一番の塔に着く。「春一番」の語源については諸説あるが、1895(安政6)年、郷ノ浦町の漁師が出漁中、おりからの強風によって船が転覆し、53人の死者を出して以降、漁師らがこの強い南風を「春一」または「春一番」と呼ぶようになったといわれている。この故事により、1987(昭和62)年に元居公園内に「春一番の塔」が建てられた。民俗学者の宮本常一は研究のため郷ノ浦町を訪れてこの「春一番」という語を『俳句歳時記』で紹介している。

亀丘城跡 ❷ 〈M▶P.198,201〉 壱岐市郷ノ浦町本村触683
壱岐交通 🚌 新道 🚶 3分

> 平戸松浦藩の壱岐支配の拠点

壱岐郷土館をでてバイパスをとおり、長崎県壱岐振興局・壱岐市役所・郷ノ浦庁舎をすぎると、小高い丘がみえてくる。この丘の上が亀丘城跡(県史跡)である。鎌倉後期の1293(永仁元)年、唐津の岸岳城主波多宗無が築城したと伝えられる。松浦党の一員であった波多氏が元寇直後に壱岐に進出して統治の根拠地とした。その後一時史料を欠いているが、戦国初期の1472(文明4)年、当時壱岐を分割知行していた松浦党の志佐・佐志・鴨打・呼子・塩津留各氏を、岸岳城主波多泰が急襲してこれを滅ぼし、城を修築してみずから壱岐守護を称し領地を治めた。のち1565(永禄8)年、後継者をめぐる波多氏の内紛に乗じて家臣の日高喜は謀反をおこし、一時岸岳城か

ら波多氏を追いだすが、奪回される。このとき日高氏は壱岐にのがれ、亀丘城によって壱岐を押領した。その後日高氏は波多氏をおさえるため平戸松浦氏をたより、1571(元亀2)年その支配下にはいると、以後平戸藩の壱岐城代が館を構え壱岐支配の拠点とした。現在本丸は公園として整備され、往時の姿は一部北面に石垣が残る程度であるが、典型的な山城（やまじろ）としてその規模はよく整ったものといわれる。本丸跡からは、郷ノ浦の中心部を眼下にみおろすことができる。

　山頂のテレビ塔をめざして車を走らせると、約3kmで岳の辻である。標高213mの頂上展望台からは壱岐島内はもちろん、晴れた日には対馬（つしま）・平戸・松浦（まつうら）半島などが一望できる。古くには663年の

亀丘城跡(山頂)より郷ノ浦中心部をのぞむ

白村江(はくそんこう)の戦いに敗れた翌年，新羅(しらぎ)の襲来に備えて造営された烽火(とぶひ)(狼煙(のろし))があったといわれている。また幕末には平戸藩の遠見番所(とおみばんしょ)がおかれ，異国船の警戒につとめた。

天手長男神社(あめのたながおじんじゃ) ❸

〈M▶P.198, 201〉 壱岐市郷ノ浦町田中触(たなか)730
壱岐交通🚌 柳田(やなぎだ) 🚶5分

滑石製弥勒如来坐像は国重文

郷ノ浦八畑(はちばたけ)交差点から国道382号線を勝本方面に1.5kmほど走ると，柳田田原(たばる)といわれる平野にでる。その中心の鉢形嶺(はちがた)の山頂に天手長男神社がある。壱岐国の一宮として『延喜式(えんぎしき)』神名帳(じんみょうちょう)にもその名が記されているが，もとは別の場所にあったようで，この鉢形嶺の経塚(えんぼう)から，1677(延宝5)年に滑石製弥勒如来坐像(かっせきみろくにょらい)がみつかったのを機に，平戸藩がこの地に社殿を建設したものらしい。現在は137段の苔むした階段をのぼると山頂に社殿が残っている。この滑石製弥勒如来坐像には「延久三(えんきゅう)(1071)年」の銘があり，像の底部は長方形にえぐられ，このなかに如法経(にょほうきょう)(法華経(ほけ))が納入され，像自体を如法経の容器としたものである。その後この像は古物商に渡り，それを文化庁が買い上げ，日本で3番目に古い石像として重要文化財に指定され，実物は奈良国立博物館に，複製が壱岐郷土館に展示されている。

この鉢形山を中心に広がる平野部に，弥生時代の環濠集落跡(かんごう)である車出遺跡(くるまで)がある。発掘調査の結果，貨泉(かせん)・中国鏡・銅鏃(どうぞく)などが出土し，弥生時代の「一支国(いきこく)」の拠点集落の1つであったと考えられる。この出土遺物も壱岐郷土館でみることができる。

ここから国道を約300m北に進み，柳田小学校横の交差点を右折ししばらくいくと，桜江山金谷寺(きんこくじ)(曹洞宗(そうとう))がある。1555(弘治元)年の開基と伝えられ，銅造菩薩形坐像(ぼさつ)(県文化)は中国からの渡来仏と伝えられ，壱岐・対馬に所在する一連の高麗金銅仏(こうらいこんどうぶつ)とは，顔つきな

触 コラム

　壱岐の地名の特徴の1つが, 各集落ごとの小区画を触とよぶことである。平戸藩の壱岐統治は大きく在(農村)と浦(漁村)に分けられ, 在は24村, 浦は8浦に区分された。さらに24村が細分化され島内に98の触があったとされる(平戸藩の支配下であった北松浦郡ではおもに免の文字が使われている)。

　近世以前の村が100程度あったところから, 中世の村にあたるものだとか, 韓国語に源源を求めるなど諸説あるが, 江戸時代に藩政の必要から, 藩が制定した行政区画の名称が触であるという説が一般的である。現在も郷ノ浦町に32触, 勝本町に20触, 芦辺町に34触, 石田町に14触が残っている。

どやや趣を異にしている。

　国道382号線を勝本方面へ約3kmで, 住吉神社がある。神功皇后の新羅出兵説話にゆかりをもつ神社で, おそらく海上交通の守護として創祀されたのであろう。『延喜式』神名帳に壱岐郡24座の1つとして「住吉明神」の名があり, のちに国幣中社となる。室町期の作とされる絹本着色高野四社明神像(県文化)は, 丹生明神・高野明神・蟻通明神・弁財天姿の女神を描くもので, 金泥を用いた多彩な1幅である。

黒崎砲台跡 ❹

〈M▶P.198,201〉　壱岐市郷ノ浦町新田触
壱岐交通🚌黒崎入口より🚗5分

壱岐に残る数少ない戦争遺構

　郷ノ浦町柳田交差点を左折し, 壱岐の観光名所でもある猿岩をめざして進むと, 途中で黒崎釈迦堂の標識が目にはいる。黒崎釈迦堂はもと金剛山海法寺といい, ここに伝わる銅像如来像(県文化)は, 高麗時代後半の制作とされている。

　さらに猿岩をめざして進むと, 黒崎砲台跡がある。猿岩の展望所から徒歩1分, 1928(昭和3)年から6年かけて完成した砲台である。もともと軍艦の主砲を砲台用に改修した口径41cmのカノン砲2門の砲台で, 砲身の長さ18.83m, 弾丸の重さ1t, 最大射程距離約30km。同じ規模の砲台が韓国釜山と対馬にあり, 当時最大の要塞火砲であった。構造は火砲のある砲室(射撃室)だけが地上にでていて, 弾薬室などは深さ13.8mの地下にもぐっていた。大艦巨砲の時代から航空機の時代へと変化していくなかで, 幸いにも1発も実弾

玄界灘に浮かぶ「一支國」の島

を発射することはなかった。巨大な地下要塞であるが、猿岩展望所売店裏の山道を少しのぼると、砲台の巨大な穴をみることができる。

猿岩を見学し湯ノ本をめざして進むと、眼前に湯ノ本湾が飛び込んでくる。小さな島々を沖合に配し深くいり込んだこの地は、島内外から多くの人びとを集める湯ノ本温泉として有名な場所でもある。その湯ノ本湾の北西側が松崎遺跡である。2001（平成13）・2002年度の発掘調査で、縄文時代前期（約6000年前）の土器片や、石器・装身具などが出土している。

壱岐風土記の丘 ❺
09204-3-0809

〈M▶P.198,201〉 壱岐市勝本町布気触324-1
壱岐交通 鬼ノ岩屋 1分

地域に残る文化遺産を今に残す歴史公園

壱岐中央部亀石交差点をすぎ約500m進むと、勝本町立壱岐風土記の丘がある。敷地内には、江戸時代中期の様式の藁葺きの古民家を復元している。母屋・納屋・牛屋、背後の防風林・屋敷前の前畑など、壱岐の標準的な屋敷構えを再現している。

壱岐には県内で確認されている古墳の約6割（279基）がある。そうした古墳の中でも6世紀から7世紀にかけてつくられた、巨石を用いた横穴式石室をもつ対馬塚古墳、双六古墳、笹塚古墳、兵瀬古墳、掛木古墳は、大陸系の出土遺物を多くもつ。こうした点が評価され2009（平成21）年に壱岐古墳群として国史跡に指定された。

駐車場の横には、くりぬき式家形石棺をもつ掛木古墳がある。この古墳は石室内を見学することができ、壱岐島中央部に多く位置する横穴式巨石墳の規模の大きさを肌で感じることができる。また周辺は、丘陵に十数基の古墳が群集する百合畑古墳群、金銅製の馬具が出土した笹塚古墳、二重の空堀をもつ中世の山城生池城をめぐる歴史公園となっており、2.5kmの道のりを歩いて散策できる。

壱岐風土記の丘の古民家

百数十基の古墳が群集する壱岐中央部

双六古墳 ❻ 〈M▶P.198,201〉 壱岐市勝本町立石東触
壱岐交通🚌亀石🚶3分

　亀石交差点を中心にこの一帯は，壱岐の大型墳が集中している場所でもある。亀石交差点を芦辺港方面にまがって約500mで，**双六古墳**である。この古墳は，全長91mの県内最大規模（九州で2番目）の前方後円墳で，盗掘されていたものの金銅製品，青銅製品，鉄製品，ガラス玉など多種多様な遺物が出土している。なかでも単鳳環頭太刀柄頭や二彩，新羅土器などの大陸系の出土品は，この古墳を取りまく環境が，国際的に重要であったことを示している。古墳の築造時期は，6世紀中ごろ（古墳時代後期中ごろ）と考えられる。

　亀石交差点を湯ノ本方面へ進み，しばらくすると**対馬塚古墳**がある。晴れた日にはここから対馬の島影をみることができ，この古墳の名称も，古墳を横からみた形が対馬の島影に似ていたところからつけられたという。

　亀石交差点を郷ノ浦方向へ少し進み，「カラカミ遺跡」の案内板を右へまがると，約1.2kmほどで**カラカミ遺跡**に着く。弥生時代の集落遺跡で，周囲には環濠がめぐっていた。出土遺物は大陸系の遺物とともに，鯨骨製アワビおこしや釣針・銛などが多く出土している。一支国の拠点集落として，魚撈を生活の糧とした集団が生活していた可能性が高いとされる。現在は頂上部に加良香美神社がある。

鬼の窟古墳・壱岐国分寺跡 ❼❽ 〈M▶P.198,201〉 壱岐市芦辺町国分本村触
壱岐交通🚌国分岩屋🚶3分

　双六古墳から芦辺港方面に約1kmのところに，**鬼の窟古墳**（県史跡）がある。墳丘の径は45m，横穴式石室をもつ壱岐島最大級の円墳である。玄室は約3m四方，天井高3.5mで，羨道を含めた総奥行は約16m，壱岐の巨石墳のなかではも

鬼の窟古墳

玄界灘に浮かぶ「一支國」の島

壱岐国分寺跡

っとも大きい。出土品のなかには、交易の島壱岐らしく新羅系の陶質土器が含まれる。構造上6世紀末から7世紀前半につくられたものであろう。

　壱岐で「鬼の岩屋」「岩屋」といえば、古墳のことである。昔の人は、あれほど大きな石で祠をつくることは鬼でなくてはできない、岩屋は鬼の住処だと考えたようである。

　ここから芦辺港方面へ1kmほど進むと、国分寺跡(県史跡)である。ここは雪の結晶のような形をした壱岐の島の、ほぼ中央部にあたる場所である。国分寺は741(天平13)年聖武天皇の発願で全国に建立されたもので、壱岐では「嶋分寺」と称されている(『延喜式』)。壱岐の場合あらたに寺を建立したのではなく、壱岐直の氏寺を転用して国分寺としたものと思われる。発掘調査が行われ、柱根礎石が数個確認され、古瓦も出土している。ここで使用されていた軒丸瓦が平城京のものと同笵であることがわかっており、壱岐と中央とのつながりの深さがうかがい知れる。

壱岐のほぼ中央、ともに県指定史跡

勝本城跡 ❾　〈M▶P.198,201〉　壱岐市勝本町坂本触城越757
　　　　　　　壱岐交通 🚌 城山 🚶 5分

　国道382号線を勝本浦へむけて北上し、正面に青い海が広がりはじめると勝本城跡に着く。勝本城は、風本城・武末城・雨瀬包城ともいわれ、豊臣秀吉が朝鮮出兵に際して、壱岐・対馬にそれぞれ駅城を築き、その兵站基地とすることを命じた。この壱岐の駅城として、海上交通上の要地である勝本港にのぞむ城山に設けたのが勝本城である。築城には主として肥前の松浦鎮信があたり、およそ4カ月の突貫工事で、1591(天正19)年末に完成した。弘安の役後城の木造部は取り壊されたが、山頂には本丸跡の石垣や礎石群が残り、天正から慶長年間(1573〜1615)に築城された大変貴重な城郭遺構として、国史跡に指定されている。城跡は現在城山公園となり、公

山頂本丸跡からは遠く対馬の島影をのぞむ

206　大陸とのかけ橋

勝本城跡本丸付近

園内の展望所からは、勝本湾・若宮島や辰之島が一望でき、晴れた日には遠く対馬をみることもできる。

勝本城をくだったところが、松尾芭蕉の弟子、河合曽良の終焉の地とされている。1710(宝永7)年巡検使の随員として壱岐にきた際、病床に臥し、勝本浦の港に面した中藤家の一室で客死したというのである。

勝本城跡から勝本浦へ坂をくだり、イルカパークの方向へ車で3分ほどで天ヶ原遺跡である。ここは護岸工事中に、3本の中広形銅矛が出土した場所である。天ヶ原の地は壱岐の北端部にあたり、この地で、航海の安全を祈願する祭祀が行われたと考えられている。

勝本浦の対岸にある聖母宮は、古くは聖母大明神・香椎大明神、「しょうもんさま」と称された。壱岐国二宮とされ、神功皇后が新羅への出兵に際し寄港し、一夜にして建立したと伝える。ここに残る「天正二十」(1592)年銘の古唐津系の茶壺(県文化)は、秀吉の朝鮮出兵以前に古唐津が焼かれていたことを示す、大変貴重な資料である。

文永の役新城古戦場跡 ❿

〈M▶P.198,201〉 壱岐市勝本町新城東触
壱岐交通 🚍 新城橋 🚶 3分

周辺には元寇の名残りをとどめる地名が残る

元寇の際、壱岐には元軍が上陸し、島内で暴虐のかぎりをつくしたと伝えられる。1274(文永11)年元軍は勝本の北西海岸に上陸し、守護代の居館の地、新庄(城)をめざした。守護代平景隆を中心に、100騎が元軍を迎え撃ち各地でたたかったが、ついに全滅した。勝負本、勝負坂、唐人原など、勝本町には文永の役に関する伝承の地や口伝が多く残っている。文永の役古戦場を特定するのは難しく、現在新城の地には千人塚、樋詰城跡(現、新城神社)、平景隆の墓など元寇関連のものがまとまっているため、新城の千人塚の地に「文永の役新城古戦場」の石碑をたて、県史跡としている。この地の背後には、対陣原古戦場とよばれる広大な田地が広がり、この地

玄界灘に浮かぶ「一支國」の島

文永の役新城古戦場

で元軍との死闘が繰り返されたにちがいない。またここから南西に1kmほどのところにある金蔵寺(真言宗)は、高麗時代後期の制作とされる銅像如来形坐像、室町時代につくられた梵鐘・鰐口(ともに県文化)を所蔵している。

芦辺港方面に向かい、瀬戸浦をすぎると弘安の役瀬戸浦古戦場(県史跡)である。第2回の元軍の襲来に際し、壱岐瀬戸浦は激戦地であった。これについて「龍造寺文書」に「去年異賊襲来の時、七月二日、壱岐島瀬戸浦において合戦せしむ由の事、申し状ならびに証人の起請文披見せしめ畢」とある。このとき元軍を迎え撃ったのが壱岐国守護代少弐資時であったとされる。元軍は瀬戸浦船匿城を攻撃し、激しい戦いの末、文永の役のときと同様、日本軍は全滅した。現在の少弐公園の松林のなかに少弐資時の墓がある。公園内には防人の狼煙台や、弘安の役の碇石などがおかれている。

安国寺 ⑪
0920-45-0447
〈M▶P.198, 201〉 壱岐市芦辺町深江栄触546 P
壱岐交通 🚌 安国寺 🚶 3分

県指定天然記念物のスギが歴史を物語る

大塚山古墳(県史跡)は、深江田原をみおろす標高72mの丘陵上に築造された直径14m・高さ2mの円墳である。1855(安政2)年に壱岐安国寺の白華和尚によって発見され、5世紀代の須恵器が採集されている。石室は竪穴式石室から横穴式石室への移行過程にある竪穴系横口式石室で、築造年代は5世紀後半ごろ、壱岐島内にある古墳のなかでもっとも古いものである。原の辻遺跡解体後のこの地域の首長層の墓ではないかと考えられる。

大塚山古墳から県道を印通寺方面へくだると安国寺(臨済宗、県史跡)に着く。足利尊氏・直義兄弟は夢窓疎石のすすめで元弘の変以降の戦死者の菩提をとむらうため、全国に一寺一塔をつくり、寺を安国、塔を利生と称した。壱岐の安国寺はこのとき創建されたものではなく、既存の海印寺を安国寺にあてたもので、そのため壱

安国寺

岐国安国海印寺とよばれている。開山は無隠元晦で,京都南禅寺から1350(観応元)年以降に来島して開いた。

この寺に伝わる高麗版大般若経は,重要文化財に指定されている。1420(応永27)年彼杵郡河棚村(現,東彼杵郡川棚町)長浜五所大明神に寄進された一部600巻が,1486(文明18)年出羽国(現,秋田・山形県)立石寺如円坊の施入によって安国寺にはいった。高麗版大般若経591冊(版本219冊,写本372冊)のうち版本は初彫本とみられ,1046(重熙15)年以前の印刷である。この版本は蒙古軍の兵火で灰となったため,安国寺のものは世界的に貴重な仏教資料である。しかし1994(平成6)年に493帖が盗難にあい,現在は98帖(版本31,写本67)しか残っていない。

また安国寺は創建以来火災にあうことなく,室町時代の絹本着色羅漢図や李朝時代の請雨図など特異な仏画などの伝世品が多く,これらは「安国寺什物十点」として県の有形文化財に指定されており,境内の宝物展示館におさめられている。

安国寺から県道を印通寺方面へ進むと,突然視界が大きく広がる。ここは深江田原とよばれる壱岐の穀倉地帯で,一支国の王都(中心集落)として国特別史跡の指定をうけた原の辻遺跡は,この平野のなかに形成されていた。

原の辻遺跡 ⑫
0920-45-4080

〈M▶P.198,201〉 壱岐市芦辺町深江鶴亀触1092
壱岐交通🚌原の辻遺跡🚶1分

一支国博物館の出土遺物は必見

壱岐の南東部,長崎県第二の平野である深江田原に原の辻遺跡がある。原の辻遺跡は,弥生時代の前期末から古墳時代前期集落跡で,今から約2300年〜1700年ころまで集落が営まれていた。遺跡の広さは約100ha,福岡ドーム約30個分の大きさである。遺跡の存在は大正時代ころから知られていたが,1993(平成5)年からの県営圃場整備にからむ調査で,多重の環濠,祭儀場の跡,船着き場跡が確認

され，いちやく脚光をあびるようになった。

　中国の歴史書『魏志』倭人伝には，当時の倭国に存在した多くの国が登場する。発掘調査の成果から，原の辻遺跡は，そのなかに登場する一支国の王都(中心集落)と特定されている。『魏志』倭人伝に登場するクニのなかで，その所在地が特定されているのは一支国だけである。その結果，1997年に国史跡，2001年には国特別史跡に指定された。弥生時代の遺跡としては，登呂遺跡(静岡県)・吉野ヶ里遺跡(佐賀県)についで3番目である。

　当時の原の辻遺跡には，最大で800人程度の人が住んでいたと想定され，遺跡中央の標高18mの台地を中心に，祭祀の場，生活の場，交易の場，埋葬の場，生産の場など大きく役割が分割されていたようである。

　原の辻遺跡を代表する遺物は，『魏志』倭人伝の「南北市糴」の様子をうかがわせるものが中心である。中国系・朝鮮半島系の遺物は，五銖銭・貨泉・大泉五十などの貨幣，内行花文鏡・獣帯鏡・多鈕細文鏡や戦国式銅剣などの青銅器類，トンボ玉などの装飾品がある。朝鮮半島系土器の出土量も，国内のほかの遺跡を圧倒している。また，近畿・山陰・瀬戸内・中九州地方など，西日本各地の土器も数多く出土している。当時の一支国には，これらの品々を運んできた人たちがあふれ，さながら国際都市の様相を呈していたにちがいない。また「人面石」とよばれる石製品は，壱岐の凝灰岩に人の顔を彫り込んだもので，その使用方法など全国的に大いに注目を集めた。

　原の辻遺跡から出土した遺物は遺跡を望む丘の上に建てられた一支国博物館でみることができる。この博物館は2010年にオープンし，壱岐の歴史を東アジア的視点から通史的に学

一支国博物館

210　大陸とのかけ橋

壱州豆腐・壱岐焼酎

コラム

　豆腐の発祥の地は中国で，遣唐使の随員として中国に渡った僧侶によって日本に伝えられたというが，壱岐では弥生時代にはすでにダイズを栽培していた。文字としては記録には残っていないが，豆腐のつくり方も知っていたものと思われる。

　壱州豆腐は昔ながらの製法をまもってつくられている。ふつうの豆腐の2倍は濃い豆乳に，塩化マグネシウムを少し加えた苦汁をいれる。壱岐の豆腐は15cm角と巨大で，縄でゆわえてもって帰れるほど固い。それだけうまさも凝縮されているのである。

　壱岐の島は麦焼酎発祥の地として知られている。現在，島内には7つの蔵元があり，工場の見学が可能なところもある。壱岐の麦焼酎は米麹と大麦を1対2の割合で順次仕込んで，もろみを熟成させて蒸留したものである。ウイスキーと同じ大麦が主原料なのでまろやかな味わいである。かつて壱岐は平戸藩の領地であり，生産されたコメはほとんどが年貢米となったが，大麦は年貢から免除され，島民は手持ちのムギに余裕がでると，焼酎をつくって自家用に飲んでいたという。1995（平成7）年には熊本県の球磨焼酎，沖縄県の琉球泡盛とともに産地ブランドの指定をうけた。焼酎は壱岐の豊かな自然のなかで生まれ育った産物である。

習できる。原の辻遺跡から出土した遺物はもとより，縄文時代の遺物から島内古墳群から出土した数々の副葬品，壱岐国分寺の軒丸瓦，高麗版大般若経などが展示されている。博物館の展示室にあがると内海湾をはじめ壱岐島内を一望することができる。

原の辻遺跡遺構（左）と復元された船着き場

玄界灘に浮かぶ「一支國」の島

雪 連宅満の墓 ⑬

〈M▶P.198, 201〉 壱岐市石田町池田東触
壱岐交通🚌八石🚶10分

今は佐賀県呼子間のフェリーの発着場、印通寺

　印通寺浦は，古くは「優通」（ユウヅまたはインツ）とよばれ，『延喜式』にも壱岐国2駅の1つとして「伊周駅」とともに記載されている。九州本土にもっとも近く，古代から大陸との交流の中継地として重要な役割をはたしてきた。現在も佐賀県呼子との間にフェリーが就航している。

　印通寺港から国道382号線を郷ノ浦方面へ約400mいくと，松永記念館がある。明治・大正・昭和にかけて，日本の電力の普及と振興につとめ，日本の産業・経済発展の基礎を築いた松永安左エ門の功績を伝えるため，生家跡に建設されたものである。生前愛用した遺品などが展示され，石畳の閑静な庭には，松永が命じ1909（明治42）年に設立した，福博電気軌道の後身となる西鉄電車が寄贈されている。また記念館に併設して，石田町ふるさと資料館も設置され，壱岐の民俗資料をみることができる。

　さらに382号線を郷ノ浦町方面へ進み，八石バス停を右折して約700mで遣新羅使（雪連宅満）の墓である。736（天平8）年，奈良の都を出発した遣新羅使の随員の1人であった雪連宅満は，長い旅路の途中で病死し，印通寺港のみえる小高い丘の上に埋葬された。彼は壱岐出身の卜部の子孫といわれ，『万葉集』巻15にその死をいたむ挽歌9首が記されている。「石田野に　宿りするきみ　家人のいづらと　われを問はば　いかに言はむ」はそのうちの1つである。

　さらに郷ノ浦方面へ進み，志原の交差点を右折し400mほどいくと不動山円光寺（曹洞宗）である。ここに残る木造不動三尊像（県文化）のうち，不動明王は像高164cm，九州では2番目に大きなものである。彫法・

雪連宅満の墓

212　大陸とのかけ橋

松永安左エ門

コラム

1875(明治8)年12月1日,壱岐郡石田村印通寺に生まれた松永安左エ門は,幼名を亀之助といい,「自分は小さな島のなかで一生をおえたくない。もっと大きな世界で仕事をしたい」という信念から,15歳のとき上京し慶応義塾にはいる。しかし18歳のときに父安左エ門が他界し,その名を引きつぐとともに父が営んでいた酒造り,金融,海産物などの幅広い家業もつぐことになった。

その後3年間ほど壱岐にとどまるが,20歳のとき慶応義塾に復学する。だが結局,慶応義塾を退学し,石炭販売業などを行うが,事業に失敗することも多かった。35歳のとき,博多で福博電気軌道(西日本鉄道〈西鉄〉の前身)の創立に参画し,さらに電力供給のため九州電力会社を設立,やがて九州全域の電力会社を傘下におさめて九州電気協会会長をつとめた。

1922(大正11)年47歳のとき,九州電灯鉄道と関西電機とを合併し東邦電力を設立。49歳で日本電気協会会長に選任され,1932(昭和7)年,彼の支配資本は14億円におよび,名実ともに日本の「電力王」とよばれるようになった。

満州事変が勃発し,戦時色の強まりとともに電力の国営化がさけばれはじめると,彼は戦争および電力の国営化に真っ向から反対をとなえた。しかし時代の流れのなかでその戦いに敗れ,隠遁生活を送ることとなった。

1945年,第二次世界大戦は日本の敗戦でおわり,松永は戦後日本の復興は人身の高揚とエネルギーの拡大にあると見こして,その実現のために超人的に精魂を傾けた。なかでも民営化による電力事業再編成において,彼は審議会会長や公益事業委員長代理などをつとめ,多くの反対意見がだされるなか,国家管理下におかれた日本発送電会社(日発)を解体し,9つの民間電力会社に分割させ,「電力の鬼」と称された。

彼の先見の明は多くの人びとや後輩たちの道標となるもので,日本の産業・経済の振興と発展に大きく貢献した。今日,日本が世界の経済大国といわれる「基づくり」をした偉大な先覚者である。1971年6月16日死去,享年95歳。

様式からみて,平安時代後期のものと考えられる。

2 国境の島対馬

海を隔て朝鮮半島と向き合う国境の島,対馬。古来外交・軍事の要地だったこの島は,独自の歴史・文化をはぐくんできた。

対馬歴史民俗資料館 ⓮
0920-52-3687

〈M▶P.198,215,216〉 対馬市厳原町今屋敷668-1
厳原港 🚶 20分

> 「宗家文書」をはじめ,対馬の歴史を知るなら,まずここへ

　博多港から高速船で2時間(フェリーなら4時間半),南北に長い山がちな島がみえる。船は山が海にせりだしたリアス式の海岸の1つの入江,厳原港に着く。厳原は,かつて府中あるいは城下ともよばれ,古代には国府が,中世から近世にかけては島主宗氏の屋形がおかれた,対馬の政治・文化の中心地であった。

　厳原港の南端,久田の入江には,宗氏の御用船の港であったお船江跡がある。寛文年間(1661〜73)に造成された4つの突堤と5つのドックの石積みは美しく,国際的な商業港としての往時がしのばれる。お船江跡から久田道を北上すると,厳原の市街地である。国道左手の市役所付近には,古代の国府や国分寺(島分寺)があったとされ,国分の地名が残っている。しかし,国分寺はいく度かの移転を経て,現在では国道対岸に所在し,剛健な山門を残している。

　市役所そばの坂をのぼり,復元された宗家の居城金石城の大手門をくぐると,長崎県立対馬歴史民俗資料館がある。数千年におよぶ大陸との交流を示す史料や文化財が保存・展示されている。日韓

朝鮮通信使行列絵巻(部分)

大陸とのかけ橋

対馬の史跡

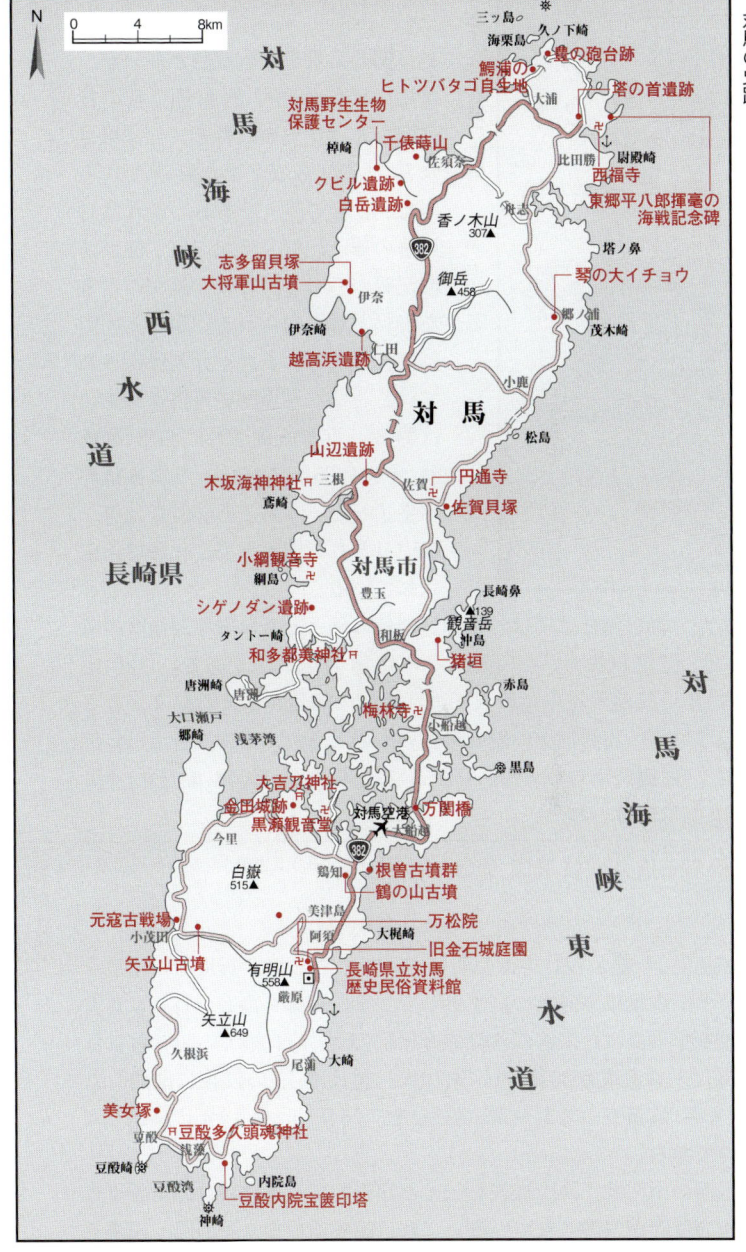

国境の島対馬

厳原町中心部の史跡

史に関わる貴重な収蔵物が多いが，釜山の倭館の図や朝鮮通信使の行列図などは歴史の教科書にも採用されることがある。また特筆されるのは「宗家文書」である。これは対馬藩の藩庁記録，倭館記録，江戸藩邸記録からなり，行政・外交の貴重な資料として知られる。現在，国内外に12万点もの資料が分割保管されている。県立対馬歴史民俗資料館には約8万点が所蔵され，2012(平成24)年には35年にわたった資料整理が完了した。うち1万6667点は第一級史料として国の重要文化財に指定されている。

また，資料館そばには，朝鮮通信使の碑とともに厳原測候所の時鐘として使われていた旧清玄寺の梵鐘(国重文)がある。1469(応仁3)年，筑前芦屋の金屋大工大江貞家の鋳造を伝える銘文がきざまれている。和鮮混淆の鐘の最古のものとされ，当初は豊玉町仁位の清玄寺(臨済宗のち天台宗に転宗)にあったが，1648(慶安元)年に万松院に懸けられた。

万松院と旧金石城庭園 ⓯⓰
0920-52-0984

〈M▶P.198,215,216〉 対馬市厳原町厳原西里

厳原港🚶20分

対馬藩の栄華をしのぶ宗家の菩提寺

国道382号線から対馬市役所に向かい，さらに金石川沿いに道を進むと，中世以来対馬の島主として，また朝鮮半島との外交に重要な役割をになった宗家の菩提寺万松院(天台宗)に着く。万松院は江戸時代，宗義成が父義智(宗家19代，初代藩主)の没後に創建した松音寺(臨済宗のち天台宗に転宗)を，1647(正保4)年に移建したものである。

正面の山門は，桃山様式を伝える建造物で，本堂には徳川将軍の歴代の位牌が安置されている。これは朝鮮通信使来聘の際，国事を

コラム

対馬

対馬は，南北約80km・東西約18kmの細長い大きな2つの島からなりたつ。北を上島，南を下島とし，南北の端を結ぶと車で3時間ほどかかってしまう大きな島である。厳原・美津島・豊玉の下県郡，峰・上県・上対馬の上県郡の行政区分であったが，2004(平成16)年に全島が対馬市として新行政機構をスタートさせた。

大陸とのかけ橋として，原始古代から対馬の存在は日本の歴史に多大な影響をあたえてきた。隣の島壱岐とくらべると山がちな島で，海岸はリアス式海岸の複雑な入江におおわれている。とくに中央部に位置する浅茅湾は，波静かで美しい景勝の地である。南北80kmにも連なる上県と下県の島は，その歴史のいかなるときも，日本と朝鮮半島および大陸との要として重要な役目をになっていた。ほかの地域ではみられない独特の文化や遺跡が解明されてはきたが，対馬の深い山々はまだその全貌を明かしてはいない。

対馬の歴史をひもとくうえで必ず登場するのが島主，宗氏の存在である。鎌倉時代より国主として対馬の発展に尽力してきた。とくに江戸時代は，藩主として江戸幕府と朝鮮半島との外交に貢献し，幕府からも朝鮮貿易による利益の保持を認められるほど信任されていた。宗氏の菩提寺である厳原の万松院には，代々の当主の墓が鎮座している。

また対馬は寺社の多い島としても知られている。とくに神社は『延喜式』神名帳に29社が記載されており，大和や伊勢などの中央地域をのぞいてその数は異様というしかない。現在も大小あわせて120余社が鎮座しており，仏閣の数よりも多い。古代から対馬が畏敬の地であったことがうかがえる。また，民間信仰も深く，天道信仰や霊山信仰，海辺の寄神など，日本の神話と一線を画す信仰が各地にみられる。

対馬島内の移動は，公共の交通機関が未発達なため制限されることが多い。島内の移動手段としては，観光ガイドも兼ねるタクシーか，融通のきくレンタカーをすすめる。

対馬藩がとり行っていたことによる威信とされる。本尊の十一面観音のほか，朝鮮から送られた青銅の三具足や高麗仏などを所蔵する。

うっそうとしげる杉木立の斜面をのぼる百数十段の石段は百雁木とよばれ，両側におかれた石灯籠が藩主の墓地を荘厳なものにしている。対馬藩主宗家墓所(国史跡)には，19代から33代に至る歴代の藩主と正室がまつられている。とくに20代義成，21代義真らの装

国境の島対馬

万松院山門

飾豊かな宝篋印塔や巨大な墓石は、離島の藩主の墓所とは思えない立派さで、江戸時代における対馬藩の隆盛がしのばれる。

山門の手前には、宗家の居館であった金石城の石垣などが残っている。近年の発掘調査により、御池を中心とする庭園跡が明らかにされた。この旧金石城庭園は、国指定の名勝文化財庭園として一般に公開されている。またグラウンドの向こうには、復元された大手門をのぞむことができる。

対馬歴史民俗資料館の前の道をのぼりつめると、清水山（標高206m）に至る。ここに築かれた清水山城跡（国史跡）は、朝鮮出兵（文禄・慶長の役、朝鮮では壬辰倭乱という）の際に、豊臣秀吉の命をうけた毛利高政の築城とされ、壱岐勝本城、肥前名護屋城とともに、兵や物資の輸送基地としての役割をになっていたものである。一の丸や三の丸に残った石垣は、厳原町内からもみることができる。

万松院対馬藩主宗家墓所入口

矢立山古墳と元寇古戦場 ❶❶ 〈M▶P.198,215,219〉 対馬市厳原町下原ほか

厳原港🚗40分

横斬新なデザインの穴式石室と戦場の浜

厳原市街地の北端厳原中学校から左におれ、九十九折の山道の頂上に上見坂の展望台がある。その名のとおり、浅茅湾一帯が眺望できる景勝の地で、近代においては軍の砲台なども築かれた。上見坂から山をくだり、対馬の西海岸におりると、樫根の集落に旧東邦亜鉛対州鉱業所跡がある。亜鉛や鉛鉱山として日本有数の生産量を

元寇古戦場周辺の史跡

誇ったが、度重なる鉱毒被害をおこしたことでも知られる。また古代銀山の坑跡銀の本がある。『日本書紀』に、674年国内初の銀が献納された記事がみられる。古代から鉱山の栄えた地域であるが、現在ではホタルの乱舞する清流が地元の人たちによってまもられている。

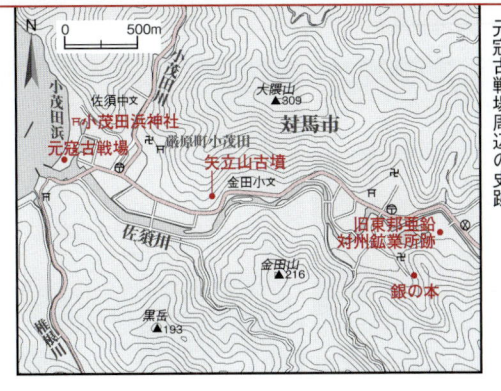

　銀の本から佐須川沿いにくだると、右手の丘に矢立山古墳（国史跡）がある。2基の古墳は国指定の史跡であるが、2001（平成13）年度の調査では3基あることがわかった。円墳といわれていたが2001年の調査で、2基は3段構築積み石塚様の方墳であることが確認され、とくに3号墳は未発掘であったため、玄室や石室に鉄刀、須恵器、土師器などが副葬されていることがわかった。また2号墳は平面がT字形をした特殊な横穴式石室であり、国内や朝鮮半島でも数例しかない。いずれも7世紀ごろの首長墓ではないかと推測されている。朝鮮半島との対立が顕著になったこの時期に、斬新なデザインの古墳がつくられたことは一考に値する。

　小茂田の浜におりると、宗資国をまつった小茂田浜神社がある。13世紀後半に元のフビライ・ハンが日本侵略のため軍を派遣してきた。2度の来寇は対馬から北部九州を戦場とし、日本の武士たちは奮闘したが、圧倒的な火力と集団戦法によって凄惨な様相を呈する。この2度の襲来を元寇というが、1274（文永11）年元・高麗の連合軍が対馬を襲った文永の役の際、対馬の守護代としてこの浜で戦い戦死したのが宗資国である。現在護岸工事で浜の様子は一変しており、周辺に資国の首塚と胴塚がたてられている。

豆酘内院の石塔群 ⓱

〈M▶P.199,215〉　対馬市厳原町豆酘内院
厳原港🚗40分

　厳原港から南へ、急峻な山をぬうように走り内院の集落にいく

国境の島対馬　　219

豆酘内院の宝篋印塔　　　　　　　　　　　　　　　　　　　　　樫ぼの

と，豆酘内院の小学校横に小型の五輪塔が10基ほどすえられている。さらに小学校裏の奈伊良神社参道には，高さ250cmほどの堂々たる宝篋印塔がある。花崗岩でつくられたこの石塔は，その形式から南北朝期から室町時代にかけてのもので，しかも当時の都である京都周辺にみられる中央形式のものであることが確認されている。花崗岩を産しない対馬でこのような石塔はほかにみられず，無銘のため真意は定かでないが，この地にこのような石塔をたてることができた人物・勢力を推しはかると，歴史に埋もれた対馬の重要性に驚かされずにはいられない。五輪塔や宝篋印塔などの石塔は全国各地にみられるが，対馬のように中央形式の石塔が100基以上もある離島は例がない。

　豆酘内院から西へ車を進めると，対馬南端の豆酘の集落にでる。集落北東部に，豆酘多久頭魂神社がある。対馬の民間信仰である天道信仰と習合された，『延喜式』にも記された古い神社である。この神社では，旧正月の10日ごろに「神渡の儀式」が行われる。その年に収穫された赤米をあがめ，地区のなかで役をうけた家で1年間本座(座敷)の天井に米俵(神俵という)を奉納し，この日に新しい役の家に種籾を引きつぐという儀式である。今でも地区の神田には，特別に赤米が植えられている。この神社のそばでは樫ぼのが発見されている。これは江戸時代の遺構だが，直径2m・深さ1.5mほどの穴に，カシの実をいれて保存していた貯蔵穴である。対馬では非常食としてだけでなく，主食としてもカシの実が食されていた。このような貯蔵穴は縄文時代から弥生時代の遺跡にもみられ，民俗

中世交易の謎。類のない石塔と古代の神事

対馬の祭りと食文化

コラム

対馬は古来朝鮮半島とのつながりが深く、独特の文化が継承されていることが多い。民間伝承の芸能や祭りなどがその例である。

旧正月の3日、対馬南端の豆酘ではサンゾーロー祭が行われる。これは亀の甲羅を焼いて神意を占う亀卜で、古代朝廷において対馬や壱岐の卜女たちが朝廷の神事をつかさどったことに由来するという。今では豆酘の雷神社において、69代の卜部、岩佐氏がつかさどっている。

豆酘では同じ時期に神渡の儀式が行われる。これは古代米である赤米を神としてまつるもので、地区のなかで新役になった家に神俵を奉納する儀式である。新役の家では座敷の天井に神俵をつるし、1年間俗人をいれないようにし、種籾は代々継承される。水稲農業の経路といわれる対馬ならではの儀式といえよう。この神事は、豆酘多久頭魂神社で行われる。

神社の祭式としては、旧8月1日に豊玉町の和多都美神社で行われる古式大祭、旧8月5日峰町木坂海神社大祭、旧8月15日厳原八幡宮大祭、11月12日小茂田浜神社大祭などが知られ、地域行事として人びとの生活に根づいている。

ほかにも、厳原町内の地蔵をまつる堂をめぐって先祖をとむらう、厳原地蔵盆祭りは、無形民俗文化財に指定されている。8月の第1土曜に行われるアリラン祭りは、地元の有志や韓国からの参加者が当時の衣装を身につけ、朝鮮通信使の行列を再現したもので、この祭りをみるために内外から多くの観光客が訪れている。

対馬には独特の食文化もある。新鮮な魚介類を焼けた石の上で焼いた石焼き。同じく魚介類を中心に、山の幸もふんだんに盛り込んだ鍋料理のいり焼き。サツマイモの粉を発酵させ短めの麺にし、熱い澄まし汁をかけるろくべえ汁。これらは郷土料理として、ハレの日だけでなく普段でも食することが多い。また上対馬地域を中心に、味つきの豚肉を焼く「とんちゃん」があり、全国グルメ大会などを通して名を知られるようになった。そして全国的にも有名なシイタケは、干して乾燥させたものがどんことよばれ食卓で親しまれている。山の幸、海の幸にめぐまれた対馬ならではの食文化が充実している。

学的にも考古学的にも貴重な遺跡である。

保床山から豆酘川上流に美女塚がある。才色兼備の娘が宮廷の采女として召されたが、親を残すことをうれい、故郷がみえなくなるこの地で自害したという伝説が残っている。

国境の島対馬

根曽古墳群 ⓴　〈M▶P.198, 215〉 対馬市美津島町雞知字子ソ
対馬空港🚗10分

浅茅湾の南岸に位置する美津島町では、古墳や箱式石棺が多数発見されている。中対馬病院から高浜の海岸へ進み、小さい湾を1つこえると根曽の集落にでる。さらに根曽古墳の看板から山道を進むと、石室の露出した墳墓をみることができる。4基の古墳は土を盛った古墳というより、海岸の石を積み上げた積石塚というべきで、過去のたび重なる盗掘により、古墳の全形はもちろん、出土遺物も定かではない。1号墳は全長30mほどで、根曽古墳群ではもっとも古いとされている。鉄鏃や碧玉製の管玉が出土しており、5世紀ごろの築造とされる。2号墳は6世紀ごろのものとされ、1号墳と同じように前方部が細い柄鏡形の前方後円墳と思われる。3・4号墳は形状や出土品が不明で、石室しか残っていない。

根曽古墳から雞知へ戻ると、「えべすがくま」とよばれる小高い丘に鶴の山古墳がある。全長40mほどの前方後方墳とされ、形状や出土遺物は不明な点が多いが、時期的に根曽古墳にさきだつ古墳として、『古事記』にも記述された対馬でもっとも権威のあった豪族「対馬県直」につながるものとの説もある。これらの古墳は、対馬の東海岸に立地するが、深く入り組んだ浅茅湾に赴くと、弥生時代から古墳時代にかけての墳墓が多数所在する。

空港から車で10分ほどのところに万関橋がある。1896(明治29)年に、浅茅湾から東海岸に艦艇をとおすため、旧海軍が丘陵を削り取った瀬戸である。その後3度にわたって橋がかけられ、東西の海をつなぎ、南北の島を結ぶ対馬の交通の要所となっている。

東海岸の古墳群と対馬の要、万関橋

根曽第2号墳

222　大陸とのかけ橋

陶山訥庵と雨森芳洲

コラム

対馬の偉人として必ず名を連ねるのが、陶山訥庵と雨森芳洲である。いずれも江戸時代の儒者として同時代を生き、その実践が人びとの生活を安寧させるものであったことが評価されている。

陶山訥庵は、1657(明暦3)年に対馬の儒者の家に生まれた。11歳で江戸の木下順庵の門下にはいったが、17歳で対馬に戻り、親の跡をつぐが請われて郡奉行となった。当時の対馬は、農業をするためには森林を伐採し、焼畑にたよるしかなかった。しかも山には農作物を荒らすイノシシが繁殖しており、農業の被害は甚大であった。訥庵は農業生産力向上のため焼畑の低減、サツマイモの導入、イノシシの撃退を実施した。当時は5代将軍綱吉の治世で、生類憐みの令がだされていたなか、イノシシを追い込む垣根(猪垣)を築き、全島のイノシシをことごとく撲滅したという。その数は9年間で8万頭といわれる。

訥庵の偉業はこのイノシシ退治だけではなく、農林業の生産力拡大による島民の生活安定を実現させたことにある。「対馬聖人」と称された人格円満な偉人である。

訥庵誕生から30年余り遅れて、近江の国で雨森芳洲は生まれた。医者の家から儒学を志し、木下順庵の門下にはいり、新井白石らと木門の5先生と称されるほどの才気をみせた。

1689(元禄2)年順庵の推挙で対馬藩につかえることになったが、一説には白石との不仲による左遷ともいわれる。対馬の地で芳洲は語学の習得につとめ、朝鮮方佐役を命じられ、外交官として活躍する。朝鮮との国書のやりとり、朝鮮通信使の接待、みずからも使節として渡海し、独自の外交手腕を発揮する。「外交においては相手の心を知らねばならず、そのためにはまず相手の言葉、歴史などを学ばねばならない」という徹底した善隣外交は、両国の信頼をうけ、国際的評価も高まった。遠国で生まれ対馬の地に眠るまで、江戸時代の貴重な外交政策を支えた人物として最近の政治家にも評価されている。

雨森芳洲の墓

金田城跡 ㉑

〈M▶P.198,215〉 対馬市美津島町洲藻
対馬空港 🚗20分

浅茅湾南からさらに南にくびれた洲藻湾の西に位置し、最古の城

黒瀬から金田城跡をのぞむ

防人の歌が聞こえる最古の朝鮮式山城

砦ともいわれる金田城跡(国特別史跡)までは交通の便が悪く、対馬空港もしくは厳原港からのレンタカーが適当である。

660年、朝鮮半島では百済(くだら)が唐(とう)・新羅(しらぎ)の連合軍によって滅ぼされ、百済は親交のあったヤマト政権に援軍を求めた。ヤマト政権は援軍を半島へ送ったが、663年日本・百済連合軍は、唐・新羅連合軍に白村江(はくそんこう)で敗れた。この戦いののち、大陸からの侵略を恐れたヤマト政権は、翌年対馬・壱岐(いき)・筑紫(ちくし)などに烽火(とぶひ)や防人(さきもり)をおき、筑紫には水城(みずき)を築いた。さらに翌年には、筑紫に2城を築き、667年に大和、讃岐(さぬき)そして対馬に朝鮮式山城(やまじろ)を築いたとされる。城(き)という名称から「かねたのき」ともいう。

対馬市美津島支所のある雞知の町から車で10分ほどいくと、右手に急峻な山がみえる。舗装されてはいるがせまい山道を進んでいくと、金田城跡への登山道入口へ着く。山頂へは徒歩で40分ほどかかる。日露(にちろ)戦争の際に軍事施設としても利用されたが、軍用道路を現在車で通行することはできない。

地元で城山(じょうやま)とよばれるこの山は標高275mほどだが、海岸からそびえる山肌は急峻で、天然の要塞(ようさい)として外敵からの侵入を防ぐ専守防衛の山城であったことがうかがえる。頂上には近代の軍事遺構が残り、古代の烽火跡は確認されていない。海岸におりる道は険しいが、北から東斜面にかけて3つの城戸(きど)が確認されており、城戸周辺は野面積(のづらづ)みした石垣と門柱の礎石がみられる。一部では加工された巨石も用いられている。

一ノ城戸近くの海岸に、『延喜式』神名帳(じんみょうちょう)にも名を残す大吉刀(おおきど)神社があり、中世には城八幡としてまつられ、広鋒青銅矛(ひろさきせいどうほこ)7本(県文化)を所蔵している。また1993(平成5)年から金田城史跡保存のための学術調査が続けられており、各城戸周辺や三ノ城戸上部の、通称ビングシ山周辺の発掘調査報告が待たれる。

大陸とのかけ橋

洲藻浦の奥，金田城対岸に位置する黒瀬の集落では，安産の神としてまつられていた黒瀬観音堂の銅造如来坐像(国重文)が，新羅仏であることが判明している。

和多都美神社 ㉒
0920-58-1488
〈M▶P.198,215〉対馬市豊玉町仁位字和宮
対馬空港 🚗 30分

波静かな仁位湾に鎮座するわだつみの社

浅茅湾最北部に豊玉町の中心街仁位がある。仁位湾南岸沿いに車を進めると和多都美神社に着く。10世紀に書かれた『延喜式』の神名帳にもその名が現れており，彦火火出見尊と豊玉姫命を祭神とし，海幸山幸の神話にまつわる伝説が残っている。神社正面の海中には2つの鳥居がたち，社叢の自然林とともに荘厳さに満ちている。海神をまつる神社は対馬には数多いが，そのなかでももっとも著名な神社である。

和多都美神社の対岸を北に進むと佐保の集落に，弥生時代のシゲノダン遺跡がある。双獣十字形頭金具・馬鐸・異形細型銅剣など大陸製の遺物(国重文)は，東京国立博物館に所蔵されている。

さらに西海岸にぬけると小綱の集落に着く。臨済宗の小綱観音寺の本尊(県文化)は，949年に高麗でつくられた渡来仏である。対馬には朝鮮渡来の仏像が数体あるが，その渡来伝承をもっているものは少なく，漂着説，蒙古襲来の際元軍の船から流されたものなど諸説がある。

佐保の集落から南西に向かうと，朝鮮海峡から浅茅湾への入口にあたる水崎の浦に着く。昭和40年代に縄文から弥生時代の遺跡が発見されたことで知られ，縄文中期の層から朝鮮系の櫛目文土器をはじめて出土した西加藤遺跡は海底遺跡である。

豊玉町の東海岸の，大漁湾の横浦から塩浦へぬける峠に，猪垣(県文化)とよばれる石垣が組まれている。高さ1m前後の石垣が200

和多都美神社

国境の島対馬

mほど続いている。猪垣はイガキ，シシガキ，イノガキともよばれ，江戸時代の儒者陶山訥庵が，島内の農民を悩ますイノシシを退治するために築いた石垣の一部といわれている。一方，室町時代から江戸時代にかけての牧場の名残りではないかという別説もある。

木坂海神神社と山辺遺跡 ㉓㉔

0920-83-0137

〈M▶P.198,215〉 対馬市峰町木坂
対馬空港 60分

大海にのぞむ対馬一宮と弥生の集落

三根のバス駐車場から西海岸へ向けて入り組んだ湾岸沿いに車を進め，まがりくねった峠をこえると視界が開け，木坂の集落にでる。海岸を進むと正面に藻小屋と，ケルンのように積み重ねられた石の塔をみることができる。石積みの塔は，6月初午の日に行われる「ヤクマ祭り」という天道信仰，天道社の祭りの際につくられるものである。

石積みの東側に，対馬における一宮，木坂海神神社が鎮座している。海神神社とはいっても，明治以前は八幡神社として島民の信仰を集めていた。最古の八幡神社とする説もある。島民の崇敬は篤く，参道の入口にある宝物館には，統一新羅時代のものである銅造如来立像（国重文），県の文化財にも指定されている伎楽面や高麗鏡，湖州鏡，高麗青磁など貴重な社宝が多数残されている。参道は急な階段へと続き，のぼりきると重厚な趣の社叢があられる。その途中には弥勒堂の跡も発見されている。対州一宮は三根湾の入口に構え，大陸を遠くのぞんでいる。

峰支所付近は蛇行する三根川の氾濫原で，中里地区に山辺遺跡の看板がみえる。1993（平成5）年以降の発掘調査で，竪穴式住居や高床式倉庫の柱穴が多数確認された。弥生土器や土師器，須恵器などが多数発見されたことから，弥生時代から古墳時代にかけての集落跡

木坂海神神社

対馬の動植物

コラム

　急峻な山，奥深い谷をもつ対馬は，日本列島が形成されるころ，大陸と最後まで陸続きであった。離島となってからは独自の生態系を確立し，今では希少な動植物の生息地となっている。

　動物については，ツシマヤマネコ(国天然)が有名である。大陸系のヤマネコで，上県町の対馬野生生物保護センターで保護・増殖を目的として研究されているが，交通事故・HIV感染などの問題をかかえている。そのほか本土系のツシマテン，江戸時代に朝鮮から輸入されたコウライキジ，日本馬の一種で対馬の馬子唄「しんき節」にも歌われている対州馬，大陸系の血を引く対馬地鶏，秋に群れ飛ぶアキマドボタル，南方系のチョウであるツシマウラボシシジミなどがあげられる。またマナヅルやアカハラダカ，オジロワシなどの渡り鳥の飛来地としても知られている。

　植物では，国の天然記念物になっているヒトツバタゴが有名である。とくに北端鰐浦の群生地では5月ごろ満開になり，入江は純白に染まる。「ナンジャモンジャ」「ウミテラシ」の異名ももつ。ほかにもチョウセンキハギやゲンカイツツジ，対馬寒蘭なども季節にあわせて対馬を染めてくれる。

とされる。三根湾周辺には，大陸製の青銅器を副葬した首長墓が多く，『魏志』倭人伝に記された「対馬国」の中心部ではないかと推定される一因となっている。当遺跡は，韓国東亜大学校と合同発掘調査を行っており，日韓交流の一環としても重要な役割をはたしている。出土遺物は，峰町歴史民俗資料館に保管されている。

　山辺遺跡から東海岸に車を進めると佐賀の集落に着く。消防署の裏に，対馬島主宗氏の8代貞盛の菩提寺である円通寺(曹洞宗)がある。李氏朝鮮時代の梵鐘は今でも健在で，本尊である薬師如来像は高麗時代のものである。寺の裏手には，貞盛をまつる宝篋印塔がたてられている。円通寺の近くには，縄文時代の鹿笛や数々の土器を発見した佐賀貝塚があるが，現在は駐車場になっていて面影はない。

志多留の古墳と貝塚 ㉕

〈M▶P.198,215〉　対馬市上県町志多留ほか
対馬空港🚗80分

　仁田下里から西へ海岸沿いに車を進めると越高の集落がある。防波堤先の崖付近は越高浜遺跡として知られ，出土した土器は縄文時

大将軍山古墳

千俵蒔山

朝鮮半島をのぞむ古代の遺跡と絶滅の危機ツシマヤマネコ

代草創期末のもので,越高式土器として縄文土器の編年基準にもなっている。

さらに車を北西へ進めると志多留の集落に着く。ここにも縄文時代から古墳時代にかけての遺跡があり,志多留貝塚では多様な骨角器や土器とともに,対馬で最初に発見された石包丁も出土している。すぐそばの丘陵には大将軍山古墳がある。対馬でもかなり古い形式の古墳で,石棺の一部が露出している。朝鮮半島系の鏡などが副葬されており,大陸とのつながりを強くもった古墳である。

佐護は佐護川の下流5kmほどが低湿地で,干拓されるまではかなり上流まで潮があがっていたようである。国道沿いの田畑では,中世から近世にかけての大陸製の白磁や青磁が多数出土したこともある。朝鮮半島にもっとも近い平野であることから,大陸とのつながりはことに深かったと推定される。河口には佐護多久頭魂神社があり,河口右手の千俵蒔山頂上付近には古代の烽火跡がある。対馬では珍しい頂上付近が樹木の少ない山で,朝鮮半島を眺めるには絶好の場所である。また佐護川対岸の山には,対馬野生生物保護センターがあり,希少動物であるツシマヤマネコの保護と観察を行う施設もある。

佐護川下流は弥生時代の遺跡が多く,白岳遺跡では箱式石棺とともに銅剣や銅釧が出土している。クビル遺跡では広形銅矛などが

発見され，祭祀的な遺跡として知られる。上県町は朝鮮半島に面している地であり，古代から半島との関係が深く，とくに弥生時代から古墳時代にかけての日本と大陸との交流の要所であったことがうかがえる。

鰐浦と塔の首遺跡 ❷⑥ 〈M▶P.198,215〉 対馬市上対馬町鰐浦
対馬空港🚗100分

国境の浦に咲くヒトツバタゴと対外文化移入の地

対馬最北の地である上対馬町は，国境の町として古くから対外文化との接触を続けてきた地でもある。比田勝港には，韓国釜山と行き来するための税関が設けられており，近年まで釜山で買い物をする人も多かったという。

比田勝港奥の丘陵に，露出した箱式石棺をすえる塔の首遺跡がある。漢代の方格規矩鏡や朝鮮半島製の銅環，国産の広型銅矛などが出土している。弥生時代の日本と朝鮮半島の関係を知るだけでなく，遺物の編年特定の好材料となっている。比田勝港入口の西福寺（天台宗）は，中国杭州普寧寺版の大般若経を所蔵しており，宗家8代の貞盛の書状もあることから，創建は室町時代前期と推定されている。境内の宝篋印塔の形式からも裏づけられる。

北端の集落豊には，昭和初期に築かれた世界最大の砲台跡がある。口径40cm，重量103ｔという巨砲は，実戦で1度も使われることなく解体され，現在砲台跡の上部は巨大な穴が開いている。

鰐浦

塔の首遺跡2号石室

国境の島対馬

海栗島

　豊の西、鰐浦は春にヒトツバタゴ(国天然)という白い花が、湾をおおうように咲くことで知られる。『日本書紀』にも、「和珥津(わにつ)」としてあらわされている。

鰐浦には韓国展望台が設けられており、晴れた日は海上自衛隊の基地がある海栗島(うに)のさきに、釜山の町がのぞまれる。
　鰐浦には、1703(元禄(げんろく)16)年に遭難した訳官使108人の鎮魂(ちんこん)のため、朝鮮国訳官使殉難(じゅんなん)の碑がたてられており、西福寺の北方殿崎(とのさき)には、日本海海戦で沈船から脱出したロシア人の上陸地点に、東郷平八郎(とうごうへいはちろう)揮毫(きごう)の海戦記念碑がたてられている。南下して、対馬でも数少ない砂浜の茂木浜(もぎ)にも、日本海海戦に備えて設けられた砲台跡などが残っている。茂木浜沖には、ロシア戦艦ナヒモフ号が沈んでおり、対馬には日露戦争にかかわる碑や史跡が多い。
　また、琴(きん)には大イチョウ(県天然)がある。イチョウでは日本一の大木ともいわれる。

③ 黒潮に浮かぶ五島列島

五島列島は，紺碧の海と無数の島々が美しい景観を織りなす。遣唐使やキリスト教にまつわる歴史も興味深い。

石田城跡 ㉗ 〈M▶P.199,232,234〉 五島市池田町1-1 P
福江港ターミナル 🚶 5分

県史跡の石田城跡と五島邸
武家屋敷通り

　下五島地域の中心である福江島の訪問には，福岡・博多からの飛行機・フェリー，長崎空港（大村市）からの飛行機，長崎港からの高速船・フェリーなどが利用できる。

　石田城跡（県史跡）は，海の玄関口である福江港ターミナルから徒歩で訪ねることができる。現在は，その本丸跡に近代的な県立五島高校がたっているが，もと五島氏の居城であった。五島氏は，はじめ宇久氏を名乗り，五島列島最北端の宇久島を根拠地にしていたが，1383（弘和3〈永徳3〉）年に岐宿に移る。さらに辰ノ口城（五島市上大津町）を経て，江川城（同江川町）に移った。五島氏への改姓は，宇久純玄が豊臣秀吉の命により朝鮮に出兵（文禄の役）した1592（文禄元）年であった。

　江川城は，1614（慶長19）年に焼失した。しかし，その後築城は認められず，石田陣屋（現，石田城跡）が仮の館となっていた。幕末，外国船の来航があいつぐなか，幕府は最西端のまもりの要として石田城を重視するようになり，1849（嘉永2）年，再築城を許可した。その後15年の歳月と，約2万両，延べ5万人をついやし，1863（文久3）年，城は完成した。築城当時の城は，三方を海に囲まれるように海上につきだしていた。本丸と二の丸は内堀と外堀で囲まれている。東西約350m・南北約300mである。しかし，完成後わずか5年で明治維新を迎え，城は解体された。

　城跡の西側，外堀にかかる石橋を渡り，渡門（蹴出し門）をくぐるとすぐ五島

石田城跡

黒潮に浮かぶ五島列島　231

五島の史跡

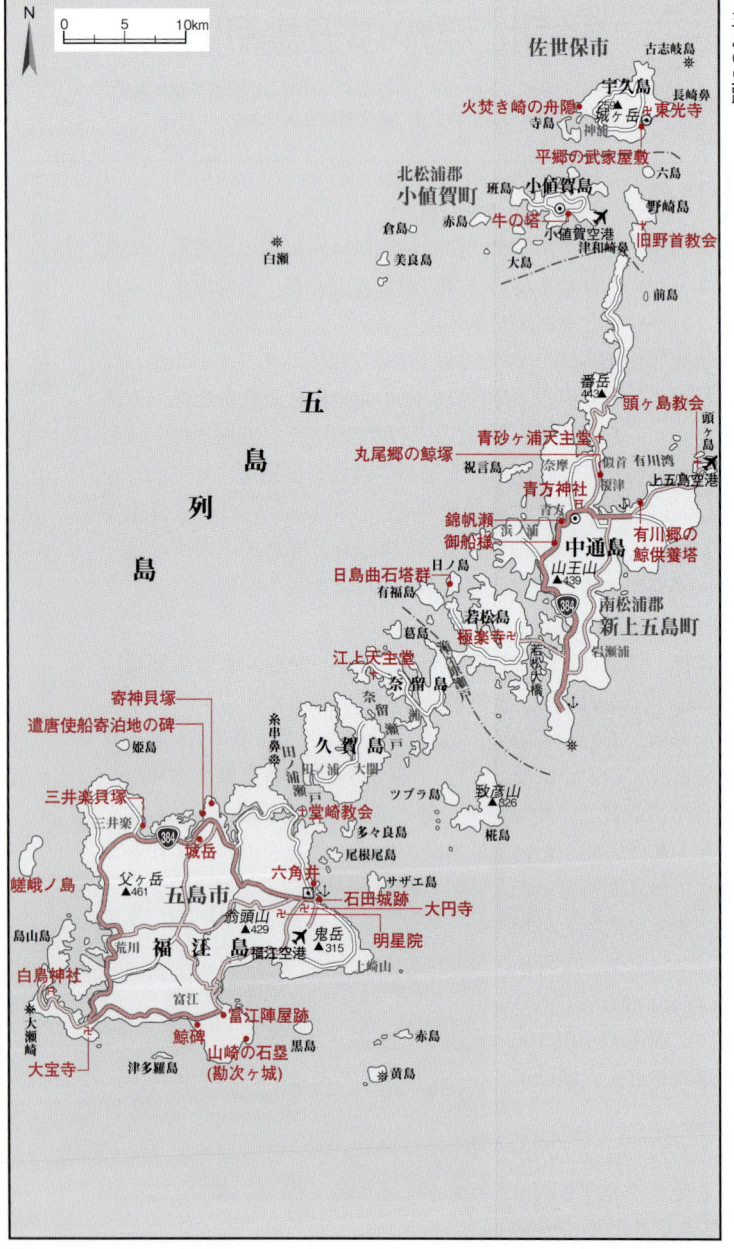

- 古志岐島
- 長崎鼻
- 佐世保市
- 宇久島
- 火焚き崎の舟隠
- 寺島
- 城ヶ岳
- 神浦
- 東光寺
- 平郷の武家屋敷
- 北松浦郡 小値賀町
- 班島
- 小値賀島
- 六島
- 倉島
- 赤島
- 牛の塔
- 野崎島
- 美良島
- 大島
- 小値賀空港
- 津和崎鼻
- 旧野首教会
- 白瀬
- 前島
- 番岳 443
- 五島列島
- 頭ヶ島教会
- 頭ヶ島
- 青砂ヶ浦天主堂
- 丸尾郷の鯨塚
- 似首
- 有川湾
- 祝言島
- 奈摩
- 津
- 青方神社
- 上五島空港
- 錦帆瀬
- 御船様
- 青方
- 浜浦
- 中通島
- 有川郷の鯨供養塔
- 日島曲石塔群
- 日ノ島
- 山王山
- 有福島
- 岩松島
- 南松浦郡 新上五島町
- 極楽寺
- 江上天主堂
- 葛島
- 奈留島
- 若松大橋
- 若松島
- 寄神貝塚
- 遣唐使船寄泊地の碑
- 姫島
- 糸串鼻
- 田ノ浦瀬戸
- 奈留瀬戸
- 三井楽貝塚
- 三井楽
- 堂崎教会
- 久賀島
- 致信山 ▲326
- 嵯峨ノ島
- 城岳
- 多々良島
- 田ノ浦
- 大開
- 椛島
- 父ヶ岳 ▲461
- 尾根尾島
- ツブラ島
- サザエ島
- 五島市
- 六角井
- 翁頭山 ▲429
- 石田城跡
- 大円寺
- 島山島
- 荒川
- 福江島
- 福江空港
- 鬼岳 ▲315
- 明星院
- 上崎山
- 白鳥神社
- 富江
- 富江陣屋跡
- 大瀬崎
- 鯨碑
- 山崎の石塁 (勘次ヶ城)
- 黒島
- 赤島
- 大宝寺
- 津多羅島
- 黄島

232　大陸とのかけ橋

五島の民俗芸能

コラム 芸

　五島地方には独特の民俗芸能や年中行事が伝わっている。五島市下崎山町に残るヘトマト（国民俗）は、毎年1月16日の昼から4時間ほどかけて行われる行事である。この日、若者が集まり町内の白浜神社の境内で相撲を奉納し、その後、新婚の女性が広場で酒樽のうえに乗って羽根つきをしたり、青年たちが裸で顔や体に「ヘグラ」とよばれるすすを塗り、二手に分かれて直径40cmの玉を奪いあったり、綱引きをしたりする。

　さらに、大ぞうり（長さ3m）をかついで町内をめぐり、若い女性をみつけると大ぞうりのうえにだきあげて、乗せたりおろしたりしながら、最後に山の神である山城神社にその大ぞうりを奉納する。

　三井楽の嵯峨ノ島に伝わるオーモンデー（国民俗）は、古くからこの島に伝わる盆踊りで、毎年旧暦の7月15日に行われる。10人から12人の踊り子が、襦袢をつけ、黄色の腰布をまき、さらに腰みのをつけ、五色の切り紙をつけた笠をかぶり、後ろに赤と黒の布をたらして踊る。

　福江市のチャンココ（県民俗）もオーモンデーと同系の古い念仏踊りで、頭に花笠、上に帷子をつけ腰みのをまき、裏声で念仏をとなえる。同系の念仏踊りは、玉之浦町・富江町・有川町・宇久町にも残る。

　そのほかの国選択無形民俗文化財として、玉之浦町大宝郷の砂打ちがある。旧暦の9月29日に行われ、砂鬼が村をまわりながら見物人に砂を打ちつける。これを砂打ちといい、厄除けになるという。

邸がある。この地は石田城の一角にあり、幕末の1853（嘉永6）年、30代五島盛成が隠居する際に、藩校育英館を小松原に移した跡地である。その庭園は回遊式で、池が「心」の字をかたどってあるため心字ヶ池とよばれ、親しまれている。その後は五島家の邸宅として使われ、現在は有料で公開されている。

　城跡から南へ5分ほど歩くと、武家屋敷通りにでる。藩政時代の石垣塀や武家門

五島邸

五島市中心部の史跡

が保存状態よく残っている。近年，この屋敷跡地の一角に，福江武家屋敷通りふるさと館が開館し，城下町の模型や写真パネルなどの展示のほか，郷土の民芸を実演体験できる場ともなっている。

倭寇の頭目王直ゆかりの六角井と明人堂

六角井 ㉘　〈M▶P.199, 232, 234〉　五島市唐人町844
福江港ターミナル 🚶 5分

　市内を流れる福江川にかかる唐人橋の手前を右にはいると，六角井（六角形の中国式井戸）が残っている。五島家17代宇久盛定(もりさだ)は1540（天文9）年，倭寇(わこう)の頭目であった五峰王直(ごほうおうちょく)との間に通商の密約を結び，居城（江川城）対岸の高台に土地をあたえ王直らを居住させた。その際，王直らが飲料水を得ていたのがこの井戸である。井戸枠を六角形に砂岩(さがん)の板石で囲み，井戸のなかも水面下まで六角形の井壁が板石でつくられているので，ちょうど六角柱を地中にたてたような井戸である。

　この一帯を唐人町といい，六角井から唐人橋へでると左手の川岸に明人堂(みんじんどう)がたっている。王直らは航海の安全を祈るために廟堂(びょうどう)を建立したが，その跡が現在の明人堂であるといわれている。以前は明人堂のそばに，交易のときに使用したと思われる荷揚げ場が残されており，付近一帯が交易の場として栄えていたと思われる。現在

六角井

の新しい明人堂(1999〈平成11〉年完成)は，官民一体となった建築資金の募金によってたてられたものであり，建築にあたっての石材などは中国から取りよせ，中国風の瓦葺きや壁画は，中国の工人の手によりなされたものである。

大円寺と明星院 ㉙㉚
0959-72-2569・0959-72-2218

〈M▶P.199,232,234〉　大円寺：五島市三尾野町1306，明星院：五島市吉田町1905

福江港ターミナル 🚌 富江線大円寺

五島家の菩提寺大円寺 空海ゆかりの明星院

　大円寺のバス停から福江川に沿って，約100m市街地のほうに戻ると右手に五島家菩提寺，広嶽山大円寺(曹洞宗)がある。前身は松月庵といい，五島家9代宇久勝が1403(応永10)年にたて，17代盛定が1521(大永元)年に菩提寺と定めた。16代宇久囲より35代盛輝までの墓がある。墓所は2カ所に分かれており，山門をはいった左手に東墓地，大円寺橋を渡って左手に西墓地がある。

　大円寺のつぎの明星院前のバス停から市街に戻りながら左折し，さらに直進すると宝珠山吉祥寺明星院(真言宗)にでる。寺伝によれば，806(大同元)年，弘法大師空海が唐からの帰朝の途次，ここに参籠して明星院と名づけ，1187(文治3)年，平家盛が宇久姓を名乗って，のちの五島家の始祖となって以来，五島家代々の祈願所となったという。

　現在の本堂は，1778(安永7)年五島家28代盛運が，火災のあと再建したもので，五島最古の木造建築物となっている。格天井には，狩野派の藩絵師藤原永章(のちの大坪玄能)の筆になる，121枚の花鳥画が極彩色に描かれている。護摩堂には，九州最古といわれる国の重要文化財の銅造薬師如来立像(飛鳥〜奈良時代初期作)や，木造阿弥陀如来立像(平安時代後期作，県文化)などが安置されている。

明星院

黒潮に浮かぶ五島列島

堂崎教会 ㉛
どうざききょうかい
0959-73-0705

〈M▶P.199,232〉 五島市奥浦町 2015 　P　
福江港ターミナル 🚌戸岐行堂崎天主堂入口 🚶10分

五島のキリスト教の歴史 布教の拠点堂崎教会

バスをおりると眼前に分かれ道があるが，右側の道をくだり，奥浦湾を右にみながら500mほど歩くと，レンガ造りの堂崎教会（県文化）に着く。1873（明治6）年，キリシタン禁制の高札がおろされて，信仰の自由の日々を迎えた。同教会は，五島における明治期以降の布教拠点として，1879年，フランスの宣教師マルマン神父がたてた小聖堂にはじまる。

現在の天主堂は，1908年に後任のペルー神父によって建て替えられたものである。長崎西坂で処刑された26聖人の1人，ヨハネ五島という五島出身の青年を記念して，日本二十六聖人殉教者聖堂と命名された。建造にあたったのは，長崎浦上天主堂建立を企画したフレノー神父ではないかと考えられている。外観は一部がイタリアから運ばれたといわれる赤レンガで，落着きと安定感のあるゴシック様式に仕上げられ，内部は木造でステンドグラス，コウモリ天井など定法どおりの天主堂建築となっている。

堂内は資料館ともなっており，五島にはじめてキリスト教を伝えたルイス・デ・アルメイダについての解説，「聖教木版画」（県文化）などのキリシタン資料が展示保存されている。庭内には，アルメイダの宣教の様子をうつしたレリーフ，ヨハネ五島の殉教碑，マルマン神父とペルー神父の碑などもたっている。

堂崎教会はかつて全五島布教の中枢基地であった。また，社会福祉施設や修道院の草分けでもあり，キリシタン史上からも重要な位置を占めている由緒ある天主堂である。現在は巡回教会となっている。

五島にアルメイダが来島しキリスト教を伝えたのは，18代宇久純

堂崎教会

バラモン凧

コラム

　バラモン凧は五島福江に古くから伝わる，彩りもあざやかな大凧の名称で，「バラモン」とは五島地方の表現で「荒くれ者，元気者」という意味である。絵柄には鬼にたちむかっていく武者の兜の後ろ姿が描かれ，羅生門の鬼退治伝説を表現しているといわれている。

　この凧の裏面は藤でできた鳴弓が張られているため，ブーンと唸りをあげて大空に舞いあがる。これが悪魔を払うという言い伝えから，五島では男の子（長男）の初節句（旧暦3月3日）に祖父がバラモン凧を贈る風習がある。子どもの厄を払い，すこやかな成長と立身出世を祈願するのである。

　起源については，五島ゆかりの遣唐使船寄港地，倭寇の根拠地と結びつけて，大陸系か南方系の凧という説もあるが定かではない。

　図柄は何種類かあるが，クルス（十字架）が図案化されているものがあることには興味をひかれる。

　また，旧暦の3月3日を男子の節句としていることは，不思議としかいいようがない。この旧暦3月3日ころは，キリスト教の復活節にあたることから，キリスト教禁制によって，心のよりどころを失った五島福江の武家のキリシタン一族が，主の復活を祈念して考案したのではないかという考え方もある。

　この凧は民芸品としての評価も高く，みやげとして観光客に人気がある。また，福江の武家屋敷通りにある「ふるさと館」では，来館者が絵付け（有料）を楽しむことができる。

バラモン凧

定の治世1566（永禄9）年のことである。その後，紆余曲折はあったが，信者数は2000人ほどまで増加したという。しかし，1587（天正15）年の秀吉によるバテレン追放令，徳川幕府による1612（慶長17）年からの禁教令などによって，五島でも宗門改めが厳しく行われるなど弾圧はしだいに強化された。この結果，五島における初期キリシタンはほぼ壊滅したと思われる。ところが1797（寛政9）年，大村藩外海地方（黒崎村や三重村など）のキリシタン農民が，公式に五島へ移住をはじめた。その後も移住は続けられ，その数は3000人

ともいわれる。移民は居付農民とよばれ、福江藩の指示により、宇久島を除く五島列島の大小の島々に住み着いた。一説に慶応年間(1865〜68)には、五島全域に74のキリシタン集落があったという。この地の信者たちが一般的に隠れキリシタンとよばれる人びとで、仏教徒を装いながら固く結束した信仰をひそかにまもり続けたのである。

1865(慶応元)年は、長崎大浦天主堂におけるプチジャン神父による、浦上の4人の旧信徒発見の年である。これを契機に長崎の地で潜伏していたキリシタン数千人の発見があいつぎ、五島若松出身のガスパル与作の伝道などで、五島列島でもキリシタンは復活した。しかしこの後、長崎では外交問題にまで発展した「浦上四番崩れ」とよばれるキリシタン弾圧がおこり、五島全島でも「五島崩れ」といわれる苛烈な迫害がはじまった。とくに福江島に近い久賀島の信徒200人は、松ヶ浦(猿浦)に設けられた牢屋(現、牢屋の窄殉教記念聖堂の地)に閉じこめられ、40人ほどが死亡した。うち1人の墓碑は、同島細石流集落のキリシタン墓地でみつかっている。これらの弾圧と迫害がおさまったのは1873(明治6)年のことであり、日本の近代史に1つの汚点を残している。

遣唐使船寄泊の地 ㉜

〈M▶P.199, 232〉 五島市岐宿町岐宿郷魚津ヶ崎 P
福江港ターミナル🚌三井楽行魚津ヶ崎🚶15分

遣唐使船最後の寄港地 貴重な貝塚が残る岐宿町

福江港からバスで30分ほどの魚津ヶ崎バス停でおり、海側に向かって15分ほど歩くと整備された魚津ヶ崎公園に着く。園内には遣唐使船寄泊地の碑がある。この一帯は魚津ヶ崎とよばれ、白石湾に突きでた岬の1つである。白石湾はおもに、後期遣唐使の国内最後の寄

遣唐使船寄泊地の碑

港地として，奈良時代に編纂された『肥前国風土記』にみえる川原の浦のことである。近くには風力発電所もあり，海の色と打ち寄せる波しぶきの風景はすばらしく，春と秋にはそれぞれ無数の菜の花とコスモスが咲き乱れる。キャンプ場も整備され，多くの人が訪れる名所となっている。

　福江島の北部に位置する岐宿町には，貝塚が広範囲に分布している。民家のすぐ近くにも貝層が露出し，その規模は九州一である。県内では5番目に長い一ノ川，水量を誇る鰐川，浦ノ川が流れ込んで中州をつくり，海水と混じって貝類生息地域となった。その河口にはいずれも遺跡が残されている。そのうちの1つである寄神貝塚（県史跡）は，弥生時代前期から後期にかけての約300年間にわたる，貝などの廃棄物の層が保存状態よく残されている。しかも80種におよぶ貝類のうち，サザエ・アワビなどの岩礁性の貝が90％以上を占めており，全国でも類をみない貝塚として名高く，学術上貴重な遺跡である。岐宿町内の城岳（標高216m）山頂には，「岐」の文字をきざんだ石塁をもつ山城跡がある。宇久島より岐宿に拠点を移した宇久覚の城跡ともいわれている。

大宝寺 ㉝
0959-87-2471　〈M▶P.199,232〉　五島市玉之浦町633
福江港ターミナル🚌玉之浦行大宝🚶5分

　福江港から1時間15分ほどバスに揺られると，大宝に到着する。中学校跡を左にみて300mほど歩くと漁業協同組合にでるが，さらに右折すると弥勒山大宝寺（真言宗）がある。寺伝によると，大宝寺の歴史は，701（大宝元）年，中国より三論宗の道融和尚が大宝の浜に上陸し，寺院をたてたことにはじまるという。その後空海が中国からの帰国の途次，当寺に参籠し真言密教の教えを説き，807（大同2）年，真言宗に改めたとされる。この由来をもって大宝寺は，紀州高

大宝寺

黒潮に浮かぶ五島列島

野山に対して「西の高野山」ともよばれている。

大宝寺の梵鐘(県文化)は、播州多賀郡(現、兵庫県)西林寺の僧増進が明への渡航安全を祈願し寄進したものである。この梵鐘は南北朝時代の特徴をよくあらわしており、また、「応安八(1375)年」でおわる貴重な歴史資料となる銘文も陰刻されている。

玉之浦町には、最澄が入唐の際に航海安全を祈願したといわれる白鳥神社がある。創建は702(大宝2)年、祭神は日本武尊である。最澄が無事帰国した際に参籠できず、自作の十一面観音を奉納したといわれる。この地は長崎県内では、男女群島についで温暖なところで、多数の常緑樹が生いしげるその社叢は、県の天然記念物に指定されている。

なお、戦国時代のはじめの明応年間(1492～1501)に勢力を拡大した玉之浦氏は、宇久氏の家臣であった。しかし、宇久氏の支配に反旗を翻した玉之浦納は、1507(永正4)年福江の宇久囲を攻めたが(玉之浦納の乱)、1521(大永元)年に囲の子盛定に敗れ、三井楽の嵯峨島にのがれ自刃した。

山崎の石塁 ③④

〈M▶P.199,232〉 五島市富江町山崎郷 P
福江港ターミナル🚌富江行富江下車、乗換え山下線山崎
🚶15分

「西の高野山」大宝寺
白鳥神社と玉之浦の歴史

迷路状に構築された石塁
サンゴの町富江の歴史

福江港からバスで45分、サンゴの町として知られる富江町の南東4kmの地点の海岸に、砦状の石塁(県史跡)が残っている。人頭大の火山礫によって、迷路のように構築されおり、高さ4m、長さは80mにおよぶ。伝承によると、弘化・嘉永(1844～54)のころに発狂した船大工勘次が構築したともいわれ、「勘次ヶ城」の称もある。一帯は、松浦党の豪族田尾氏の所領であり、田尾氏の砦だったとも考えられる。しかし、周辺から明銭や明焼陶器、数百体の人骨が出土したことから中世に活発だった倭寇の築城説が有力である。

富江は1661(寛文元)年、五島盛次の弟盛清が3000石をもって分封され、富江陣屋を築いた。陣屋は現在の富江中学校のグラウンドを中心に約1万坪(3万3000m²)におよぶが、今は畑地や宅地となっており、わずかに石倉の跡と大手門が残るのみである。石倉は切石造りで長さ25m・幅8m・高さ4.5m、屋根は残っていない。大手門

は実相寺(浄土宗)の山門として使われていたが,現在は同町の田尾小学校に保存されている。富江藩は1868(慶応4)年,五島藩領への併合に抵抗した(富江騒動)ものの,1870(明治3)年に併合された。

嵯峨ノ島周辺の史跡 ㉟

〈M▶P.199,232〉 五島市三井楽町
福江港ターミナル🚌三井楽下車,乗換え貝津線貝津,貝津港⛴30分

2つの火山が結合した嵯峨ノ島 死者再生の地三井楽

嵯峨ノ島は,福江島北西部,三井楽(五島市三井楽町)の西方4kmの海上に浮かぶ火山島である。北の男岳と南の女岳の両火山(アスピーテ火山)が結合した島で,結合部に集落がある。島の西岸は,東シナ海の荒波に洗われた両火山の火口壁が断層をなしており,学術的にも重要とされる。

嵯峨ノ島の対岸は三井楽町である。三井楽町は福江島の北西部にあたり,標高182mの京ノ岳(アスピーテ火山)を中心に形成された半島にある。三井楽湾に流れ込む柾淵川の河口左岸には,三井楽貝塚(弥生時代)が形成されている。万葉時代には福江島のことを値嘉島といったので,三井楽は値嘉の岬,また旻楽済(美禰良久)などとよばれた。また,平安時代の『蜻蛉日記』には「ありとだに よそにても見む 名にし負はば われにきかせよ みみらくの島」とある。古代の人は三井楽を,「なくなりぬる人のあらはに見ゆる」(亡くなった人がはっきりみえる。同じく『蜻蛉日記』)ところと信じ,死者が数年でこの地に再生するとも考えた。これは遣唐使船の漂着生還に関係あるものと推測され,京の都では三井楽が西のはてにある精神的な世界としてとらえられ,強く意識され話題になっていたものと考えられる。このように,万葉時代や遣唐使にゆかりの深い同町には,現在,「白良ヶ浜万葉公園」や「遣唐使ふるさと館」などの施設が整備されている。

江上天主堂 ㊱

〈M▶P.199,232〉 五島市奈留町大串1131
奈留港バスターミナル🚌大串行江上🚶3分

文化的価値の高い教会 県文化財の木造教会

奈留町江上地区の今は廃校となっている小学校の脇に,クリーム色があざやかな江上天主堂(国重文)が,木々に覆い隠されたようにひっそりとたたずんでいる。

江上天主堂は,1881(明治14)年に東彼杵郡や西彼杵郡から移住し

黒潮に浮かぶ五島列島　　241

江上天主堂

た4家族が受洗したことにはじまるという。当時は教会はなく、信者の家でミサが行われていた。今の敷地にはじめて教会がたてられたのは、1906年である。

　現在の教会は1918(大正7)年、当時各地に数多くの美しい教会をたてていた、鉄川与助(てつかわよすけ)が手がけたものである。教会はロマネスク様式だが、外部も室内も簡素ですっきりしたものになっている。町教育委員会の説明板には、「それは建築内外ともに、様式を消化した簡素で統一的な手堅さを示していた、日本に定着した木造の様式的教会建築の定型的な姿といえる」とある。木造教会としての文化的価値は非常に高く、2008(平成20)年に国の重要文化財に指定された。天井と内部装飾、そして、やや色あせてはいるが、ステンドグラスが荘厳な雰囲気をかもしだしている。

　現在は、過疎化による信徒減少のため主任司祭はおらず、奈留(なる)教会の巡回教会となっている。

中通(なかどおり)島の史跡(しせき) ㊲

〈M▶P.198,232〉　南松浦郡新上五島町(しんかみごとうちょう)
佐世保港🚢有川、長崎港🚢奈良尾港

数多くの教会
遣唐使、風待ちの島

　中通島は、五島列島の北部に位置する南北40kmの細長い島である。ここは、かつて遣唐使が風待ちのために立ち寄ったところでもある。この地域に神仏にちなんだ地名・史跡が数多く残っているのは、そのためである。遣唐使が風待ちのために立ち寄った合蚕田浦(あいこだうら)(現、青方(あおかた)湾)の南、今里(いまざと)浦の入口に、遣唐使船の帆を干したとされる錦帆瀬(きんぽ)とよばれる海岸が残っている。またその浦の奥部には、御船様とよばれる史跡も残っており、778(宝亀(ほうき)9)年この石の前で遣唐使の第三船が無事帰着したことの「願解(がんほどき)」と、都までの帰路の無事を祈ったといわれる。

　中世、新上五島町青方郷は、豪族青方氏の拠点となっていた。青方氏は南北朝以降松浦党の一員に加わり、江戸時代には五島藩の家

鉄川与助

コラム

　長崎県を中心とした教会堂建築の完成に多大な功績を残した鉄川与助は、1879（明治12）年長崎県南松浦郡新上五島町青方郷に生まれた。1906年に建築業の家業を父与四郎から相続、97年の生涯をとじるまでに手がけた建物は、カトリック教会だけでも50を数える。

　1899年ごろ、同町小串郷にある曽根天主堂（木造の旧曽根天主堂をさす）の建築に参加したのが、教会堂建築とのかかわりの最初である。家業相続後は桐の浦天主堂を出発点として、木造からレンガ造りにかえつつ、野首天主堂、青砂ヶ浦天主堂などをつぎつぎと建築した。ついで1919（大正8）年、全国的にも数少ない石造りの頭ヶ島天主堂を設計・施工した。以後、構造をコンクリート造りにかえ、紐差天主堂、浦上天主堂などを完成させていった。

　はじめは外国人宣教師に指導をうけ、ヨーロッパの教会に範をとっていたが、みずからも研鑽を積み、わが国の風土にあわせた独自の建築スタイルと、その技術を会得した。設計から施工まで一貫して請け負ったので、単に建築家というより「棟梁建築家」とよんだほうがふさわしい。わが国の近代建築史上において高く評価される与助は、日本建築学会終身正会員でもあった。

老職までつとめた。青方氏の旧蔵文書である「青方文書」（県文化）の研究によって、中世の松浦党の構造が明らかになり、この地方の国人一揆の性格究明もおおいに進むことになった。新上五島町の中心部には、青方氏の氏神であった青方神社（青方郷）があり、11月に行われる神社の例祭には、上五島神楽（県民俗）が奉納されている。

　江戸時代を中心に、上五島は捕鯨で栄えたところでもある。この周辺の捕鯨は有川湾で、慶長年間（1596～1615）にはじまったと伝えられている。島には2つの鯨供養塔が残されており、往時の賑わいをしのぶことができる。1つは丸尾郷の鯨塚であるが、鯨見山があった標高29mの丘陵上にあり、5基の供養塔がある。有川湾の捕鯨は、17世紀の後半ごろから18世紀前半が最盛期で、その後不漁となる。有川郷の鯨供養塔は5基あり、郷内の鯨見山に1712（正徳2）年にたてられた。

　現在、新上五島町内には全部で29の教会があり、信仰の島としての一面をうかがい知ることができる。そのすべてが海に面してたてられており、海とともに生活する人びとの日々の支えとして、その

黒潮に浮かぶ五島列島

生活をみまもっている。多くの教会のなかには，現存する木造教会のなかではもっとも古いといわれる江袋教会(曽根郷)など，個性あふれる教会をみることができ，地域とともにその歴史をきざんできたことがわかる。なお，中通島の2地区が重要文化的景観に選定されている(新上五島町北魚目の文化的景観，新上五島町崎浦の五島石集落景観)。

頭ヶ島教会 ㊳

〈M▶P.198,232〉 南松浦郡新上五島町友住郷638-1 P
有川町バスセンター🚌上五島空港行頭ヶ島教会入口🚶15分

中通島の沖合約200mのところにあり，現在は橋で結ばれている頭ヶ島は，かつてキリスト教信者が潜んで生活するのに適した島であった。頭ヶ島教会(国重文)は，信者たちの献身的な協力によって，1919(大正8)年に完成したが，工事がおわったあと，全財産を使いはたしてしまった信者もいたという。

この教会は西日本唯一，また全国的にも珍しい切石積の石造り教会堂であり，創建時の原型が完全に保存されていることでも有名である。設計・施工は五島地区の教会を数多く手がけた鉄川与助で，鉄川の唯一の石造り天主堂でもある。鉄川は当時の大崎神父と相談のうえ，さきに司祭館を地元の砂岩でつくって，レンガでなくても天主堂はたつということを確認したうえ，教会堂の建設にとりかかったという。

この教会の建築上のもう1つの特徴は，その内部の構造である。正面中央に方形の鐘塔があって，上部には八角形のドームがある。天井は二重の持ち送りのハンマー・ビーム架構で折りあげられており，この種の天井もほかの教会建築にはみられないものである。

頭ヶ島教会

切石積でつくられた頭ヶ島教会。国重文

五島うどん（細麺の手延べうどん） 食 コラム

　昭和初期のある地理教科書付録に「(五島)有川村の名産 鯨・うどん」の記事があるときく。これは相当古い時代からうどんの食文化が根づいていたことをうかがわせるものである。しかし，五島うどんの発祥については，遣唐使船説，元寇時の捕虜説，日明貿易説，江戸期の関西や瀬戸内地方からの漁師移住説などさまざまあり，定かではない。

　近年の遣唐使船説では，製法が酷似していること，寧波と五島は南島路において，ともに遣唐使船が往来する際の，最初もしくは最後の寄港地であったこと，うどんが遣唐使船の保存食であったと思われることなどから，中国・浙江省永嘉県岩坦地区に伝わる索麺（うどん）がルーツではないかといわれている。この説によれば，遣唐使一行によって伝えられた索麺の製法が，五島から全国に広まった可能性が高いといえる。

　いずれにしても，この手延べうどんが根づいた五島列島は，傾斜地が多く，水田耕作よりも畑作による小麦や甘藷の栽培が盛んであった。したがって，小麦を使った保存食として手延べうどんが重宝がられてきたことは想像にかたくない。五島の先人たちは，島内産の小麦粉を海水で練り，島に自生するツバキの油でうどんをつくってきたものと考えられる。食べ方としては，麺を茹でた鍋ごと食卓に供する，いわゆる「地獄炊き」が一般的である。

五島うどんの製造

また司祭館もベランダを配するなど，構造的にも珍しく，教会堂とともにわが国の教会建築史上，ほかに例をみない存在である。ここより徒歩で5分，海岸側にくだると，キリシタン墓地があり，この土地の人びとの信仰の深さを知ることができる。

青砂ヶ浦天主堂 ㊴　〈M▶P.198,232〉南松浦郡新上五島町青砂ヶ浦郷
0959-52-8011　青方バスセンター🚌奈摩経由青砂ヶ浦別れ道🚶すぐ

　青砂ヶ浦天主堂(国重文)は，中通島の北，青砂ヶ浦海岸の丘の上に奈摩湾をみおろすようにたつ赤レンガ造りの教会である。この地域には，長崎の外海地方からのがれてきたキリスト教信者が住んでいた。信者たちにより，1879(明治12)年に最初の教会が海岸沿いに

海をみおろす赤レンガ造りの教会。国重文

黒潮に浮かぶ五島列島

青砂ヶ浦天主堂

たてられた。その後場所をかえて3つ目にあたるこの教会が、鉄川与助の設計施工によって、1910年に完成した。ちなみに、鉄川の故郷である丸尾地区からもっとも近い場所に位置する教会でもある。

　天主堂はゴシックからロマネスク様式への転換期の特徴をもつ、レンガ造りの重層屋根構造である。正面にたつマリア像と赤いレンガの対比が美しい。正面の入口には台座と植物文様(ブドウ)をほどこした石造りの円柱がある。屋根が2層になったことにより、リブ・ヴォールト天井(柳天井)が採用された。また内部の装飾も意匠をこらしたものになった。

　このように外観内部ともに非常に均整のとれた構造になっており、日本人設計者の手によるレンガ造り教会の代表作ともいえる。この後、長崎県内の離島を中心に多数建設されてゆくレンガ造り教会堂の構造・意匠の原点ともなった教会堂である。

極楽寺 ⓚ

〈M▶P.199,232〉　南松浦郡新上五島町若松郷211
若松港より🚶5分

本尊の阿弥陀如来像は大陸から伝来

　若松島のほぼ中心に位置する極楽寺(浄土宗)には、本尊として阿弥陀如来立像(国重文)がおかれている。高さ36.4cm、本体は銅造で鍍金がほどこされ、統一新羅時代(7世紀末〜9世紀初め)の作とされている。ろう型の鋳造によるもので、渡来小金銅仏のなかに

極楽寺阿弥陀如来立像

246　大陸とのかけ橋

日島曲石塔群

コラム

　五島列島や壱岐・対馬など国境をまたぐ島々では、関西方面で制作された五輪塔や宝篋印塔などの中世・石塔類が大量（約300基分）に運ばれ建塔されている。おもに1300年代後半から1400年代前半ごろにかけて、きわめて一時的に搬入されたものである。その大部分は、若狭湾に面した福井県高浜町日引地区で制作された日引石塔であり、そこから日本海ルートで運ばれたものと思われる。

　この代表的な遺跡が日島である。日島は若松町の一小島であるが、この島の曲とよばれるところには、海岸部分に日引石塔などの関西制作塔が約50基分建塔されている。

　対馬や平戸でも多数確認されるが、日島の集中的な建塔は驚くばかりである。

　福井県産の日引石塔は、日島など長崎県内の島々に一番多く運ばれ建塔されているが、九州では一乗院跡（鹿児島県坊津）や法輪寺（福岡県芦屋）、さらに山口県や島根・鳥取県などの日本海側でも確認されている。また、東北では日本海交易で活躍した安藤氏の拠点、青森県十三湊でも建塔されており、若狭湾を拠点にした日引石塔の広がりを示している。

　日本海から東シナ海にかけて、日本列島の北から南まで大量に運ばれた日引石塔から、中世における日本海海上ルートの活発さがうかがえる。

日島曲石塔群

あって、大きさにおいても、力強い造形の秀逸さにおいても注目される。遣唐使由来とも考えられるが、その伝来については明らかではない。

小値賀島の史跡 ㊶

〈M▶P.198,232,248〉　北松浦郡小値賀町
佐世保港　笛吹港下船

平戸松浦氏の発祥の島
鯨組小田家の根拠地

　古代、五島列島は「値嘉島」とよばれており、その古名を島名にもつ小値賀島は、五島列島の北部に位置する平坦な島である。島のほぼ全域にわたり古代の遺跡がみられ、中世には宇久島とともに東アジア諸国との中継貿易港としても栄えた。また平戸松浦氏の発祥の地として、五島列島のなかで唯一平戸藩に属するなど、五島列島のなかでもとくに古く、豊かな歴史を秘めている島である。

黒潮に浮かぶ五島列島

小値賀島の史跡

代表的な遺跡の神ノ崎遺跡(県史跡)は、笛吹港内につきでた黒島とよばれる小さな岬にある。弥生時代から古墳時代にかけて継続して営まれた墓地で、五島列島で唯一の弥生時代の金属器(鉄斧2点)が発見された。5世紀中ごろの朝鮮半島南部で制作された陶質土器も出土しており、古くからの朝鮮半島との深い交流をうかがい知ることができる。また古墳時代の墳墓群としても、五島列島唯一最大の規模をほこる遺跡であり、五島列島の古墳時代の解明に大きな成果をもたらした。

この島は往時は2つの島からなり、鎌倉末期に平戸島を本拠としていた豪族源定が、島の瀬戸を埋め立てて17町歩(約17 a)の新田にしたという。工事は潮流が激しく難工事となり、使役された多くのウシが犠牲になった。このため、1334(建武元)年に高さ157cmの供養塔を舟瀬海岸に建立し、浄善寺(天台宗)の住職によって、現在も「牛の塔祭」として供養がとり行われている。石碑の下には、妙法蓮華経の文字6万3000字を書き写した一字一石経が埋納されている。この供養塔を牛の塔という。現在は石造りの覆家に保護されている。

野崎島は小値賀島の東方にある南北に細長い島であり、現在は過疎化により無人島となっているが、島中央部の野首地区に旧野首教会(県有形)がある。信者が島を去ったあと、一時荒廃していたが、町の全面修復整備によりよみがえった。日本の教会建築史上著名な鉄川与助の最初のレンガ造りの教会であり、1908(明治41)年10月25日に献堂式が行われた。ゴシック様式を忠実にまもり、小規模ながらよく均斉のとれた意匠を示し、屋根は単層、平面は三廊式、内部

小田家と小値賀の捕鯨

コラム
産

　江戸時代から明治時代にかけて小値賀島の産業の中心の1つが捕鯨であった。小値賀の捕鯨は承応年間(1652〜55)に紀州藤代の住人藤松字右衛門尉正俊によってはじめられたとされるが、そのあとをついだのは壱岐から進出してきて、1685(貞享2)年に組をおこした小田傳兵衛重憲であった。その小田組は小値賀を中心として鯨組の経営だけでなく、新田畑の開発、酒造、海産物売買、廻船業など手広い事業を行い多くの財をなした。その基盤を確立したのが2代目当主の傳次兵衛重利であった。彼は信仰心篤く、笛吹の阿弥陀寺に隣接する場所に1715(正徳5)年当初念仏堂と称された万日堂(県有形)を建立した。これは現存する小値賀町最古の建物であるばかりではなく、現存する五島列島最古の木造建築物でもある。

当初の部材の残存率も高く、内外観とも意匠的にも空間的にもすぐれており、建築学上貴重な文化遺産である。

　小値賀の殖産興業や民生に大きな貢献をはたした小田家であったが、1987(昭和62)年に小値賀を去るにあたって、家屋敷をはじめ、先祖から伝えられた美術工芸品や古文書などを町に寄付した。現在、屋敷は小値賀町歴史民俗資料館に生まれかわり、小値賀町をはじめ五島列島の歴史と文化を肌で感じられる場所となっている。

阿弥陀寺万日堂

立面は単層、天井はリブ・ヴォールト天井(コウモリ天井)、床は板敷きとなっている。

　小値賀島を主島とする島嶼部は、小値賀諸島の文化的景観に選定されている。

宇久島の史跡 ㊷

〈M▶P.198,232〉 佐世保市宇久町
佐世保港🚢 平港

平家落人伝説
五島氏発祥の島

　「平」という地名が象徴しているように、宇久島は平家落人伝説を今に伝える。島は、五島列島の最北部にあり、中央部には城ヶ岳(258.6m)がそびえ、海岸は断崖状をなし、東海岸には砂丘が発達している。海岸部には、旧石器時代から弥生時代にかけての数多くの遺跡が存在する。佐世保からのフェリーが発着する宇久平港近く

舟隠し

の松原遺跡(平郷)からは，弥生時代の朝鮮半島を源流とする支石墓とそのほかの墳墓群が発見され，朝鮮半島および北部九州地域との交流を明らかにする重要な手がかりとなった。神島神社(平郷)に続く町道のかたわらに支石墓の板石がまつられている。また，838(承和5)年比叡山延暦寺の僧円仁が遣唐使として唐に渡ったとき，往路，最後に立ち寄った島「有救島」として登場することでも知られる。これらは，古代における宇久島が，大陸との架け橋の役割をはたしていたことを示すものである。

平港から徒歩約5分，五島氏の始祖宇久家盛が1187(文治3)年に創建し，家盛以下，7代の墓をようする東光寺(曹洞宗)がある。宇久氏の出自については，その祖家盛が平忠盛の子であり，壇ノ浦の戦いののち，1187年に入島したことにはじまるという伝説がある。島の西海岸に位置する火焚崎には，家盛が上陸したという舟隠しがある。家盛ののち，扇・太・進・競・披・実・覚と続き，南北朝時代の1383(永徳3)年に，8代宇久覚が本拠地を福江島の岐宿に移した。20代純玄のとき五島氏を称し，小値賀島と中通島の一部をのぞく五島列島全域を領した。「青方文書」によると，覚の子勝が室町時代の1413(応永20)年まで，宇久島に在住していたことがわかる。神島神社の近くには武家屋敷跡(平郷)が残っているが，福江のそれとよく似た石積みの石塀をもっている。また平郷には，宇久氏の中世山城跡があり(城ヶ岳城跡)，東光寺の北から西一帯には「山本館」とよばれた宇久氏の居館もあったとされ，この島より五島藩が発祥したことがしのばれる。

あとがき

　長崎県高等学校教育研究会地歴公民部会歴史分科会が，旧版『長崎県の歴史散歩』全面改定の依頼を受けたのは，2002(平成14)年4月のことである。旧版刊行からすでに15年が経過しており，その後の歴史研究や発掘調査の成果を盛り込んで，記述・内容を一新する必要が生じたためである。以来約3年を費やして改訂・執筆作業を進め，体様・装幀も全面的に改めた新版の刊行にようやくこぎ着けることができた。

　長崎県の歴史は多様である。島嶼部と半島で形成された県内のいたるところに海外交流の足跡があり，異文化との接触のなかで形成された生活文化がある。本県地方が旧肥前国，対馬，壱岐の3カ国に属し，江戸時代には天領長崎や5つの藩，佐賀藩領諫早をはじめとするいくつかの飛び地に分立していたことも多様性の背景にあるといえよう。このような特色を持った本県の歴史を，一つの県の歴史として統一的に扱うのは当然ながら困難なことである。編集・執筆の過程で，身近な郷土の歴史を平易な文体で綴ることの難しさを，幾度となく味わうこととなった。また，紙面の都合もあり，未収録の地域や史跡・文化財を残していることが，編集・執筆者一同にとって何よりも心残りである。

　こうした事情から，果たして本書が読者の方々のご期待に応えられる内容となっているか不安であるが，ご一読のうえ，忌憚のないご批判をいただければ幸いである。

　最後に，本書の刊行にあたり，貴重な写真や図版，研究成果をご提供くださった関係各位，執筆者を郷土史研究の分野へと導いてくださった旧版執筆の諸先生方，山川出版社編集部に感謝申し上げたい。

　　2005年6月

　　　　　　　　　　　『長崎県の歴史散歩』編集・執筆委員長
　　　　　　　　　　　　　　　　　　　　山西善雄

【長崎県のあゆみ】

日本の表玄関・長崎県

　日本列島の最西端に位置する長崎県は，海と島と半島によって形成されている。古代，それぞれが1つの国であった対馬と壱岐をはじめ，平戸島，五島列島などの有人・無人の島々の面積は長崎県全体の約3分の1を占め，本土部分をあわせて377kmにもおよぶ海岸線の総延長は全国一である。陸地は，長崎半島，西彼杵半島，島原半島，北松浦半島などからなり，いずれも丘陵性の地形で平地に乏しく，諫早平野が小規模ながらも県下では唯一の平野である。

　玄界灘，東シナ海など九州本土に匹敵する広大な海域は，古代から対外交渉のルートであり，本県地方はわが国の表玄関の役割をになってきた。

原始・古代

　1960(昭和35)年にはじまる福井洞窟遺跡(佐世保市吉井町)の発掘調査によって，最下層(第15層)からほぼ3万1900年前のものと推定される石器が，第3層からは約1万2700年前と推定される隆線文土器が発見された。さらに佐世保市の泉福寺洞窟からは，これより古い約1万4000年前のものと推定される最古級の豆粒文土器が発見され，これらが旧石器時代から縄文時代への過渡期の遺跡であると確認された。県内各地で発見されている縄文時代の遺跡には，平戸瀬戸海岸部のつぐめの鼻遺跡(平戸市田平町)などのように，クジラ・イルカの捕獲を含め，組織的な漁撈活動の跡をうかがわせるものが含まれており，遺物のなかには，朝鮮半島南部のものとの共通性が確認されているものもある。

　なお，近年，平戸市の入口遺跡より，9〜10万年前のものと考えられる計27点の中期旧石器が発見された。日本最古級の旧石器として，また，大陸からの石器文化の波及を考えるうえでも貴重な発見といえよう。

　長崎県下の古代史は，対東アジア交流史と密接な関わりをもつ。国境の島対馬の語源は「津の島」で，大陸と本土との中継地を意味するらしい。また，1993(平成5)年，壱岐原の辻遺跡で環壕集落跡が発見され，ここが中国の史書『魏志』に記された「一支国」の中心地であったと確認された。県内において前方後円墳や式内社がこれら玄界灘の島々に集中することは，ヤマト政権が軍事活動を含めて朝鮮半島との関係を緊密にするなかで，この地域の首長が出現してきたことを物語っている。神島神社(五島列島，小値賀島)や志々伎神社(平戸島南端)に鐶頭太刀が伝世し，神功皇后新羅出兵伝承を付帯していることも，同じく大陸との交渉を示唆しているといえるだろう。

　五島列島も古代における重要な航海拠点であった。とくにヤマト政権と新羅との関係悪化後，遣唐使船が南路を経由するようになった8世紀からは，ヤマト政権における西の国境として外交ルートの拠点となった。740(天平12)年，大宰少弐に

左遷された藤原広嗣は、挙兵後五島列島をたどって新羅へ脱出しようとして失敗している。

白村江の戦い(663年)ののち、対馬や壱岐に防人が設置されたように、ヤマト政権がこれら国境をまたぐ島々を、軍事を含めた外交上の拠点として維持し続けるにあたっては、多くの負担と義務・危険を人びとに強いたはずである。

中世

律令体制の下で、全国は畿内・七道に行政区分され、さらに国・郡・里(郷)に区画された。長崎県地方には、佐賀県部分をあわせて肥前国がおかれ松浦郡・彼杵郡・高来郡に分けられた。壱岐・対馬はそれぞれが独立の国であった。しかし、10世紀の初めには律令制の崩壊が公然化し、長崎県地方でも荘園・公領による土地支配が進んでいった。11世紀末ごろ、筑後川(福岡県)上流域から肥前国松浦郡にかけて宇野御厨が設定された。宇野御厨は、大宰府の食糧を確保するためのもので、海産物を貢納した贄人が存在したと考えられる。彼杵郡一帯には、京都の九条家や仁和寺・東福寺などを荘園領主とする彼杵荘が、公領としては高来東郷・高来西郷などがあった。これら荘園・公領は、その後の武士団台頭の基盤であり、とくに宇野御厨の域内は、嵯峨源氏を出自とする松浦党とよばれる中小武士集団の根拠地となっていった。かれらは、鎌倉幕府成立後は個々に幕府と御家人関係を結んでいったとされ、また、源平争乱以来の水軍の伝統をいかし蒙古襲来時に奮戦、倭寇として私貿易に従事したものも多かった。1419(応永26)年、日朝貿易を掌握していた宗氏の根拠地対馬が朝鮮軍により襲撃される(応永の外寇)のは、ここが倭寇の拠点と目されたからである。

彼杵郡内には多くの地頭が設置されたが、それらの在地は波佐見・川棚・伊木力・日宇・深堀など、現在もこの地域に残る地名から推定される。

16世紀にはいると、九州では大友(豊後)・龍造寺(佐賀)・島津(薩摩)の3氏が鼎立し、松浦氏・大村氏・有馬氏などの県内の在地勢力の攻防も、3氏の力関係によって左右された。

この時代、南蛮船(スペイン船・ポルトガル船)の来航は、当時の戦国大名に、また、その後の日本文化に大きな影響をあたえることとなる。

県内では、王直(中国福建省出身の倭寇の頭目)の誘引により、1550(天文19)年平戸に最初にポルトガル船が来航し、その後、各大名の保護のもと、口之津(南島原市口之津町)・横瀬浦(西海市西海町)・福田浦(長崎市)の各港への入港をみる。

平戸の領主松浦隆信は、ポルトガル船の来航を歓迎し、中国・南蛮貿易の利潤は、領主松浦氏が近世大名へと成長する礎となった。貿易はキリスト教の布教と不可分の関係にあり、南蛮船入港の年には、イエズス会宣教師フランシスコ・ザビエルが来島する。隆信は貿易のために布教を許したが、城下では仏教徒や家臣団と宣教師らとの対立が生じ、南蛮船は平戸を去った。

長崎県のあゆみ

ポルトガル船は大村純忠との交渉により横瀬浦に寄港し、この地で貿易を再開、純忠も1563（永禄6）年にこの地で受洗し、日本最初のキリシタン大名となった。しかし、ここもポルトガル船の安住の地ではなく、反純忠派の家臣団（後藤貴明派）によって焼き払われ、わずか2年にして貿易港の機能を失う。その後いったん平戸に戻ったポルトガル船は、大村氏領内の福田浦に入港する。

　水深があり、風波を避けるのに好適な港として長崎が開港するのは、1570（元亀元）年である。長崎は、純忠の家臣で、横瀬浦でともに受洗した長崎甚左衛門純景の支配するところであった。前後して町割が行われ、集住してきたキリシタンをもとに、島原町・大村町・文治町・平戸町・横瀬浦町・外浦町の6カ町が開かれた。また、龍造寺隆信の勢力からの防衛、ポルトガル船の入港促進などの目的から、純忠は長崎と茂木をイエズス会に寄進、キリスト教に改宗していた有馬晴信も、領地の浦上を寄進した。イエズス会による長崎・茂木・浦上支配は、豊臣秀吉のバテレン追放令発令によって、没収に至る1587（天正15）年まで続いた。

　この時期に、アルメイダ修道士・ヴァリニャーニ神父・トルレス神父ら多数の宣教師が布教活動を行い、多くの人びとがキリスト教に改宗した。大村氏領内の信者は約6万人ともいわれ、全国の信者の約半数を占めていたといわれている。

　1582（天正10）年には、長崎港から4人の日本人少年を乗せたポルトガル船が中国のマカオへ向かって出港した。伊東マンショをのぞく3人が肥前国の出身で、有馬晴信と大村純忠の名代として、千々石ミゲルが正使に、副使として中浦ジュリアンと原マルチノが選ばれた（天正遣欧使節）。いずれも13～14歳の少年であった。少年たちはローマ法王に接見をはたし、1590年長崎へ帰国する。その後棄教し、不遇の晩年をすごしたといわれる千々石ミゲルの墓石が、近年確認されている（諫早市多良見町）。キリスト教との深い関わりをもつ長崎に、1981（昭和56）年、ローマ法王ヨハネ・パウロ2世が訪問したことは記憶に新しい。

近世

　豊臣秀吉は、九州を平定した1587（天正15）年に、博多の箱崎でバテレン追放令をだし、宣教師たちの国外退去を命じた。教会領は没収され、秀吉の直轄領になった。その後も多くの宣教師たちは、有馬・大村・天草などの各地に潜伏して布教を続ける。1596（慶長元）年、秀吉は畿内の宣教師たちの捕縛を命じ、24人の宣教師・修道士・日本人信者が捕らえられ、堺から陸路長崎に送られた。途中、殉教を志願する2人を加えた26人は、唐津到着後、長崎街道を武雄・嬉野・彼杵へと歩かされ、彼杵から海路をとり、時津に上陸して長崎へ到着、26人は西坂の地（現、JR長崎駅前）で処刑された。二十六聖人殉教である。

　江戸幕府開設当初は、平戸藩主松浦鎮信らが朱印状をあたえられて海外貿易に従事したが、キリスト教の布教拡大を警戒する幕府は、1612年直轄領に、翌年全国に禁教令をだし、信者に改宗を強制した。こののち、幕府や諸藩は宣教師や信者に

対して処刑や国外追放などの厳しい迫害を加えた。多くの信者は改宗したが殉教するものもあとを絶たなかった。1622(元和8)年には、長崎の立山において55人の宣教師・信者らが火刑・斬首となった(元和大殉教)。

1637(寛永14)年、島原・天草で農民の大規模な一揆(島原の乱)がおこる。幕府は、キリスト教の信仰と結びついた農民反乱の大きさを憂慮し、1639年にポルトガル船の来航を全面的に禁止、さらに、1609(慶長14)年以来32年にわたって貿易活動を展開していた平戸オランダ商館の破壊を命じ、商館機能を長崎の出島に移して鎖国体制を確立した。

鎖国体制の下でキリスト教の禁圧が徹底し、幕府の統制力が強化されていくものの、信者のなかには、表面上は仏教徒を装いながら潜伏して、信仰を守り続けるものも少なくなかった。潜伏下において、かれらの信仰は仏教や神道のほか、さまざまな民間信仰と混交しながらしだいに変容し、1873(明治6)年の禁教の高札撤廃後もうけ継がれていった。生月や外海・五島列島などに残るカクレキリシタンといわれる信仰形態がそれで、近年は組織の解体が進んでいる。

関ヶ原の戦い後、長崎県地方は、平戸藩・大村藩・島原藩・五島藩・対馬藩と諫早領・神代領・深堀領(佐賀鍋島藩の飛び地)などの大名知行地と天領長崎に分けられた。

旧領6万3000石を安堵された平戸藩主の松浦氏は、17世紀の前半に海外貿易の利潤を失うが、生月を本拠地とする益富組(鯨組)からの運上や質素・倹約の励行、新田開発などの藩政改革により藩財政を維持した。18世紀後半の藩主清(静山)は『甲子夜話』をあらわすなど、文人大名として有名である。

戦国の世をキリシタン大名として生き抜いた大村氏は、初代藩主喜前(純忠の嗣子)が棄教、長崎を天領として没収されたが、在地武士の統制を確立し、2万8000石の近世大名となった。幕末においては、勤王討幕へと藩論を統一し、戊辰戦争では討幕軍の一翼を担う。明治以後は、長与専斎(医学・衛生制度)・長岡半太郎(物理学)ら学術・文化・行政面において優れた人材を輩出した。

島原藩は、有馬氏が1614(慶長19)年に日向国延岡に転封後、一時幕府の直轄領となったが、1616(元和2)年に松倉氏が入部した。島原の乱後は高力氏が4万石の大名としてはいった。その後、丹波福知山から松平氏が移封されたが、譜代大名として長崎や、九州内の大名の動きを監視する目付の任務ももっていた。石高も6万5000石に加増されている。

五島藩は1万6000石の小藩として安堵され、のち3000石の富江領を分治された。五島氏の福江城(石田城)は、幕末に異国船防御のために築造許可がおりるものの、三方を海に面した居城が完成をみるのは、明治維新のわずか5年前のことであった。

対馬藩は、鎌倉時代から宗氏の支配地であるが、1609(慶長14)年、李氏朝鮮との間に己酉約条を結んで近世日本と朝鮮の関係確立に尽力し、石高10万石の大名に

格づけされた。釜山に倭館を設置し,対朝鮮貿易を独占するなど外交上の特権を認められた宗氏は,新将軍就任の慶賀のための使節(通信使)を迎えるなど,文化の交流にはたした役割も大きかった。

長崎は鎖国下における貿易・外交都市として,文化的にも経済的にも異色の発展をとげた。奉書船の渡航禁止令がだされた1635(寛永12)年,このころ長崎では,高島四郎兵衛をはじめとする有力商人らの手によって,出島の築造が進んでいた。出島は元来市内に雑居していたポルトガル人を隔離して,キリスト教の伝播を防止するためのものであったが,鎖国実施によってポルトガル人が退去を命じられ空き家になると,生糸貿易の利益を失った糸割賦商人や長崎市民は,平戸オランダ商館の出島移転を幕府に対し強く求め,1641(寛永18)年5月に商館は平戸から移った。

出島と外界との交流は厳しく制限されていたが,総面積わずか3969坪(1万5387m²)の扇形の人工島は,唐人屋敷(現,長崎市館内町)とともに,1857(安政4)年に鎖国的貿易制度が廃止されるまで,対外交渉・交流の窓口となり,西欧の文化・知識がここから伝えられた。長崎に生まれた天文・地理学者の西川如見は,長崎で得た知識をもとに『華夷通商考』などをあらわし,徳川吉宗の下問をうけた。

商館医師として来日したケンペルやシーボルトは,医学のみならず,西洋文化・学問の普及に多大な貢献をしている。1690(元禄3)～92年に滞在したドイツ人医師ケンペルは,通詞今村源右衛門の協力のもとに,日本の自然・歴史・政治・宗教・貿易などについてのべた著書『日本誌』を残している。1801(享和元)年,通詞志筑忠雄は「鎖国論」と題してこれを抄訳した。鎖国という語は,以後今日まで用いられることになる。1823(文政6)年来日したシーボルトは,鳴滝の地に診療所兼私塾(鳴滝塾)の設置をとくに許可され,ここで学んだ俊才は,二宮敬作・高良斎・石井宗謙・高野長英ら50余人におよぶ。かれらの多くは,次代の科学・文化発展の担い手になった。また,二宮敬作らに師事して医学を学んだシーボルトの娘楠本いねは,わが国における女医(産婦人科)の先駆け的な存在である。日本の活版印刷業の創始者となった本木昌造や,日本最初の英和辞書編纂を手がけた堀達之助ら,対外交渉を仲介した和蘭通詞からも優れた人材が輩出した。

もう1つの貿易相手国は中国である。中国からは,明から清への王朝交代により亡命者がふえ,長崎にも華僑社会が形成されていった。1689(元禄2)年に十善町に唐人屋敷が完成し,市内に分散していた中国人はここに集住させられた。悟真寺墓地には多くの中国人が眠っている。また崇福寺・興福寺・福済寺の唐三カ寺とよばれる黄檗宗の寺院は,いずれも中国の人びとの手によって建立された。

近代

1804(文化元)年,ロシア使節レザノフが皇帝の国書をもって長崎へ来航して開国通商を要求した。1808(文化5)年には,イギリス軍艦フェートン号がオランダ国旗を掲げて長崎に入港し,薪水を要求する出来事がおこった(フェートン号事件)。こ

うした事態をうけて、諸藩においては藩政改革とともに、海防強化などの異国船対策が急務となる。1861(文久元)年には、ロシア軍艦ポサドニック号が対馬に停泊し、租借地を要求する対馬占拠事件がおこった。島民が激しく抵抗し、イギリスの抗議もあってロシア船は退去するが、この事件は、欧米の植民地抗争の渦中で、日本の危機が間近に迫っていることを示すものであった。

1854(安政元)年の日米和親条約締結の直後、ロシアはプチャーチンを長崎へ派遣し、日露和親条約を締結させた。さらに1858(安政5)年、日米修好通商条約を結び、続いてオランダ・ロシア・イギリス・フランスとも同様の条約を結んだ(安政の五カ国条約)。長崎のほか神奈川(横浜)・箱館が開港したことは、長崎にとってこれまで独占してきた西欧文化の窓口としての役割の喪失を意味する出来事であった。条約の締結によって、長崎にも各国の領事館が設置され、南山手一帯が外国人居留地となった。また、1865(慶応元)年、浦上のキリシタンは、大浦天主堂の落成を機にここを訪れたフランス人宣教師に信仰を告白した。しかし、キリスト教は新政府成立後も依然として五榜の掲示によって禁止され、浦上では多くの信徒が捕らえられ、各藩に配流された(浦上教徒弾圧事件)。

1867(慶応3)年の大政奉還、王政復古の大号令によって幕藩体制は解体し、長崎奉行河津伊豆守祐邦が江戸へ退去したために、長崎の政務は、在住の諸藩士と地役人の合議による長崎会議所で行うこととなった。このなかに、松方正義・後藤象二郎・大隈重信ら、のちの明治政府の中枢を占める人物がいた。1868(明治元)年、明治政府は、長崎に九州鎮撫総督兼外国事務総督をおき、総督に沢宣嘉を任命した。沢は、大村純熙・井上馨・大隈らに政務を担当させた。同年5月には長崎府となり、初代知事には沢が就任、その翌年には長崎県と改称した。

1871(明治4)年の廃藩置県後、諸藩は平戸県・島原県・大村県・福江県・厳原県などと称していたが、同年11月、厳原県をのぞく5県を長崎府に編入・統合して長崎県が成立した。厳原県は、1871年9月に一度伊万里県に合併され、翌年には長崎県に編入されている。その後いくつかの変遷をかさねて、1883(明治16)年には現在の長崎県の行政区画が確定した。

江戸時代、わが国唯一の開港地として特異な発展を続けてきた長崎は、開港後は、貿易港としての地位を横浜に奪われ、貿易額も激減した。開国によってうけた打撃は大きく、貿易利潤にかわる産業の育成が急務となる。その後長く長崎県の主要産業となる造船・石炭・水産業は、この時期に基礎が確立される。

造船業は、開港直後に幕府によって長崎溶鉄所(のちに長崎製鉄所と改称)が設立されたのにはじまる。1871(明治4)年、工部省に移管された長崎製鉄所は、明治中期に三菱会社の経営となった。以後施設の拡張・整備が続けられ、日露戦争前後には東洋一の造船所に発展した。

一方、1886(明治19)年、第三海軍区鎮守府の設置が決定し、3年後に開庁されて

以後めざましい変容をとげる佐世保には，1897(明治30)年海軍工廠が竣工し，艦船の修理・新造にあたることになった。1902(明治35)年に佐世保村は，町制を経ることなく市制を施行，佐世保市となった。工廠施設は，第二次世界大戦後佐世保重工業(SSK)として再生，構内には今も工廠時代の建物を残している。

　長崎県下ではじめて石炭が採掘されたのは，1705(宝永2)年ごろ長崎港外の高島であったとされるが，本格的に石炭が産出されるようになったのは明治以後のことである。長崎県内の第三紀層には炭層が存在し，高島をはじめ，端島・伊王島・香焼など長崎港外の島々や，松島・崎戸・大島・池島など西彼杵郡一帯の海底炭田，北松・佐世保炭田などから大量の石炭を産出した。しかし，戦後のエネルギー革命による石炭産業の不振により，全国の炭鉱はつぎつぎと閉山を余儀なくされる。長崎県もまた例外ではなく，2001(平成13)年11月の池島炭鉱(旧西彼杵郡外海町)の閉山により，すべての炭鉱が姿を消した。

　起伏に富む海岸線と多くの島々に囲まれた長崎県には好漁場が多く，水産業が主要産業となったことは当然のことといえる。江戸時代には，生月の益富組や大村の深澤組などの鯨組による捕鯨業もさかんであった。明治以後は，動力船の導入により，それまでの沿岸漁業から遠洋漁業に移行し，黄海・東シナ海の好漁場が開発され，トロール底引き網漁法など近代的な漁法の導入によって，漁獲量は飛躍的に増加した。今日も水産業は長崎県の主要産業であるが，乱獲による漁獲高の減少などで，水産県長崎の昔日の面影はない。

　また，長崎県は岐阜県・佐賀県につぐ全国第3位の陶磁器製和食器の産地で，全国の生産額の約13％を占めている。旧大村藩領の波佐見や平戸藩領の三川内(現，佐世保市)には，豊臣秀吉の朝鮮出兵に従軍した領主が，帰陣のさい伴った陶工の伝承が残る。江戸時代をつうじ，波佐見は日用食器の大量生産地としての地位を確立し，三川内ではおもに公家や大名家への献上品が焼かれた。両地区には古窯跡が数多く確認され，陶磁器の里の伝統は今日もうけ継がれている。

現代

　1929(昭和4)年の世界恐慌は，日本経済にも大きな打撃をあたえた。深刻な不況にあえぐ日本では，大陸進出を唱える軍部の発言が日増しに強まり，満州事変の勃発後，15年にわたる戦争へと突入していく。

　戦時体制が強化されるなかで，軍需産業は活況となり，造船所・兵器工場などでは施設が拡充されていった。戦艦「武蔵」を建造した三菱長崎造船所をはじめ，佐世保・川棚の海軍工廠，香焼島の川南造船所，大村の航空廠，各地の炭鉱や五島・壱岐・対馬の海軍基地など，県内各地が軍事・戦時色で塗りつぶされていった。

　1945(昭和20)年にはいると，長崎県でも米空軍機による爆撃が激しくなり，4月26日，長崎市大波止一帯は米艦載機の空襲をうけ，6月28日には佐世保がB29による爆撃にあい，中心街が焦土と化した。

8月9日,プルトニウム原子爆弾を搭載したB29ボックスカーはテニアン基地を飛び立ち,第1攻撃目標の小倉を変更して長崎上空に向かった。午前11時2分,浦上地区の上空約1万mから投下された原子爆弾は,上空約490mで爆発し,熱線・放射能・爆風などによって,一瞬にして浦上を中心とする長崎市街を焼野原にした。8月6日の広島に続く,人類史上2回目の原子爆弾による被害である。当時の長崎市の人口は推計24万人,うち死者7万3884人・負傷者7万4909人におよぶ未曾有の被害であった(長崎原爆資料館の資料による)。爆心地の近くにあった長崎医科大学(現,長崎大学医学部),カトリック信仰の中心地浦上天主堂も崩壊した。この6日後の8月15日,日本はポツダム宣言を受諾して連合国に無条件降伏し,15年間続いた戦争にようやく終止符が打たれたが,長崎市民がうけた被害はあまりに大きく,悲惨であった。

　海軍都市佐世保は,戦後まもなく「平和都市宣言」を行い再出発を期すが,基地・港湾施設の多くはアメリカ海軍基地の施設となり,引き続き軍港都市としての機能が求められることとなった。朝鮮戦争の際には国連軍(米軍)の集積地となり,1968(昭和43)年のアメリカの原子力空母エンタープライズ入港の際には,激しい入港阻止闘争(佐世保事件)がおこった。

歴史の町継承のために

　多様な要素が複合して,他ではみられない独特の色彩を放つ長崎県の歴史を,ひとくちに形容するのは難しい。そうした多様な要素は,古来からこの地を訪れた人びとによってもたらされ,蓄積されて融合し形づくられたということができよう。すでにふれたように,平戸・長崎は,16世紀半ばから近世・鎖国時代にかけて,おもに中国・西欧に開かれた窓であったし,対馬も倭館をつうじて対朝鮮貿易を公的に展開した唯一の藩であった。壱岐原の辻遺跡は,『魏志』に記された「一支国」の中心と確認されるなど,海外との交渉のなかで,各地に独自の文化が形成されていった。異国に開かれた窓からもたらされる新知識や文化を求めて,国内から多くの人びとが訪れ,各方面に優れた人材を輩出することになったことを考えれば,近代日本の形成に長崎県がはたした歴史的な役割は,きわめて大きいといえる。

　長崎県の人口は,1959(昭和34)年の179万2000人をピークとして減少傾向に転じ,多くの地域が過疎化という深刻な問題を抱え,歴史的な地名や伝承・風俗・文化財などの,消滅・風化が危惧されている。そのようななか,2007(平成19)年に,「長崎の教会群とキリスト教関連遺産」がユネスコ世界遺産暫定一覧表に登録され,世界遺産登録実現をめざした活動が展開されている。また,江戸時代中期から昭和時代初期までにたてられた町家が連続して並び,独特の景観をつくりだしている平戸市大島村神浦が国の重要伝統的建造物群保存地区に指定されるなどのあらたな動きもおこりつつある。特色のある歴史の町を継承するための創意や工夫が,今ほど求められている時代はないといえよう。

長崎県のあゆみ

【地域の概観】

異文化織りなす坂のまち

　長崎市は長崎半島(野母半島)の付け根に広がる県庁所在地で，平地が少なく，急傾斜の丘陵に囲まれており，市街地の大部分は山腹まで階段状に展開している。この山肌に並ぶ家々は長崎らしい景観を形づくっている。

　長崎は，戦国末期までは深江浦(瓊浦ともいう)とよばれる寒村であったが，1571(元亀2)年，ポルトガル船が来航して交易をはじめるようになって，貿易港として栄えるようになった。長崎の領主でわが国最初のキリシタン大名となった大村純忠は，佐賀の龍造寺氏らからこの地をまもり，南蛮貿易の利益を独占するために，この地をイエズス会(耶蘇会ともいう)に寄進した。こうして長崎は，キリスト教布教の根拠地として多くの宣教師が来住し，各地に教会もたてられた。

　1587(天正15)年，九州を平定した豊臣秀吉は，突然バテレン追放令を発するとともに，長崎・茂木・浦上を直轄領とした。しかし，貿易は制限しなかったので，スペイン船も来航するようになり，長崎は一段と繁昌した。

　江戸時代になると，キリシタン弾圧が強化され，貿易も数次にわたる鎖国令によって制限されていった。1639(寛永16)年，ポルトガル船の来航が禁止され，1641年には，オランダ商館が平戸から出島に移された。以後，埋め立てによってできたこの出島は，江戸時代をつうじて，200余年間，西洋文化を摂取する唯一の窓口として存在し，長崎の特異な歴史をはぐくんできた。

　1858(安政5)年に，米・蘭・露・英・仏との間に修好通商条約が調印されると，翌年長崎は開港され，南山手一帯に外国人居留地がつくられた。多くの外国船が来航し，ふたたび活況を呈したが，輸出産業に乏しく，後背地をもたなかったため，明治以降は，横浜や神戸にその繁栄を奪われていった。

　1945(昭和20)年，広島市についで人類史上2つ目の原爆が投下され，長崎の街は一瞬にして灰燼に帰したが，その後，"造船と漁業と観光の町"として復興した。しかし，現在，基幹産業である造船業の不況や，高島炭鉱・池島炭鉱の閉山など，前途に厳しいものがある。そのなかで，最近は，周囲が埋め立てられてその往時の姿がみえなかった出島を復元して観光資源として役立てようとしたり，中国式提灯をメインにした催し物(ランタンフェスティバル)が開催されるなど，観光長崎のあらたな動きがみられる。

多良連山のふもと

　多良山系のふもとに開けた諫早・大村地域は，東は有明海，西は大村湾，南は千々石湾をのぞむ県中央部にある。

　諫早市は人口10万人，県央部最大の中核都市で，市内中心部を流れる本明川沿いに旧市街が帯状に展開，県下を代表する穀倉地帯を形成している。中世では「伊佐早荘」となり，宇佐八幡宮領さらには仁和寺仏母領となって荘園化されてい

る。在地領主としては伊佐早氏がいたが，戦国時代には西郷氏がこれにかわった。ただ，西郷氏は豊臣秀吉の島津征討にしたがわなかったため領地を没収され，龍造寺家晴が新領主として移封され諫早氏の祖となった。同氏は北高来郡も領下におさめ，佐賀藩に属し，同藩諫早領の領主となった。

大村市は人口8万人，大村湾にそそぐ中小河川上に開けた城下町である。律令制下では彼杵郡，鎌倉時代初期から確認される荘園彼杵荘は，仁和寺領と九条・東福寺領に分かれていたと考えられる。戦国時代，キリシタン大名として有名な大村純忠により領内の寺院仏閣は破壊されるが，その子喜前（初代大村藩主）は仏教に転じてキリスト教徒を弾圧した。大村藩は2万8000石の小藩ながら，明治維新期には多くの人材を世に送った。戦前は陸軍歩兵連隊と海軍航空廠をもつ軍都であったが，戦後は産業都市への転換を積極的に推進した。1975（昭和50）年には，わが国初の海上空港として長崎空港が開業した。

雲仙をのぞむ島原半島

有明海と橘湾に面する島原半島は，現在も火山活動を続ける雲仙岳とその裾野からなる秀麗な地形をなしている。

『肥前国風土記』によれば，この地方は高来郡とよばれた。雲仙温泉は峯湯と記されている。10世紀初めに成立した『和名類聚抄』には，山田（雲仙市）・新居（不明）・神代（雲仙市）・野鳥（雲仙市）の地名がみえる。平安末期にかけて，雲仙市瑞穂町・国見町・千々石町・吾妻町の一帯には，豊前国の宇佐八幡宮の荘園が形成された。鎌倉時代には，荘園として千々岩荘・髪白荘・山田荘・高来有間荘・串山荘，公田として高来東郷・同西郷が形成された。

南北朝動乱期には，この地方の豪族は，おおむね南朝の菊池氏の勢力下にあり，野井城（雲仙市）・大隈城（雲仙市）・杉峰城（雲仙市）などを拠点に北朝方と戦った。

1562（永禄5）年，原城主有馬義貞は，弟の大村純忠のすすめで，ルイス・アルメイダを招き，キリスト教の布教を許可した。その子晴信の受洗後は家臣団・領内の農民のほとんどがキリシタンとなった。晴信は朱印船貿易にも従事，天正遣欧使節の派遣にも力をつくした。セミナリヨ・コレジヨの設立，病院・慈善院の開設，キリシタン版活字本の印刷が行われるのもこのころである。

有馬氏転封後，島原藩主となった松倉氏は重税・キリシタン弾圧策を断行，1637（寛永14）年には，キリシタン農民の大規模な反乱がおこり（島原の乱），その後の幕府の禁教，鎖国政策に大きな影響をあたえることとなった。攻防の拠点となった原城跡では現在も発掘調査が進められている。

松浦党跳梁の舞台

佐世保港外から北へ25km，平戸瀬戸へと連なる多島群は「九十九島」の名でよばれ，日本最西端の国立公園「西海国立公園」のなかでも，指折りの美しい景観として知られる。

平安時代末期から，複雑に入り組む海岸線と多島海の囲む地域一帯には，嵯峨源氏を出自とする中小武士集団が独立割拠していた。彼らは松浦党とよばれ，それぞれ居住している地名を姓としていた。

　松浦党各氏は前期倭寇の中心的な存在として，東シナ海を舞台に私的な交易を展開する。そのなかから，財政・軍備を強化した平戸松浦氏がこの地方一帯を支配する戦国大名へと成長していく。

　1550（天文19）年のポルトガル船の入港を契機に，平戸には中国や南蛮渡来の品々を求めて多くの商人たちが参集し，その賑わいは「西の都」と称されたが，1641（寛永18）年のオランダ商館の閉鎖によりその繁栄は失われ，以後，領内では貿易の利潤に代わる財源の確保が急務となる。

　1889（明治22）年，帝国海軍鎮守府が開設されて以後，一寒村にすぎなかった佐世保は，近代都市へと急速な変貌をとげていく。第二次世界大戦後，基地・港湾施設の多くはアメリカ海軍基地の施設となり，港町佐世保は，長崎や平戸にはない異国の雰囲気をかもしだしている。また，炭層にめぐまれた佐世保と北松浦郡一帯には，明治以降多くの炭鉱が開業し，国内有数の出炭量を誇ってきた。すべての炭鉱が閉山した今は，平戸往還（街道）沿いにわずかにその名残りをとどめるのみである。

大陸とのかけ橋

　九州の西岸に位置する長崎県には多数の島々が存在する。古代よりこれらの島々は，朝鮮半島や中国大陸との交渉ルートにあたっており，そこに住む人びとが，海を隔てて存在する異民族や異文化と接触する機会を多くもってきたことは，多くの遺跡や遺物からも確認できる。

　『魏志』倭人伝には，対馬・壱岐が朝鮮半島や九州沿岸地域へのかけ橋としての役割をはたしていたことを示しており，数多く確認される古墳や古い神社は，この島に出現した首長たちが，のちにヤマト政権の影響を強くうけながら，朝鮮半島との軍事的緊張を含む交渉を緊密にしていく時期の痕跡といえよう。また，壱岐の原の辻遺跡は，『魏志』倭人伝にいう「一支国」の中核をなしていたことは間違いなく，旧石器時代から中世に至る人びとの活動が確認される。

　当初，九州北岸から壱岐・対馬を経て南朝鮮へと向かうコースをとった遣隋使・遣唐使は，7世紀末新羅が強大になると五島列島を経由して東シナ海を横断し，直接中国大陸へと向かう南路・南島路ルートをとるようになった。『肥前国風土記』によれば，相子田の停（新上五島町相河），川原の浦（五島市岐宿町）から福江島の美弥良久（三井楽）に向かい，そこから西を指して海を渡ると伝えている。

　中世以降，中央から派遣された国司や鎌倉時代の守護らが土着し，地方武士集団へと成長していく。彼らのなかには，倭寇とよばれる私的貿易集団を形成するものもおり，島嶼部は彼らの根拠地とみなされていく。やがて，のちの宗氏（対馬）・松浦氏（平戸・壱岐）・五島氏（福江）などの近世大名がこの地に勢力を拡張していく。

【文化財公開施設】　　　　　　　　　　　①内容，②休館日，③入館料

長崎歴史文化博物館　　〒850-0007長崎市立山1-1-1　TEL095-818-8366　①長崎奉行所関係資料，キリシタン資料，長崎とオランダ・中国との交流，②第3火曜日(祝日の場合は水曜日)，③有料

長崎県美術館　　〒850-0862長崎市出島町2-1　TEL095-833-2110　①欧米近現代絵画，長崎を舞台とする美術作品，②第2・4月曜日，年末年始，③有料

シーボルト記念館　　〒850-0011長崎市鳴滝2-7-40　TEL095-823-0707　①シーボルト関係資料，②月曜日，年末年始，③有料

長崎市歴史民俗資料館　　〒852-8117長崎市平野町7-8　TEL095-847-9245　①くんち衣装，幕，楽器等，②月曜日，年末年始，③無料

日本二十六聖人記念館　　〒850-0051長崎市西坂町7-8　TEL095-822-6000　①キリシタン関係資料，②年末年始，③有料

岡まさはる記念長崎平和資料館　　〒850-0051長崎市西坂町9-4　TEL095-820-5600　①日本の侵略と戦争の犠牲者に関する資料，②木曜日，③有料

古写真資料館・埋蔵資料館　　〒850-0911長崎市東山手町6-25　TEL095-820-3386　①上野彦馬の業績，陶磁器出土品，②年末年始，③有料

中国歴代博物館(孔子廟)　　〒850-0918長崎市大浦町10-36　TEL095-824-4022　①古代石器，宮廷文物，古代文物，②無休，③有料

長崎原爆資料館　　〒852-8117長崎市平野町7-8　TEL095-844-1231　①原爆関係資料，②月曜日，年末，③有料

国立長崎原爆死没者追悼平和祈念館　　〒852-8117長崎市平野町7-8　TEL095-814-0055　①原爆死没者遺影・手記，追悼空間，平和情報，②年末，③無料

永井隆記念館　　〒852-8113長崎市上野町22-6　TEL095-844-3496　①遺書・遺品・原稿・著書など，②年末年始，③無料

長崎市南山手地区町並み保存センター　　〒850-0911長崎市南山手4-33　TEL095-824-5341　①居留地時代の写真，郷土資料，②年末年始，③無料

長崎市南山手レストハウス　　〒850-0931長崎市南山手町7-5　TEL095-829-2896　①旧居留地に関する資料，②年末年始，③無料

長崎市べっ甲工芸館　　〒859-0921長崎市松が枝4-33　TEL095-827-4331　①べっ甲工芸品，税関資料，②年末年始，③有料

長崎市野口彌太郎記念美術館(旧英国領事館)　　〒850-0918長崎市大浦町1-37　①野口彌太郎の作品，②月曜日，年末年始，③有料

長崎市東山手地区町並み保存センター　　〒850-0911長崎市東山手6-25　TEL095-820-0069　①居留地時代の写真，郷土資料，②年末年始，③無料

長崎純心大学博物館　　〒850-8558長崎市三ツ山町235　TEL095-846-0102　①キリシタン関係資料，①日曜日，祝日，③無料

長崎市出島史料館本館　　〒850-0862長崎市出島町9-15　TEL095-822-8716　①出島・オランダ貿易関係史料，②無休，③有料

長崎市出島史料館分館　　〒850-0862長崎市出島町8-21　TEL095-822-2207　①出島出土品・オランダ貿易関係史料，②無休，③有料

長崎市旧香港上海銀行長崎支店記念館　　〒850-0921長崎市松が枝町4-27　TEL095-827-8746　①長崎・上海航路，長崎港の歴史，②年末年始，③有料

南山手十六番館歴史資料館　〒850-0931長崎市南山手4-15　TEL095-827-6111　①グラバーの遺品，キリシタン資料，②無休，③有料

聖コルベ記念室　〒850-0931長崎市南山手町2-6　TEL095-821-8081　①コルベ神父に関する資料，②無休，③無料(志納)

長崎市旧居留地私学歴史資料館(東山手十二番館)　〒850-0911長崎市東山手町3-7　TEL095-827-2422　①長崎の私学校の歴史，②日曜日，年末年始，③無料

サント・ドミンゴ教会跡資料館　〒850-0028長崎市勝山町30-1　TEL095-824-4340　①近世長崎の地下遺構・出土品，②日曜日，年末年始，③無料

野母崎郷土資料館　　〒851-0505長崎市野母町野母555　TEL095-893-2022　①縄文土器，古文書，農具，民具，②年末年始，③無料

伊王島灯台記念館　　〒851-1201長崎市伊王島町1-3240-1　TEL095-898-2213　①長崎港湾関係・灯台関係資料，②月曜日，年末年始　③無料

長崎市高島石炭資料館　〒851-1315長崎市高島町2706-8　TEL095-896-3110　①炭鉱・石炭関係資料，②月曜日，年末年始，③無料

長崎市ド・ロ神父記念館　〒851-2322長崎市西出津町2633　TEL0959-25-1081　①ド・ロ神父遺品，明治期の宗教資料，②年末年始，③無料

長崎市外海歴史民俗資料館　〒851-2322長崎市西出津町2800　TEL0959-25-1188　①民具，キリシタン資料，考古資料，②年末年始，③有料

遠藤周作文学館　　〒851-2327長崎市東出津町77　TEL0959-37-6011　①遠藤周作の愛用品，遺品，原稿，蔵書など，②年末年始，③有料

佐世保市博物館・島瀬美術センター　　〒857-0806佐世保市島瀬町6-22　TEL0956-22-7213　①佐世保市周辺出土品，郷土作家の絵画，キリシタン関係資料，②月曜日午後，火曜日，③無料

海上自衛隊佐世保史料館　〒857-0058佐世保市上町114-2　TEL0956-22-3040　①佐世保鎮守府・海軍史料など，②第3木曜日，年末年始，③無料

佐世保市うつわ歴史館　〒859-3151佐世保市三川内本町289-1　TEL0956-30-6565　①三川内焼の歴史，陶磁器類，②火曜日，年末年始，③無料

三川内焼伝統産業会館(三川内焼美術館)　〒859-3151佐世保市三川内本町343　TEL0956-30-8080　①三川内焼古美術品，②年末年始，③無料

ハウステンボス美術館・博物館　　〒859-3292佐世保市ハウステンボス町　TEL0956-27-0001　①シーボルト・出島資料，陶磁器，オランダ民俗資料，②要問い合わせ，③有料

浦頭引揚記念資料館　　〒859-3454佐世保市針尾北町824　TEL0956-58-2561　①引き揚げに関する資料，②年末年始，③無料

世知原炭鉱資料館　　〒859-6408佐世保市世知原町栗迎83-5　TEL0956-76-2516　①石炭関係・民俗・考古資料，②年末年始，③有料

島原城キリシタン史料館・観光復興記念館・西望記念館　　〒855-0036島原市城内1-1183-1　TEL0957-62-4766　①キリシタン関係・郷土資料，普賢岳災害資料，②年末年始，③有料

本光寺常盤歴史資料館　〒855-0073島原市本光寺町3380　TEL0957-62-3382　①絵図，書状，

文化財公開施設

松平家遺品，②無休，③有料

雲仙岳災害記念館　〒855-0879島原市平成町1-1　TEL0957-65-5555　①災害資料，島原半島の歴史資料，②無休，③有料

さかきばら郷土資料館　〒855-0031島原市城西中の丁2034　TEL0957-63-1255　①歴史，民具・民俗資料，②月〜金曜日，③有料

諫早市郷土館　〒854-0046諫早市原口名774-1　TEL0957-23-6776　①民具・古文書・考古資料，②月曜日，年末年始，③無料

諫早干拓資料館　〒854-0031諫早市小野島町2232　TEL0957-24-6776　①干拓関係資料，②年末年始，③無料

大村市立史料館　〒856-0831大村市東本町481　TEL0957-53-1979　①古文書など，②月曜日，25日，祝日，年末年始，③無料

五島観光歴史資料館　〒853-0018五島市池田町1-4　TEL0959-74-2300　①古文書，民俗・考古資料，②月曜日，年末年始，③有料

堂崎教会キリシタン資料館　〒853-0053五島市奥浦町2019　TEL0959-73-0705　①キリシタン関係資料，②年末年始，③有料

平戸城　〒859-5121平戸市岩の上町1458　TEL0950-22-2201　①郷土資料，②12月30・31日，③有料

平戸市切支丹資料館　〒859-5376平戸市大石脇町1502　TEL0950-28-0176　①カクレキリシタン史料，②水曜日，年末年始，③有料

最教寺霊宝館　〒859-5121平戸市岩の上町1206　TEL0950-22-2469　①仏教関係資料，②無休，③有料

松浦史料博物館　〒859-5152平戸市鏡川町12　TEL0950-22-2236　①松浦氏・貿易・キリシタン関係資料，②年末年始，③有料

壱岐市立一支国博物館　〒811-5322壱岐市芦辺町深江鶴亀触515-1　TEL0920-45-2731　①原の辻遺跡出土品，②月曜日，年末年始，③有料

壱岐風土記の丘　〒811-5544壱岐市勝本町布気触324-1　TEL0920-43-0809　①古墳，民家，民具，農具，②無休，③有料

石田町松永記念館（ふるさと資料館）　〒811-5214壱岐市石田町印通寺浦359　TEL0920-44-6688　①民俗資料，②火曜日の午後，水曜日，年末年始，③有料

厳原町郷土資料館　〒817-0021対馬市厳原町今屋敷677　TEL0920-52-0979　①民俗・歴史資料，②月曜日，年末年始，③有料

県立対馬歴史民俗資料館　〒817-0021対馬市厳原町今屋敷668　TEL0920-52-3687　①歴史・民俗資料，美術工芸品，②月曜日，年末年始，③無料

豊玉町郷土館　〒817-1201対馬市豊玉町仁位370　TEL0920-58-0062　①漁具，捕鯨資料，②月曜日，祝日，年末年始，③無料

峰町歴史民俗資料館　〒817-1303対馬市峰町三根451　TEL0920-83-0151　①歴史・考古資料，②年末年始，③無料

上対馬町歴史民俗資料室　〒817-1701対馬市上対馬町比田勝575　TEL0920-86-3052　①歴史・考古・民俗資料，②土・日曜日，祝日，年末年始，③無料

大瀬戸歴史民俗資料館　〒857-2303西海市大瀬戸町瀬戸西浜郷61-1　TEL0959-37-0267　①

	石鍋石器，遺跡出土品，生活民具，②月曜日，年末年始，③無料
西海歴史民俗資料館	〒851-3506西海市西海町黒口郷488-1　TEL0959-37-0234　①民俗・農具，南蛮貿易資料，②月曜日，③無料
崎戸歴史民俗資料館	〒857-3101西海市崎戸町蠣浦郷1224-5　TEL0959-37-0257　①捕鯨・炭鉱の歴史など，②月曜日，祝日，年末年始，③無料
時津町民俗資料館	〒851-2104西彼杵郡時津町野田郷62　TEL095-882-0003　①民俗芸能・生活用具，②月曜日，年末年始，③有料
川棚町郷土資料室	〒859-3614東彼杵郡川棚町中組郷1506　TEL0956-82-2064　①考古，民俗資料，②8月14〜16日，年末年始，③無料
波佐見町陶芸の館	〒859-3711東彼杵郡波佐見町井石郷2255-2　TEL0956-85-2290　①古陶磁器，陶片，②火曜日，祝日，年末年始，③無料
東彼杵町歴史民俗資料館	〒859-3807東彼杵郡東彼杵町彼杵宿郷430-5　TEL0956-46-1632　①考古・歴史・民俗資料，②月曜日，祝日，年末年始，③有料
小浜町歴史資料館	〒854-0514雲仙市小浜町北本町923-1　TEL0957-75-0858　①民俗資料，温泉の歴史，②月曜日，年末年始，③有料
原城文化センター資料展示室	〒859-2412南島原市南有馬町乙1374　TEL0957-85-3217　①原城跡発掘出土品(十字架・メダイ・貿易陶磁器など)，②月曜日，③無料
口之津歴史民俗資料館	〒859-2502南島原市口之津町甲16-7　TEL0957-86-4880　①口之津港関係資料，民具・農具，②年末年始，③無料
瑞穂町郷土資料館	〒859-1206雲仙市瑞穂町西郷辛1060　TEL0957-77-2125　①民俗資料，遺跡出土品，②土・日曜日，祝日，年末年始，③無料
森山郷土資料館	〒854-0202諫早市森山町森山慶師野名1063　TEL0957-35-2195　①歴史・民俗資料，②土・日曜日，祝日，年末年始，③有料
鯨賓館ミュージアム	〒857-4211南松浦郡新上五島町有川郷578-36　TEL0956-42-0180　①西海捕鯨の歴史など，②月曜日，年末年始，③有料
佐々町郷土館	〒857-0311北松浦郡佐々町本田原免123　TEL0956-62-6294　①民俗資料，②年末年始，③無料
小佐々町郷土資料館	〒857-0412佐世保市小佐々町西川内　TEL0956-68-3429　①遺跡出土品，②年末年始，③無料
小値賀歴史民俗資料館風土記の島	〒857-4701北松浦郡小値賀町笛吹郷1931　TEL0959-56-4155　①考古・捕鯨資料など，②月曜日，祝日，25日，年末年始，③有料
鷹島歴史民俗資料館	〒859-4303松浦市鷹島町神崎免151　TEL0955-48-2744　①元寇遺物，民俗資料　②水曜日，年末年始，③有料
鷹島埋蔵文化財センター	〒859-4303松浦市鷹島町神崎免146　TEL955-48-2098　①鷹島海底遺跡遺物，②月曜日，年末年始，③有料
田平町里田原歴史民俗資料館	〒859-4807平戸市田平町里免236-2　TEL0950-57-1474　①考古資料，遺跡出土品，民俗資料，②水曜日，年末年始，③有料
生月町博物館「島の館」	〒859-5706平戸市生月町南免4289　TEL0950-53-3000　①捕鯨・民俗資料，②日曜日，祝日，年末年始，③有料
鹿町町歴史民俗資料館	〒859-6204佐世保市鹿町町下歌ヶ浦免8-37　TEL0956-77-5251　①

遺跡出土品,民俗資料,②月曜日,年末年始,③無料

福島歴史民俗資料館　〒848-0403松浦市福島町塩浜免2993-49　TEL0955-47-2006　①農具,漁具,鉱山資料,②月曜日,祝日,③無料

大島村ふるさと資料館　〒859-5802平戸市大島村前平1456-1　TEL0950-55-2511　①古墳出土品,民具,②月曜日,年末年始,③無料

【無形民俗文化財】（◎は[国選択]にも指定されている）

国指定
長崎くんち奉納踊り　　長崎市諏訪町（諏訪神社）　10月7～9日
平戸神楽　　平戸市岩ノ上町（亀岡神社）　10月24～27日
平戸のジャンガラ　　平戸市（市内9地区）　8月13～18日
下崎山のヘトマト行事　　五島市下崎山町　1月16日
壱岐神楽　　壱岐市郷ノ浦町，石田町　10月13・14日
壱岐神楽　　壱岐市勝本町，芦辺町　12月20日

国選択
龍踊　　長崎市籠町，諏訪町　10月7～9日
野母の盆踊　　長崎市野母崎町　8月13日
黒丸踊　　大村市黒丸町　11月28日
大村の寿古踊　　大村市寿古町　11月3日
大村の沖田踊　　大村市沖田　（※とくに決められた上演日なし）
大島の須古踊　　平戸市大島村　8月13～15日
北松浦の収穫儀礼（きねかけ祭り）　　佐世保市江迎町　10月28日
北松浦の収穫儀礼（お蔵入れ）　　佐世保市吉井町　12月10日
下五島大宝郷の砂打ち　　五島市玉之浦町　旧9月28・29日
オーモンデー　　五島市三井楽町　8月14日
壱岐の船競漕行事　　壱岐市各町　旧正月3日
対馬の亀卜習俗　　対馬市厳原町
対馬の釣鉤製作習俗　　対馬市厳原町
対馬厳原の盆踊　　対馬市厳原町　8月13～16日
対馬美津島の盆踊　　対馬市美津島町　旧盆
命婦の舞　　対馬市豊玉町　旧8月1日
命婦の舞　　対馬市峰町　旧8月5日
年齢階梯制　　長崎県全域
田植えに関する習俗　　長崎県全域
長崎「カクレキリシタン」習俗　　長崎県全域

県指定
龍踊◎　　長崎市籠町，諏訪町　10月7～9日
長崎くんち奉納音曲（シャギリ，竹ン芸囃子，角力踊道中囃子）　　長崎市田中町　10月7～9日
間の瀬狂言　　長崎市平間町　10月17日
野母の盆踊◎　　長崎市野母崎町　8月13日
黒丸踊◎　　大村市黒丸町　11月28日
大村の寿古踊◎　　大村市寿古町　11月3日
大村の沖田踊◎　　大村市沖田踊町　（※とくに決められた上演日なし）
田結浮立　　諫早市飯盛町　9月1・2日
井崎まっこみ浮立　　諫早市小長井町　7～10月

木場浮立　　佐世保市黒髪町　（※とくに決められた上演日なし）
佐世保ヤモード祭り（淀姫神社初祭り）　　佐世保市松原町　1月26日
坂本浮立　　東彼杵郡東彼杵町　8月16日
千綿の人形芝居　　東彼杵郡東彼杵町　（※とくに決められた上演日なし）
皿山の人形浄瑠璃　　東彼杵郡波佐見町　8月21日
田助ハイヤ節　　平戸市田助町・大久保町　（※とくに決められた上演日なし）
度島の盆ごうれい　　平戸市度島町　旧7月16日
大島の須古踊◎　　平戸市大島村　8月13〜15日
大島のジャンガラ　　平戸市大島村　8月15日
鷹島の島踊　　松浦市鷹島町　（※とくに設定なし）
チャンココ　　五島市上大津町，下大津町　8月13〜15日
下五島大宝郷の砂打ち◎　　五島市玉之浦町　旧9月28・29日
オーモンデー◎　　五島市三井楽町　8月14日
貝津の獅子こま舞　　五島市三井楽町　1月2・3日
上五島神楽　　南松浦郡新上五島町　10〜11月
対馬の釣鉤製作習俗◎　　対馬市厳原町
平島のナーマイドー　　西海市崎戸町平島　7月20日

【おもな祭り】(国・県指定無形民俗文化財をのぞく)─────
赤米の神事　　対馬市厳原町　旧1月10日
子泣き相撲　　平戸市岩ノ上町(最教寺)　2月3日(節分)
相浦愛宕祭　　佐世保市相浦町　2月24〜26日
長崎凧あげ　　長崎市(唐八景，風頭山，稲佐山)　3〜4月
高嶋神社春季例祭　　長崎市高島町　4月3日ごろ
平戸延命茶市　　平戸市浦の町　4月下旬
鳥居くぐり　　雲仙市国見町(淡島神社)　4月
波佐見陶器まつり　　東彼杵郡波佐見町　4月29日〜5月5日
三川内焼はまぜん祭り　　佐世保市三川内本町　5月1〜5日
せいぐろ　　松浦市鷹島町　5月5日
早岐茶市　　佐世保市早岐　5〜6月
ペーロン　　長崎市と近郊　5〜8月
田祈禱祭　　諫早市森山町　6月下旬〜7月上旬
鄭成功まつり　　平戸市川内町　7月14日
飾りソウメン　　長崎市太田尾・飯香浦　7月23・24日
ぎおんさん　　東彼杵郡川棚町　7月第4土・日曜日
郷ノ浦祇園山笠　　壱岐市郷ノ浦町　7月第4土・日曜日
十七日祭り　　南松浦郡新上五島町　7月第4土・日曜日
対馬アリラン祭り　　対馬市厳原町　8月第1土・日曜日
脇岬祇園祭　　長崎市野母崎町　8月10・11日
大島の流儀　　平戸市大島村　8月14・15日

精霊流し　　長崎市中心街　8月15日
千灯籠まつり　　佐世保市江迎町　8月23日〜24日
地蔵祭り　　佐世保市世知原町　8月中旬〜下旬
風除祭　　南松浦郡新上五島町　8月27〜30日
中国盆会　　長崎市鍛冶屋町(崇福寺)　8月28〜30日
神浦くんち　　長崎市神浦江川町　9月15・16日
孔子祭　　長崎市大浦町(孔子廟)　9月最終土曜日
太田和浮立　　西海市西海町　9〜10月
長与獅子舞　　西彼杵郡長与町　10月第2日曜日
滑石竜踊　　長崎市滑石　10月10日
三柱神社御願成就　　平戸市田平町　10月11日
島原先踊り　　島原市ほか　10月14日
若宮稲荷神社竹ン芸　　長崎市伊良林　10月14〜15日
中尾獅子浮立と唐子踊　　長崎市田中町　10月15・17日
剣柄神社例祭　　雲仙市吾妻町　10月17日
温泉神社大祭　　雲仙市千々石町　10月19〜21日
式見くんち　　長崎市式見地区　10月29日
北浦獅子踊俵かたげ踊　　長崎市北浦町　11月3日
平山の大名行列　　長崎市平山町　11月3日
平家まつり　　佐世保市宇久町　11月中旬の土・日

【有形民俗文化財】
県指定
諏訪神社の能関係資料(能面・能衣装・雑具)　　長崎市　諏訪神社
西彼杵半島猪垣基点　　西海市西海町
西郷の板碑　　諫早市西郷町
慶巌寺の名号石　　諫早市城見町　慶巌寺
小野の六地蔵石幢群　6基　　諫早市　小野町内会・赤崎町内会
捕鯨銃(附　火矢・火矢抜き・早盒)一式　　平戸市　松浦史料博物館
長泉寺の鯨供養石造五重塔　　平戸市前津吉町　長泉寺
庄野の六地蔵塔　　松浦市　志佐町庄野免
豆酘寺門「樫ぼの」遺跡　　対馬市厳原町　多久頭魂神社
豊玉の猪垣　　対馬市豊玉町　個人

【無形文化財】(◎は[国選定]にも指定されている)
国選定
長崎の明清楽　　長崎明清楽保存会　長崎市
県指定
長崎の明清楽◎　　長崎明清楽保存会　長崎市
長崎刺繍　　嘉勢照太　長崎市

| 献上唐子焼 | 中里時夫 | 佐世保市 |

木原刷毛目　　横石陛治　佐世保市
白磁透かし彫り　　福本正則　佐世保市
白磁手ロクロ　　田澤大助　波佐見町

【散歩便利帳】

[長崎県の教育委員会・観光担当部署など]
長崎県教育庁学芸文化課　　〒850-8570長崎市江戸町2-13　TEL095-824-1111
長崎県観光振興推進本部　　〒850-0035長崎市元船町14-10 橋本商会ビル8階
　TEL095-895-2641
長崎県県北振興局　　〒857-8502佐世保市木場田町3-25　TEL0956-23-4211
長崎県島原振興局　　〒855-8501島原市城内1-1205　TEL0957-63-0111
長崎県五島支庁　　〒853-8502五島市福江町7-1　TEL0959-72-2121
長崎県壱岐支庁　　〒811-5133壱岐市郷ノ浦町本村触570　TEL0920-47-1111
長崎県対馬支庁　　〒817-8520対馬市厳原町宮谷224　TEL0920-52-1311
長崎県東京事務所　　〒102-0093東京都千代田区平河町2-6-3 都道府県会館14階
　TEL03-5212-9025
長崎県大阪事務所　　〒530-0001大阪府大阪市北区梅田1-3-1-800 大阪駅前第1ビル8階
　TEL06-6341-0012
長崎県福岡事務所　　〒810-0004福岡県福岡市中央区渡辺通5-23-8 サンライトビル2階
　TEL092-751-5218
長崎県観光連盟　　〒850-0057長崎市大黒町3-1 交通産業ビル2階　TEL095-828-7875
[市町村の教育委員会・観光担当課など]
長崎市さるく観光推進課　　〒850-8685長崎市桜町2-22　TEL095-829-1314
長崎市観光宣伝課　　〒859-8685長崎市桜町4-1　TEL095-829-1314
長崎国際観光コンベンション協会　　〒850-0862長崎市出島町1-1 出島ワーフ2階
　TEL095-823-7423
佐世保市教育委員会　　〒857-8585佐世保市八幡町1-10　TEL0956-24-1111
佐世保市観光課　　〒857-8585佐世保市八幡町1-10　TEL0956-25-9639
佐世保市観光情報センター　　〒857-0863佐世保市三浦町21-1　JR佐世保駅構内
　TEL0956-22-6630
西海橋インフォメーションセンター　　〒859-3451佐世保市針尾東町2678
　TEL0956-58-4266
諫早市教育委員会　　〒854-8601諫早市東小路町7-1　TEL0957-22-1500
諫早市商政観光課　　〒854-8601諫早市東小路町7-1　TEL0957-22-1500
諫早市観光物産コンベンション協会　　〒854-0016諫早市高城町5-10　TEL0957-22-8325
大村市教育委員会　　〒856-8686大村市玖島1-25　TEL0957-53-4111
大村市商工観光課　　〒856-8686大村市玖島1-25　TEL0957-53-4111
大村市観光コンベンション協会　　〒856-8686大村市玖島1-45-3　TEL0957-52-3605
大村市観光案内所　　〒856-0831大村市東本町1　TEL0957-53-6060

長崎空港ビルディング　インフォメーション　　〒856-0816大村市箕島町593　TEL0957-52-5555
島原市教育委員会　　〒855-8555島原市上の町537　TEL0957-63-1111
島原市商工観光課　　〒855-8555島原市上の町537　TEL0957-63-1111
島原温泉観光協会　　〒855-0861島原市川尻町7-5　TEL0957-62-3986
五島市教育委員会　　〒853-8501五島市福江町1-1　TEL0959-72-6111
五島市商工観光課　　〒853-8501五島市福江町1-1　TEL0959-72-6111
五島市観光協会　　〒853-0007五島市東浜町2-1-2　TEL0959-72-2963
平戸市教育委員会　　〒859-5192平戸市岩の上町1508-3　TEL0950-22-4111
平戸市観光商工課　　〒859-5192平戸市岩の上町1508-3　TEL0950-22-4111
平戸観光協会　　〒859-5192平戸市岩の上町1473　TEL0950-23-8600
平戸市観光案内所　　〒859-5104平戸市崎方町776-6　TEL0950-22-2015
平戸口観光協会　　〒859-4828平戸市田平町小手田免831-1　TEL0950-57-1116
生月町観光案内所　　〒859-5706平戸市生月町南免4375-1　TEL0950-53-2927
松浦市教育委員会　　〒859-4598松浦市志佐町里免365　TEL0956-72-1115
松浦市商工観光課　　〒859-4598松浦市志佐町里免365　TEL0956-72-1111
松浦市観光協会　　〒859-4598松浦市志佐町里免365　TEL0956-72-1111
対馬市教育委員会　　〒817-1701対馬市上対馬町比田勝575-1　TEL0920-86-3211
対馬市観光物産推進本部　　〒817-8510対馬市厳原町国分1441　TEL0920-53-6111
対馬観光物産協会　　〒817-0021対馬市厳原町国分1441　TEL0920-52-1566
壱岐市教育委員会　　〒811-5193壱岐市芦辺町芦辺浦562　TEL0920-45-1202
壱岐市観光商工課　　〒811-5193壱岐市石田町石田西触1290　TEL0920-44-6111
壱岐市観光協会　　〒811-5135壱岐市郷ノ浦町郷ノ浦286-1　TEL0920-47-3700
西海市教育委員会　　〒857-2302西海市大瀬戸町瀬戸樫浦郷2222　TEL0959-37-0077
西海市水産商工観光課　　〒857-2302西海市大瀬戸町瀬戸樫浦郷2222　TEL0959-37-0077
西海市観光協会　　〒857-2302西海市西海町中浦北郷2541-1　TEL0959-33-2303
雲仙市教育委員会　　〒854-0492雲仙市千々石町戊582　TEL0957-37-3113
雲仙市観光物産まちづくり推進本部　　〒854-1107雲仙市吾妻町牛口名712　TEL0957-38-3111
雲仙観光協会　　〒854-0621南島原市小浜町雲仙320　TEL0957-73-3434
南島原市教育委員会　　〒859-2412南島原市南有馬町乙1023　TEL050-3381-5080
南島原市企画振興部商工観光課　　〒859-2211南島原市西有家町里坊96-2　TEL050-3381-5000
小浜温泉観光協会　　〒854-0514南島原市小浜町北本町14-39　TEL0957-74-2672
原城観光協会　　〒859-5412南島原市南有馬町丙　原城オアシスセンター内　TEL050-3381-5079
〈西彼杵郡〉
長与町教育委員会　　〒851-2185西彼杵郡長与町嬉里郷659-1　TEL095-883-1111
長与町地域政策課　　〒851-2185西彼杵郡長与町嬉里郷659-1　TEL095-883-1111
時津町教育委員会　　〒851-2198西彼杵郡時津町浦郷274-1　TEL095-882-2211
時津町産業振興課　　〒851-2198西彼杵郡時津町浦郷274-1　TEL095-882-2211
〈東彼杵郡〉
東彼杵町教育委員会　　〒859-3807東彼杵郡東彼杵町彼杵宿郷706-4　TEL0957-46-1111

東彼杵町産業振興課　　〒859-3808東彼杵郡東彼杵町蔵本郷1850-6　TEL0957-46-1111
東彼杵町観光協会　　〒859-3808東彼杵郡東彼杵町蔵本郷1850-6
　　TEL0957-46-1111(役場内)
川棚町教育委員会　　〒859-3614東彼杵郡川棚町中組郷1506　TEL0956-82-2064
川棚町商工企画課　　〒859-3692東彼杵郡川棚町中組郷1518-1　TEL0956-82-3131
川棚町観光協会　　〒859-3692東彼杵郡川棚町小串郷272　TEL0956-82-2661
波佐見町教育委員会　　〒859-3701東彼杵郡波佐見町折敷瀬郷2064　TEL0956-85-2111
波佐見町商工企画課　　〒859-3715東彼杵郡波佐見町宿郷660　TEL0956-85-2111
波佐見町観光協会　　〒859-3711東彼杵郡波佐見町井石郷2255-2　TEL0956-85-2290
〈北松浦郡〉
小値賀町教育委員会　　〒857-4701北松浦郡笛吹郷2371　TEL0959-56-3111
小値賀町産業商工課　　〒857-4701北松浦郡笛吹郷2376　TEL0959-56-3111
小値賀町観光協会　　〒857-4710北松浦郡笛吹郷2791-9　TEL0959-56-2646
佐々町教育委員会　　〒857-0311北松浦郡佐々町本田原免147-2　TEL0956-62-2128
佐々町産業経済課　　〒857-0392北松浦郡佐々町本田原免168-2　TEL0956-62-2101
佐々町観光協会　　〒857-0311北松浦郡佐々町本田原免123　TEL0956-62-3171
〈南松浦郡〉
新上五島町教育委員会　　〒857-4495南松浦郡新上五島町榎津491　TEL0959-54-1981
新上五島町商工観光課　　〒857-4495南松浦郡新上五島町青方郷1585-1　TEL0959-53-1111
新上五島町観光物産協会　　〒857-4211南松浦郡新上五島町有川郷428-31
　　TEL0959-42-0964

【参考文献】

『有川町郷土誌』　有川町史編さん委員会編　有川町　1994
『壱岐郷土史』　後藤正足　歴史図書社　1978
『壱岐國史』　山口麻太郎　第一法規出版　1982
『生月島のかくれキリシタン』　生月町博物館・島の館編・発行　2000
『生月町史』　生月町郷土史編さん委員会編　生月町　1997
『諫早・大村・北高来郡の文化財』　長崎県教育委員会編・発行　1981
『諫早近代史』　諫早近代史編集委員会編　諫早市　1990
『諫早市史』全4冊　諫早市史編纂室編　諫早市　1955-62
『諫早市の文化財』　諫早市教育委員会編・発行　1987
『石田町史』全2巻　石田町史編集委員会編　石田町　1991・92
『厳原町誌』全3巻　厳原町誌編集委員会編　厳原町　1995・96
『海と列島文化3　玄界灘の島々』　宮田登　小学館　1990
『海と列島文化4　東シナ海と西海文化』　網野善彦編　小学館　1992
『海鳴りの五島史』　郡家真一　国書刊行会　1985
『絵図にみる平戸――平戸市史絵図編』　平戸市史編さん委員会編・発行　2001
『大村郷村記』全6巻　藤野保編　国書刊行会　1982
『大村市―琴湖の日月―』　久田松和則　国書刊行会　1998
『大村市史』全2冊　大村市史編纂委員会編　大村市　1961・62
『大村純忠』　外山幹夫　静山社　1981
『開国と近代化』　中村質編　吉川弘文館　1997
『カクレキリシタン』　宮崎賢太郎　長崎新聞社　2002
『甲子夜話』1～6　松浦静山　中村幸彦・中野三敏校訂　平凡社　1977
『角川日本地名大辞典42　長崎県』　「角川日本地名大辞典」編纂委員会編　角川書店　1987
『上五島町郷土誌』　上五島郷土誌編纂委員会編　上五島町　1986
『北有馬町　ふるさと再発見』　北有馬町教育委員会編　北有馬町　1993
『郷土歴史大事典　長崎県の地名』　瀬野誠一郎編　平凡社　2001
『キリシタン伝来地の神社信仰』　久田松和則　山下常道　2002
『くじら取りの系譜　概説日本捕鯨史』　中園成生　長崎新聞社　2001
『原始・古代の長崎県』2巻　長崎県教育委員会編・発行　1996・97
『古代史の鍵・対馬』　永留久恵　大和書房　1975
『五島編年史』上・下　中島功　国書刊行会　1973
『小佐々町郷土誌』　小佐々町郷土誌編纂委員会編　小佐々町　1996
『祭礼行事　長崎県編』　立平進ほか編　おうふう　1997
『鎖国と国際関係』　中村質編　吉川弘文館　1997
『佐々町郷土史』　佐々郷土誌委員会編　佐々町　1981
『佐世保市史(通史編)』　佐世保市史編さん委員会編　佐世保市　2002
『佐世保市史(軍港編)』　佐世保市史編さん委員会編　佐世保市　2002
『佐世保事典』　佐世保市史編さん委員会編　佐世保市　2003

『させぼの歴史を歩く』　池田和博・小川照郷　ライフ企画社　1996
『史都平戸―年表と史談―』　松浦史料博物館編・発行　2000(改訂版)
『島原・南高の文化財』　長崎県教育委員会編・発行　1982
『島原の歴史』全2冊　島原市史編纂委員会編　島原市　1972・76
『下五島の文化財』　長崎県教育委員会編・発行　1976
『史料で読む長崎県の歴史』　外山幹夫　清文堂出版　1993
『図説長崎県の歴史』　外山幹夫編　河出書房新社　1996
『大航海時代の長崎県』　長崎県教育委員会編・発行　1988
『炭坑誌―長崎県石炭史年表―』　前川雅夫編　葦書房　1990
『千々石ミゲルの墓石発見』　大石一久　長崎文献社　2005
『中国文化と長崎県』　長崎県教育委員会編・発行　1989
『対馬古代史論集』　永留久恵　名著出版　1991
『徳川初期キリシタン史研究』　五野井隆史　吉川弘文館　1992
『長崎街道―鎖国下の異文化情報路―』　丸山雍成　日本放送出版協会　2000
『長崎県史　通史編』全4冊　長崎県史編集委員会編　吉川弘文館　1973-86
『長崎県大百科事典』　長崎新聞社編・発行　1984
『長崎県と朝鮮半島』　長崎県教育委員会編・発行　1991
『長崎県の古代―3万年の歩み―』　長崎県教育委員会編・発行　1990
『長崎県の自然と生活』　長崎県高等学校教育研究会地歴公民部会地理分科会編　啓隆社　2002
『長崎県の文化財』　長崎県教育委員会編・発行　2002
『長崎県の歴史』　瀬野精一郎ほか　山川出版社　1998
『長崎県文化百選』③事始め編，④祭り・行事編，⑥対外交流編，⑦壱岐・対馬編　長崎県編　長崎新聞社　2000
『長崎県文化百選　壱岐・対馬編』　長崎新聞社編・発行　2001
『ながさきことはじめ』　長崎文献社編・発行　1990
『長崎市史』全8冊　長崎市役所編　長崎市　1967(復刻　清文堂出版)
『長崎市史年表』　長崎市史年表編さん委員会編　長崎市　1981
『長崎・西彼の文化財』　長崎県教育委員会編・発行　1983
『長崎町人誌』全6巻　嘉村國男　長崎文献社　1994-97
『長崎とオランダ』　長崎県教育委員会編・発行　1990
『長崎の天主堂』　村松貞次郎監修　技報堂出版　1977
『長崎の文学』　長崎県高等学校教育研究会国語部会編・発行　1993
『長崎・平戸散歩25コース』　長崎県高等学校教育研究会地歴公民部会歴史分科会編　山川出版社　2001
『長崎歴史散歩―大航海時代に開かれた国際都市―』　原田博二　河出書房新社　1999
『長崎　歴史の旅』(朝日選書)　外山幹夫　朝日新聞社　1990
『日本キリシタン殉教史』　片岡弥吉　時事通信社　1979
『日本史』　ルイス・フロイス　松田毅一訳　中央公論社　1977-80
『平戸オランダ商館』　萩原博文　長崎新聞社　2003

『平戸オランダ商館・イギリス商館日記』　　永積洋子・武田万里子　そしえて　1981
『平戸市史(自然・考古編)』　　平戸市史編さん委員会編　平戸市　1995
『平戸市史(民俗編)』　　平戸市史編さん委員会編　平戸市　1998
『平戸市史(海外史料編Ⅲ)』　　平戸市史編さん委員会編　平戸市　1998
『福江市史』全2冊　　福江市史編纂委員会編　福江市　1995
『ふるさとの文化遺産　郷土資料事典42　長崎県』　　ゼンリン　1998
『松浦市史』　　松浦市史編さん委員会編　松浦市　1975
『松浦市とその周辺地域の文化財』　　長崎県教育委員会編・発行　1979
『宮本常一著作集28　対馬漁業史』　　宮本常一　未来社　1983

【年表】

時代	西暦	年号	事項
旧石器時代		中期	入口遺跡(平戸市)
		後期	福井洞窟(佐世保市吉井町),百花台遺跡(雲仙市国見町),泉福寺洞窟(佐世保市瀬戸越)
縄文時代		早期	弘法原遺跡(雲仙市吾妻町),川頭遺跡(諫早市)
		前期	深堀遺跡(長崎市),つぐめのはな遺跡(平戸市田平町)
		中期	有喜遺跡(諫早市松里)
		後期	脇岬遺跡(長崎市野母町)
		晩期	山ノ寺梶木遺跡(南島原市深江町),白浜貝塚(五島市向町),原山支石墓群(南島原市北有馬町)
弥生時代		前期	吉田遺跡(対馬市豊玉町)
		中期	里田原遺跡(平戸市田平町),原の辻遺跡(壱岐郡芦辺町)
		後期	カラカミ遺跡(壱岐市勝本町),塔の首遺跡(対馬市上対馬町)
古墳時代		前期	大将軍山石棺墓(対馬市上県町)
		中期	大塚山古墳(壱岐市芦辺町),ひさご塚古墳(東彼杵郡東彼杵町)
		後期	曲崎古墳群(長崎市),鬼の窟古墳(壱岐市芦辺町),矢立山古墳(対馬市厳原町),根曽古墳群(対馬市美津島町),高下古墳(雲仙市国見町)
大和時代	607	(推古15)	遣隋使,壱岐・対馬を経由し隋へ向かう
	663	(天智2)	白村江の戦い
	664	(3)	対馬・壱岐・北松に防人・烽をおく
	667	(6)	対馬に金田城を築く
	673	(天武2)	対馬から朝廷へ銀を献上
	701	大宝 元	対馬から朝廷へ金を献上
奈良時代	741	天平 13	対馬・壱岐に島分寺(国分寺)を建立
	754	天平勝宝6	このころ,行基が金泉寺(多良岳),大乗院・満明院(雲仙岳),観音寺(野母崎)を開く
平安時代	795	延暦 14	対馬・壱岐をのぞき,防人を廃止する
	804	23	最澄・空海,遣唐使とともに入唐の途中五島青方付近に寄泊する
	806	大同 元	このころ,空海が大宝寺(五島市玉之浦町)・最教寺(平戸市)を開く
	810	弘仁 元	このころ,諫早・大村地方に条里制をしく
	813	4	新羅人,小値賀島に侵入
	894	寛平 6	新羅の賊,対馬に来寇
	994	正暦 5	大村氏の祖,藤原直純が伊予大洲から入部したといわれる
	1019	寛仁 3	刀伊の賊,対馬・壱岐・松浦方面に来寇
	1069	延久 元	松浦党の始祖,源久が松浦今福に土着したといわれる

時代	西暦	元号		事項
鎌倉時代	1185	元暦	2	松浦党，壇ノ浦合戦で平家水軍として活躍する
	1187	文治	3	平家盛，宇久島を安堵される（五島氏の祖）
	1191	建久	2	栄西，帰国の途中平戸に寄泊する
	1192		3	松浦氏，松浦地方の地頭となる
	1196		7	武藤資頼，筑前守護となり，壱岐・対馬を統轄する
	1222	貞応	元	長崎小太郎重綱，長崎の城の古趾に築城
	1246	寛元	4	宗重尚，対馬の阿比留氏を破る（対馬宗氏の祖）
	1255	建長	7	上総国御家人深堀能仲，彼杵庄戸浦地頭職となる
	1274	文永	11	文永の役，対馬守護代宗助国，壱岐守護代平景隆ら戦死する
	1281	弘安	4	弘安の役，蒙古軍暴風雨のため北松鷹島付近で全滅する
南北朝時代	1336	建武	3	大村氏，多々良浜で足利尊氏に敗退する
		延元	元	
	1359	延文	4	大村氏，菊池武光を助け，少弐氏を破る
		正平	14	
	1388	嘉慶	2	宇久勝，岐宿から福江に移転し，辰の国城を築いたとされる
		元中	5	
室町時代	1419	応永	26	朝鮮の兵船・軍兵，対馬に侵入する（応永の外寇）
	1443	嘉吉	3	宗氏，朝鮮と歳遣船について条約を結ぶ
	1470	文明	2	西郷尚善，諫早を支配
	1472		4	肥前岸岳城主波多氏が志佐氏を破り，壱岐亀丘城を修築する
	1474		6	有馬貴純，大村純伊を破り，純伊は加々良島に追われたといわれる
	1480		12	大村純伊，有馬氏を破って大村氏を再興
	1496	明応	5	有馬貴純，原城を築く
	1542	天文	11	この年，王直が平戸に来住する
	1550		19	ポルトガル船，平戸に入港する。ザビエル，平戸を訪れ布教する
	1553		22	ルイス・デ・アルメイダ，平戸で布教
	1561	永禄	4	平戸宮の前事件により，ポルトガル人船長ら14人殺害される
	1562		5	大村純忠，横瀬浦を開港する
	1563		6	大村純忠が洗礼をうけて，初のキリシタン大名となる
	1565		8	ポルトガル船，大村領福田浦に入港する
	1567		10	ポルトガル船，口之津に入港する
	1570	元亀	元	長崎開港
	1571		2	大村純忠，長崎六町の地割をする
安土・桃山時代	1580	天正	8	大村純忠，長崎・茂木を耶蘇会（イエズズ会）に寄進
	1582		10	天正遣欧使節，長崎を出発（～1590）
	1584		12	龍造寺隆信，有馬・島津連合軍と戦い，島原沖田畷で戦死する 有馬晴信，浦上をイエズス会に寄進
	1587		15	大村純忠死去。豊臣秀吉，バテレン追放令を発する

1588	天正	16	豊臣秀吉，長崎・茂木・浦上を直轄地とする
1591		19	キリシタン版『どちりなきりしたん』など，加津佐で刊行はじまる
1592	文禄	元	松浦鎮信・有馬晴信・大村喜前・五島純玄・宗義智ら対馬を発し，朝鮮へ向かう。長崎に奉行・代官・町年寄がおかれる。このころ，平戸の中野(のち佐世保市三川内に移る)波佐見に製陶業がおこる
1596	慶長	元	長崎の西坂で二十六聖人が殉教する
1598		3	大村氏，玖島城を築く

江戸時代

1609		14	平戸にオランダ商館が設立される。有馬晴信，長崎港外でポルトガル船マードレ・デ・デウス号を沈める。対馬藩主宗氏，朝鮮との間に己酉約定を結ぶ
1613		18	イギリス船クローブ号平戸に入港，平戸にイギリス商館設立される
1614		19	高山右近ら国外追放。有馬直純，日向国延岡に転封される
1618	元和	4	松倉重政，島原に森岳城を築く
1620		6	長崎の興福寺，建立される
1622		8	長崎でキリシタン55人，処刑される(元和の大殉教)
1623		9	平戸イギリス商館，閉鎖される
1626	寛永	3	長崎で絵踏みはじまる
1629		6	長崎の崇福寺，建立される
1634		11	長崎の眼鏡橋完成。長崎町人，幕府により出島築造に着手する
1636		13	ポルトガル人，長崎の出島に移される
1637		14	島原の乱おこる(〜1638)
1639		16	ポルトガル人の来航が禁じられる
1641		18	平戸のオランダ商館を長崎の出島に移す
1647	正保	4	向井元升，長崎聖堂をたてる
1654	承応	3	隠元，長崎に渡来し興福寺にはいる
1655	明暦	元	幕府，糸割符を廃止し，相対商売を命ずる
1657		3	大村領のキリシタン600余人が捕らえられる(郡くずれ)
1663	寛文	3	長崎に寛文の大火がおこる
1667		7	倉田次郎右衛門，長崎の水道工事に着手する
1673	延宝	元	立山に長崎奉行所が新設される
1689	元禄	2	長崎に唐人屋敷が完成する
1690		3	ドイツ人ケンペル，出島商館医として来着する
1698		11	長崎会所，開設される
1700		13	陶山訥庵の建議により，対馬全島に猪鹿追詰令がだされる
1702		15	長崎の新地に唐人荷物蔵が構築される
1703		16	平戸亀岡城，築城される
1707	宝永	4	西川如見，『華夷通商考』をあらわす

1715	正徳	5	海舶互市新令(長崎新令)により長崎での貿易が制限される
1744	延享	元	青木昆陽,長崎で蘭学をまなぶ
1770	明和	7	平賀源内・前野良沢,長崎に遊学する
1790	寛政	2	浦上一番崩れで,キリシタン19人捕らえられる
1792		4	雲仙岳が大爆発,眉山崩落により大災害発生
1798		10	志筑忠雄,『暦象新書』をあらわす
1804	文化	元	ロシア使節レザノフ,長崎に来航する
1808		5	フェートン号事件おきる
1810		7	このころ,北松炭田の開発がはじまる
1812		9	伊能忠敬,長崎県下を実測する
1823	文政	6	シーボルト,長崎に来航する
1824		7	シーボルト,長崎郊外に鳴滝塾を開く
1828		11	シーボルト事件おこる
1838	天保	9	諫早眼鏡橋かけられる
1841		12	高島秋帆,江戸徳丸原で砲術を公開する
1844	弘化	元	オランダ国王の開国をすすめる親書をたずさえた使節,来航する
1850	嘉永	3	吉田松陰,長崎・平戸に遊学する
1853		6	ロシア使節プチャーチン,長崎に来航する
1855	安政	2	江戸幕府,長崎に海軍伝習所を設置する
1857		4	長崎に医学伝習所が設置される。長崎飽の浦に幕府の長崎鎔鉄所(のちの長崎製鉄所)が設立される
1861	文久	元	ロシア軍艦,対馬浅茅湾に停泊する(ポザトニック号事件)
1862		2	上野彦馬,長崎に日本最初の写真館を開く
1863		3	福江藩の石田城(福江城)が完成する
1865	慶応	元	大浦天主堂が完成する。浦上の潜伏キリシタン,大浦天主堂でプチジャン神父に対面(キリシタンの復活)。グラバー,大浦海岸で蒸気機関車を走らせる
1867		3	浦上四番崩れがおきる
1868	明治	元	長崎奉行が廃止され,長崎府が開かれる。浦上のキリシタン配流
1869		2	長崎府が長崎県となる
1870		3	本木昌造,活版所を設け鉛版印刷をはじめる
1871		4	厳原県,伊万里県と合併する。平戸・大村・島原・福江県が長崎県に併合される
1873		6	長崎運上所を長崎税関と改称する。キリシタン禁制の高札が撤去される。浦上のキリシタン,追放地より帰る
1876		9	旧肥前国および壱岐・対馬をあわせて長崎県とする
1883		16	現在の佐賀県が長崎県から分かれる
1886		19	佐世保に軍港が設置される

明治時代

	1889	明治	22	長崎に市制が施行される。佐世保海軍鎮守府が開庁する
	1899		32	長崎居留地が廃止され，内地雑居となる
	1902		35	佐世保に市制が施行される
	1905		38	九州鉄道長崎線が開通する。連合艦隊の旗艦三笠，佐世保港で爆沈する
	1907		40	佐世保でペスト流行する
	1910		43	千々石発電所ができ，県下に電灯がつく
大正時代	1912	大正	元	県立長崎図書館が開設される
	1913		2	島原鉄道が全通する
	1923		12	長崎・上海間に定期航路が開設される
昭和時代	1934	昭和	9	雲仙が国立公園に指定される。長崎本線開通
	1940		15	戦艦武蔵，三菱造船所で進水
	1945		20	8月9日，長崎市に原子爆弾が投下される。連合軍，佐世保に進駐する
	1949		24	長崎国際文化都市建設法が公布される
	1952		27	日米地位協定により，佐世保にアメリカ海軍基地がおかれる
	1955		30	西海橋が完成する。西海国立公園が許可される
	1957		32	諫早大水害がおこる(死者・不明者815人)
	1968		43	佐世保に原子力空母(エンタープライズ)がはじめて入港する
	1969		44	第24回国民体育大会，長崎県で開催される
	1972		47	三菱長崎造船所香焼工場に100万tドック完成
	1974		49	高島鉱業所端島鉱(軍艦島)が閉山する
	1975		50	長崎空港が開港する
	1977		52	平戸大橋が開通する
	1981		56	ローマ法王ヨハネ・パウロ二世，長崎・浦上天主堂でミサを行う(2月25日)
	1982		57	長崎大水害がおこる(死者299人)
平成時代	1990	平成	2	本島等長崎市長，右翼に銃撃され重傷。長崎「旅」博覧会開催される。雲仙普賢岳およそ200年ぶりに噴火する
	1991		3	普賢岳の溶岩ドームが崩れ，大火砕流発生(死者43人)
	1992		4	佐世保市針尾島にハウステンボスがオープン
	1993		5	壱岐原の辻遺跡で，三重の環濠をもつ集落を発見，『魏志』倭人伝の「一支国」の中心と確認
	1995		7	被爆50周年を期に国連軍縮長崎会議開催
	1996		8	雲仙普賢岳の噴火終結宣言
	1997		9	諫早湾干拓潮受堤防締切り完了
	2000		12	日蘭交流400年「ながさき阿蘭陀年」開催
	2001		13	県内に唯一残っていた池島炭鉱(旧外海町)が閉山
	2003		15	全国高校総合体育大会「長崎ゆめ総体」開催
	2005		17	4月に長崎県美術館，11月に長崎歴史文化博物館が開館

2006	平成	18	日本最後の有人灯台である女島灯台の自動化調整完了，完全無人化
2007		19	江袋教会，火災後に新上五島町の有形文化財に指定。「長崎の教会群とキリスト教関連遺産」がユネスコ世界遺産暫定一覧表に登録される。長崎市長伊藤一長銃撃され，死去
2009		21	島原半島が，洞爺湖有珠山(北海道)，糸魚川(新潟)などとともに，日本第1号のユネスコ「世界ジオパーク」に認定される。

【索引】

―ア―

合津城跡	138
青方神社	243
青方文書	19, 243, 250
青砂ヶ浦天主堂	245
天ヶ原遺跡	207
天手長男神社	202
阿弥陀寺	196
阿弥陀如来立像(極楽寺)	246
雨森芳洲	223
有家のキリシタン墓碑	127
有馬晴信	5, 129
アリラン祭り	221
淡島神社	141
安国寺	208
安勝寺	82
安政2年「日蘭条約書」	19
安禅寺の跡	19

―イ―

飯盛山	159
飯盛城跡	159
イエズス会本部	12
伊王島	65
医学伝習所跡	11
筏遺跡	141, 142
壱岐国分寺跡	205
壱岐焼酎	211
生月大橋	176
生月島	176
生月町博物館「島の館」	176
壱岐風土記の丘	204, 207
イギリス領事館	32
池の原ミヤマキリシマ群落	124
『勇魚取絵詞』	177
諫早義挙殉難者之霊碑	80
諫早公園	78
諫早市立郷土館	80
諫早神社(四面宮)	78
石田城跡	231
石橋群	39
壱州豆腐	211
市ノ瀬窯跡	165
一瀬口	54
一瀬橋	54
一支国博物館	211
一本松古墳	137
井手平城跡	150, 151
伊東静雄	85
伊東マンショ	129
稲佐国際墓地	52
井上光晴	161
今富キリシタン墓碑	97
今村刑場跡	120
鰯網工場の跡	71
岩下洞穴	158
岩戸山樹叢	134
岩原目付屋敷	20
印山寺屋敷跡	188
印通寺浦	212

―ウ―

ウイリアム・アダムズ(三浦按針)	187
上杉古墳群	104
上野彦馬	19, 29
宇久島	249
牛の塔祭	248
うしわきの森(おろくにんさま)	195
現川焼の窯跡	61
浦頭引揚記念平和公園	154
浦上天主堂	48, 236
上小路	91
雲仙(雲仙天草国立公園)	123
温泉神社	124
雲仙岳災害記念館(がまだすドーム)	121

―エ―

英国商館遺址之碑	192
永徳寺	164

永徳寺の五輪塔・宝篋印塔群	164
江上天主堂	241
江袋教会	244
江迎本陣跡	168, 169
円光寺	212
遠藤周作文学館	69
延命寺	43
円融寺	90

― オ ―

大浦天主堂	34, 35, 70, 238
大浦東山手居留地跡	32
大潟新田	160
大河城跡	140
大吉刀神社	224
大田南畝(蜀山人)の碑	23
大塚山古墳	208
大鳥居	22
大野教会	71
大野台支石墓群	169
大碆鼻	177
大村公園	87
オオムラザクラ	89
大村宿	106
大村市立史料館	87
大村ずし	97
大村純忠	5, 69, 72, 94, 96, 99, 111, 132, 151, 188
大村藩主大村家墓所	93
沖田条里跡	100
オキチモズク発生地	143
翁塚	81
小田家	249
御館	180
小値賀諸島の文化的景観	249
小値賀島	247
小値賀町歴史民俗資料館	249
小値賀の捕鯨	249
鬼の窟古墳	205
お船蔵跡	89
お船江跡	214

オーモンデー	233
オランダ井戸	182
オランダ坂	32, 33
オランダ埠頭	182
オランダ塀	182
オルト住宅	37

― カ ―

海軍伝習所	13
海軍伝習所跡	12
外国貿易船鉄錨	192
開山堂	190
海上自衛隊佐世保史料館	148
貝塚(五島市岐宿町)	239
カクレキリシタン	176
カクレキリシタンの習俗	177
掛木古墳	204
花月	45
笠松天神社古墳	171
重棺古墳	104
樫ぽの	220
頭ヶ島教会	244
ガスパル様の塚	177
ガスパル西玄可の殉教碑(黒瀬の辻殉教碑)	177
勝本城跡	206
金屋神社	111
金石城の石垣	218
金田城跡	223, 224
銀の本	219
鎌崎遺跡	200
釜蓋城跡	126
上五島神楽	243
神ノ崎遺跡	248
神渡の儀式(豆酘)	221
亀岡城	183
亀岡城跡	182
亀丘城跡	200
亀岡神社	183
亀岡のマキ並木	184
亀山社中跡	41

カラカミ遺跡	204, 205
川下新田	160
閑雲亭	180
巌吼寺	136
管軍総把印	174
観光復興記念館	116
観潮橋	150
鐶頭太刀	184
観音寺	66
観音堂	32

―キ―

北村西望記念館	116
木原刷毛目	156, 157
旧円融寺庭園	90
旧海軍鎮守府凱旋記念館	148
旧金石城庭園	216, 218
旧島原藩薬園跡	122
旧清玄寺の梵鐘	216
旧東邦亜鉛対州鉱業所跡	218
旧野首教会	248
旧武家屋敷群	91
旧香港上海銀行長崎支店記念館	34
旧本田家住宅	62
旧松浦炭鉱事務所	175
境界堡	182
教宗寺	61
きりしたんころび証文	18
キリシタン墓碑(雲仙市小浜町木場東中島)	125
キリシタン墓碑(雲仙市小浜町飛子名字椎名)	125
キリシタン墓碑(雲仙市小浜町飛子名字土手之元)	125
キリシタン墓碑(大村市原口郷)	87
キリシタン墓碑(大村市今富町)	98
キリシタン墓碑(西正寺)	130
キリシタン墓碑(東彼杵郡川棚町)	107
キリシタン墓碑(まだれいな銘, 島原市)	120
キリシタン墓碑(南島原市有家町中須川)	128
キリシタン墓碑(南島原市有家町小川名)	128
キリシタン墓碑(南島原市有家町尾上名)	128
キリシタン墓碑(南島原市有家町山川名力野)	128
キリシタン墓碑(南島原市加津佐町水月名)	136
キリシタン墓碑(南島原市加津佐町野田浜)	136
キリシタン墓碑(南島原市北有馬町谷川名)	130
キリシタン墓碑(南島原市口之津町)	133
吉利支丹墓碑(南島原市西有家町須川名松原)	128
キリシタン墓碑(南島原市南串山町荒牧名)	136
金谷寺	202
金箔瓦	129

―ク―

草場小路	91
玖島崎古墳群	89
玖島城跡	87
串山ミルメ遺跡	204
鯨供養石造五重塔	196
楠本いね	27
楠本たき	26
楠本家墓地土壙群	154
楠本端山旧宅跡	153
口之津歴史民俗資料館	134
首塚	138
クビル遺跡	228
供養碑逆修塔	139
グラバー園	36
グラバー住宅	36
礫石原遺跡	122
黒子島	179
黒崎砲台跡	203
黒島	160

黒島天主堂	160, 162
黒丸遺跡	99
黒丸踊り	93
黒門	92

—ケ—

景華園遺跡	122
慶巌寺	81
元寇古戦場	218
献上唐子焼	156, 157
遣新羅使(雪連宅満)の墓	212
原生沼沼野植物群落	124
遣唐使船寄泊の地	238
遣唐使船石碇	192
ケンペル	30
ケンペル・ツュンベリーの記念碑	30
絹本著色仏涅槃図	185
県立国見高校考古学資料館	142
元禄水害溺死者供養碑	80

—コ—

弘安の役瀬戸浦古戦場	208
高下古墳	141, 142
光源寺	43
光西寺	137
孔子廟	34
幸四郎様	177
神代城	140
神代神社	140
興禅寺	160
晧台寺	43
江東寺	120
興福寺	16, 40
弘法原遺跡	139
光明寺	188
香焼島	65
河良城跡(七浄寺跡)	107
河良城跡(七浄寺跡)の永仁の五輪塔	107
香炉	189
郡崩れ	94, 95
郡七山十坊	103
古賀十二郎	19
古賀人形	62
国際通り	148
国分寺跡	206
極楽寺	246
国立長崎原爆死没者追悼平和祈念館	48
五教館	92
五教館跡	91
護国寺	117
護国神社	90
木坂海神神社	226
越高浜遺跡	227
小島養生所	11
小姓小路	91
悟真寺	51
小曽根邸の跡	11
コックス甘蔗畑跡	193
小綱観音寺	225
籠手田城跡	171
五島うどん	245
五島邸	231
子泣き相撲	185
五万長者屋敷跡	142
菰田洞穴	158
小茂田浜神社	219
コルネリア供養塔	187
コレジヨ	12, 25, 133
紺糸威肩白赤胴丸	179
権現山	67
権現山展望公園	67

—サ—

西海パールシーリゾート	160
西海橋	152
最教寺	184
西勝寺	18
西福寺	229
幸橋(オランダ橋)	192
佐賀貝塚	227
坂口館跡	94
嵯峨ノ島	241
坂本国際外国人墓地	46

桜馬場天満宮	24
佐世保うつわ歴史館	156
佐世保城跡	148
佐世保市黒島の重要文化的景観	162
佐世保市立博物館島瀬美術センター	157
佐藤正午	161
里(田平)城跡	171
里田原遺跡	170
里田原歴史民俗資料館	171
皿山の人形浄瑠璃	111
猿葉山稲荷	126
サン・ジョアン・バプチスタ教会	15
三城	9
三城跡	89
サンゾーロー祭	221
三尊懸仏	185
サンタ・クララ教会跡	51
サント・ドミンゴ教会	9, 21
サント・ドミンゴ教会跡	7
山王神社の一本柱鳥居	47
サン・パウロ教会	12
サン・フランシスコ教会跡	9
山門(興福寺)	40
三門(崇福寺)	43

―シ―

シーボルト	26, 30
シーボルト妻子像螺鈿合子	27
シーボルト宅跡(鳴滝塾)	26
塩浸城跡	151
式内社志々伎神社跡	195
シゲノダン遺跡	225
地獄地帯シロドウダン群落	124
猪垣	225
志々伎神社	196
志自岐神社地の宮・沖の宮社叢	196
耳洗公園	117
志多留貝塚	227
児誕石	189
四反田遺跡	158
出津遺跡	71
志筑忠雄	29
出津救助院(授産場)跡	71
出津教会	71
「紙本著色泰西王侯図六曲屏風」	20
「紙本著色南蛮人来朝之図」	20
島原城(森岳城)	116
島原城跡	116
島原大変	121
島原の乱	133, 135, 138, 141
清水山城	216
清水山城跡	218
下本山岩陰遺跡	158
じゃがたらお春の碑	17
じゃがたら文	188
ジャンガラ念仏	183
十一面観世音菩薩像(大雄寺)	83
十一面観世音菩薩像(阿弥陀寺)	196
繡帳誕生仏	185
寿昌寺	172
俊寛僧都の墓	65
春徳寺	24, 25
正覚寺	44, 63
常在寺	107
正宗寺	188
常春寺	141
浄漸寺	152
常灯の鼻	182
聖徳寺	46
庄野の六地蔵塔	172
聖母宮	207
縄文の館	131
職人尽	24
植物化石層	63
白石一郎	161
白岳遺跡	228
白土湖	117
白鳥神社	240
城岳	239
城山暖地性樹叢	79
新上五島町北魚目の文化的景観	245

新上五島町崎浦の五島石集落景観	245
新地蔵所	30
陣内城跡	172
新町活版所跡	8

—ス—

瑞雲寺	187
菅無田古戦場	101
杉峰城跡	139
芒塚句碑	56, 59
砂打ち	233
住吉神社	203
陶山訥庵	223, 226
諏訪神社	21
諏訪神社の能	22

—セ—

聖フィリッポ教会	15
聖福寺	16
聖フランシスコ・ザビエル記念碑	186
「世界ジオパーク」	122
積徳堂跡	185
石累(山崎)	240
セミナリヨ	25, 133
千手観音立像(観音寺)	66
千俵蒔山	228
善福寺	174
泉福寺洞窟	156, 158, 167
泉福寺洞窟出土品	157
善福寺鰐口	174
戦没者釜霊園	155
禅林寺	43

—ソ—

象紐銅印	189
崇福寺	16, 40, 42
双六古墳	205
外海町歴史民俗資料館	71
彼杵宿	105
ソロバン・ドック	37

—タ—

第一峰門	43
大円寺	235
大音寺	43
大音寺坂	9, 10
大将軍山古墳	228
大智庵城跡	157
大宝寺	239
大雄寺	82
大雄宝殿(興福寺)	40
大雄宝殿(崇福寺)	43
内裏神社	168
高島	65
鷹島	174
高島秋帆	64
高島秋帆旧宅	44
鷹島埋蔵文化財センター	174
鷹島歴史民俗資料館	174
滝の観音	61
多紐細文鏡	210
橘神社	126
館山城跡	180
竪削盤	53
狸山支石墓群	166
煙草栽培地の石碑	24
田平天主堂	171
だんじく様	177

—チ—

千々石ミゲル	129
チャンココ	233
ちゃんぽん	35
中国歴代博物館	34
長栄寺	141
長照寺	43
朝鮮通信使	217, 221, 223
千綿の人形浄瑠璃	105

—ツ—

対馬	217
対馬塚古墳	205
対馬藩主宗家墓所	218
対馬野生生物保護センター	227, 228
ツシマヤマネコ	227
豆酘	220

豆酘多久頭魂神社…………………220,221
豆酘内院の石塔群…………………………219
ツンベリー……………………………………30
鶴亀(神代)城跡……………………………140
鶴の山古墳…………………………………222

――テ――
鄭成功…………………………………………189
鄭成功遺蹟碑………………………………189
鄭成功居宅跡………………………………189
鄭成功分霊廟………………………………189
出島………………………………4,28,182
出島和蘭商館跡………………………………28
鉄川与助……………………242-244,246,248
寺町………………………………………………43
天后堂…………………………………………32
天初院…………………………………………84
天上絵…………………………………………67
田上寺…………………………………………63
天門寺(御孕みのサンタマリア教会)…190
天祐寺…………………………………………79

――ト――
土居口番所跡………………………………138
東海の墓………………………………………25
東光寺………………………………164,249
東光寺山城跡………………………………164
堂崎教会……………………………………236
唐人屋敷跡……………………………30,31
唐人屋敷門……………………………………41
東前寺…………………………………………111
東漸寺…………………………………………162
東漸寺の大クス……………………………163
銅造如来坐像(浄漸寺)……………………152
銅造如来坐像(松浦市鷹島町)……………176
銅造如来坐像(黒瀬観音堂)………………225
銅造如来立像(対馬市峰町)………………226
銅造薬師如来立像(明星院)………………235
唐通事会所跡…………………………………6
塔の首遺跡…………………………………229
トードス・オス・サントス教会
　……………………………………15,25,69

常盤歴史資料館……………………………123
特攻殉国の碑………………………………108
富江陣屋……………………………………240
富の原遺跡……………………………………98
鳥屋城跡……………………………………164
ド・ロ神父…………………………………172
ド・ロ神父遺跡………………………………70
ド・ロ神父記念館……………………………71
どんどん坂……………………………………38

――ナ――
直谷城跡……………………………………167
永井隆…………………………………………49
永井隆記念館…………………………………49
中浦ジュリアン………………………72,129
中江の島……………………………………176
長崎会所跡……………………………………20
長崎街道……………54,56,57,59,85,105
長崎くんち……………………………………23
長崎原爆資料館………………………………48
長崎県立対馬歴史民俗資料館……………214
長崎市外海の石積集落景観………………72
長崎港……………………………………4,5,149
長崎市旧居留地私学歴史資料館…………33
長崎甚左衛門の墓……………………………69
長崎造船所………………………………52,53
長崎奉行所立山役所跡………………………18
長崎奉行所西役所跡…………………………12
長崎歴史文化博物館……………………19,20
中島聖堂遺構大学門…………………………41
中岳古戦場…………………………………101
長戸鬼塚古墳…………………………………86
中通島…………………………………………242
中野窯跡…………………………………156,193
長与俊達………………………………………91
名切遺跡……………………………………200
鍋島陣屋跡…………………………………141
楢林宗建………………………………………29
楢林鎮山………………………………………29
楢林鎮山宅跡…………………………………13
鳴滝塾…………………………………………30

鳴滝塾跡	26
南蛮船来航の地	131

―ニ・ネ・ノ―

西川如見	29
西郷の板碑	82
日本二十六聖人記念館	14
日本二十六聖人殉教地	14
如己堂	49
根獅子の浜	194, 195
根曽古墳群	222
野井城跡	137
野崎島	248
野岳イヌツゲ群落	124
野岳湖	102

―ハ―

早岐城	150
早岐瀬戸	149, 150
早岐茶市	150
ハウステンボス	151
白磁透彫り	156, 157
端島	65
ハタ揚げ	64
腹切り坂	60
原城	130
原城跡	130
原城文化センター	131
原マルチノ	111, 129
バラモン凧	237
原山支石墓群(原山ドルメン)	130
針尾無線塔	153
春一番の塔	200
原の辻遺跡	209
万松院	216

―ヒ―

ピエール・ロティの記念碑	22
東山手十二番館	33
東山手地区町並み保存センター	34
東山手洋風住宅群	34
ひさご塚古墳	104
被昇天の聖母教会	12, 15
美女塚	220
肥前波佐見陶磁器窯跡	110, 111
ヒトツバタゴ	229
日野江城跡	128
日島	247
日島曲	247
日見トンネル	58
紐差教会	194
百花台遺跡	142, 143
平戸イギリス商館	192
平戸往還(平戸街道)	169
平戸大橋	179
平戸和蘭商館跡	181
平戸神楽	183, 184
平戸カトリック教会	188
平戸島の文化的景観	195
平戸市切支丹資料館	195
平戸瀬戸(雷の瀬戸)	179
広田城跡	151

―フ―

風観岳支石墓群	84
深堀	64
深堀氏の居城	64
深堀純賢夫妻の墓	84
福井洞窟	166
福済寺	16
福田渭水の墓	81
武家屋敷跡(島原市)	116, 117
武家屋敷群	91
武家屋敷通り(五島市池田町)	233
普賢岳紅葉樹林	124
藤浦洸の歌碑	181
冨春園	176
福建会館	32
浮立	86
古橋	27
触	203
文永の役新城古戦場跡	207
文禄の役松浦家供養塔	173

ヘ

- ベアトスの墓碑 ····· 51
- 平成の大噴火 ····· 121
- 平和祈念像 ····· 47
- 平和公園 ····· 47
- ヘトマト ····· 233
- ペンギン水族館 ····· 60

ホ

- 烽火山 ····· 55, 56
- 宝篋印塔(豆酘内院) ····· 220
- 本光寺 ····· 123
- 放虎原斬罪所跡 ····· 94, 95
- 砲台跡 ····· 229
- 外浦小路 ····· 91
- ホゲットウ石鍋製作所跡 ····· 73
- 菩提寺 ····· 65
- 本経寺 ····· 92
- 本小路 ····· 91
- 本田家住宅 ····· 61
- 本蓮寺 ····· 15

マ

- 媽姐像 ····· 189
- 媽姐堂(興福寺) ····· 40
- 媽姐堂(崇福寺) ····· 44
- 媽姐門 ····· 44
- 松浦鉄道 ····· 175
- 松崎遺跡 ····· 204
- 松永記念館 ····· 212
- 松永安左エ門 ····· 213
- 松の森神社 ····· 23
- 松林飯山 ····· 91
- 松原遺跡 ····· 250
- 松原宿 ····· 106
- 松浦史料博物館 ····· 178, 179
- 松浦党梶谷城跡 ····· 173
- 迷い子知らせ石 ····· 22
- マリア園 ····· 37
- 万関橋 ····· 222
- 万日堂 ····· 249
- 満明寺 ····· 123, 142

ミ

- 三井楽貝塚 ····· 241
- 三浦按針之墓 ····· 186
- 三川内町 ····· 155
- 三川内焼 ····· 157
- 三川内焼伝統産業会館(三川内焼美術館) ····· 156
- 御崎納屋場跡 ····· 177
- ミゼリコルディア本部跡 ····· 9
- 三菱重工長崎造船所史料館 ····· 53
- 南山手十六番館 ····· 37
- 三柱神社 ····· 164
- 耳採 ····· 125
- 名号碑 ····· 81
- 明星院 ····· 235
- 明珍作うこん威甲冑 ····· 81
- 明人堂 ····· 234

ム・メ・モ

- 向井去来生誕地 ····· 8
- 無原罪の聖母 ····· 87
- 村上龍 ····· 161
- 眼鏡橋 ····· 39
- 眼鏡橋(諫早市) ····· 79
- 眼鏡橋(長崎市) ····· 79
- 『墨是可新話』 ····· 117, 119
- 茂木街道 ····· 63
- 本木昌造 ····· 29
- 本木良永 ····· 29
- 門前遺跡 ····· 158

ヤ

- 矢上神社 ····· 59, 60
- 薬王寺 ····· 152
- 矢立山古墳 ····· 218, 219
- 山鹿素行著述稿本類 ····· 186
- 山鹿文庫 ····· 186
- 山下家 ····· 168
- 山下家の酎蔵 ····· 168
- 山田右衛門作の屋敷跡 ····· 134
- 山田カトリック教会 ····· 177
- 山田城跡 ····· 138

山のサンタマリア教会 …………… 19
山ノ寺梶木遺跡…………………… 127
山辺遺跡…………………………… 226
―― ユ・ヨ ――
結城城跡…………………………… 142
雄香寺……………………………… 190
雪連宅満の墓……………………… 212
湯ノ本温泉………………………… 204
横瀬浦……………………………… 72
吉雄耕牛…………………………… 29
吉雄耕牛宅跡……………………… 12
葭の本窯跡………………………… 156
寄神貝塚…………………………… 239
―― ラ・リ ――
羅漢像……………………………… 82
龍源寺……………………………… 139
龍造寺隆信… 85,101,117,127,132,141

領境石…………………………… 60,62
リンガー住宅……………………… 37
―― ル・レ・ロ ――
ルイス・デ・アルメイダ………… 236
ルイス・デ・アルメイダの碑 …… 25
霊源院……………………………… 61
老ソテツ…………………………… 181
六地蔵塔…………………………… 80
六角井戸…………………………… 181
六角形鉄製灯台…………………… 65
六角井……………………………… 234
―― ワ ――
和多都美神社……………………… 225
渡り鳥塚…………………………… 56
和銅寺……………………………… 85
鰐浦………………………………… 229

【執筆者】(五十音順)

監修
田村二郎 たむらじろう(元県立西陵高校校長)

編集・執筆委員長
山西善雄 やまにしよしお(県立佐世保南高校)

執筆委員
大石一久 おおいしかずひさ(長崎歴史文化博物館)
岡大博 おかたかひろ(県立長崎図書館)
鬼塚聡 おにづかさとし(県立佐世保南高校)
川道寛 かわみちひろし(県埋蔵文化財センター)
岸和行 きしかずゆき(県立大村城南高校)
副田秀二 そえだしゅうじ(県立大村城南高校)
堤正通 つつみまさみち(県立佐世保東翔高校)
橋本正信 はしもとまさのぶ(県立長崎鶴洋高校)
藤村誠 ふじむらまこと(県立鳴滝高校)
溝上国興 みぞかみくにおき(元県立大村城南高校)
山口保彦 やまぐちやすひこ(県文化振興課)

編集協力
川瀬雄一 かわせゆういち(諫早市教育委員会)
久家孝史 くがたかし(松浦史料博物館)
社団法人長崎県観光連盟
立木貴文 たちきたかふみ(県教育庁高校教育課)

【写真所蔵・提供者】(五十音順, 敬称略)

壱岐観光協会
壱岐市立一支国博物館
生月町水産商工観光課
生月町博物館『島の館』
諫早市商政観光課
厳原町体験であい塾「匠運営協議会」
入江義久
大洲市立博物館
大村市教育委員会
大村市商工観光課
小浜町役場企画観光商工課
観音寺
口之津町役場経済観光課
口之津町歴史民俗資料館
小池徳久
五島手延うどん協同組合
財団法人松浦史料博物館
堺製麺所
佐世保市教育委員会
島原市商工観光課
社団法人長崎国際観光コンベンション協会
鷹島町教育委員会
中願寺敏功
対馬市教育委員会
対馬市役所厳原支所
朝長千恵
長崎県教育庁
長崎県教育庁原の辻遺跡調査事務所
長崎県立対馬歴史民俗資料館
長崎県立長崎図書館
長崎市観光宣伝課
長崎市教育委員会
長崎市立博物館
中村元美
原田建夫
東彼杵町教育委員会
東彼杵町経済課
平戸洸祥窯
平戸市観光商工課
深江町教育委員会
ホテルセントヒル長崎
松浦章
峰晃人
山口浩司
有限会社元祖大村角ずし「やまと」
横山光栄

本書に掲載した地図の作成にあたっては, 国土地理院長の承認を得て, 同院発行の50万分の1地方図, 20万分の1地勢図, 5万分の1地形図, 数値地図25000(空間データ基盤), 数値地図2500(空間データ基盤)を使用したものである(平15総使, 第46-3050号)(平15総使, 第47-3050号)(平15総使, 第48-3050号)(平15総使, 第108-3050号)(平15総使, 第184-3050号)。

歴史散歩㊷
長崎県の歴史散歩

2005年6月25日　1版1刷発行	2013年4月25日　1版3刷発行

編者————長崎県高等学校教育研究会地歴公民部会歴史分科会
発行者———野澤伸平
発行所———株式会社山川出版社
　　　　　〒101-0047　東京都千代田区内神田1-13-13
　　　　　電話　03(3293)8131(営業)　03(3293)8135(編集)
　　　　　http://www.yamakawa.co.jp/　振替　00120-9-43993
印刷所————図書印刷株式会社
製本所————株式会社手塚製本所
装幀————菊地信義
装画————岸並千珠子

Ⓒ　2005　Printed in Japan　　　　　　　　ISBN 978-4-634-24642-3
・造本には十分注意しておりますが，万一，落丁・乱丁などがございましたら，
　小社営業部宛にお送りください。送料小社負担にてお取り替えいたします。
・定価は表紙に表示してあります。

新 版 県 史 全47巻

古代から現代まで，地域で活躍した人物や歴史上の重要事件を県民の視点から平易に叙述する，身近な郷土史読本。充実した付録も有用。

四六判　平均360頁　カラー口絵8頁　　　　　税込各1,995〜2,520円

1　北海道の歴史
2　青森県の歴史
3　岩手県の歴史
4　宮城県の歴史
5　秋田県の歴史
6　山形県の歴史
7　福島県の歴史
8　茨城県の歴史
9　栃木県の歴史
10　群馬県の歴史
11　埼玉県の歴史
12　千葉県の歴史
13　東京都の歴史
14　神奈川県の歴史
15　新潟県の歴史
16　富山県の歴史
17　石川県の歴史
18　福井県の歴史
19　山梨県の歴史
20　長野県の歴史
21　岐阜県の歴史
22　静岡県の歴史
23　愛知県の歴史
24　三重県の歴史
25　滋賀県の歴史
26　京都府の歴史
27　大阪府の歴史
28　兵庫県の歴史
29　奈良県の歴史
30　和歌山県の歴史
31　鳥取県の歴史
32　島根県の歴史
33　岡山県の歴史
34　広島県の歴史
35　山口県の歴史
36　徳島県の歴史
37　香川県の歴史
38　愛媛県の歴史
39　高知県の歴史
40　福岡県の歴史
41　佐賀県の歴史
42　長崎県の歴史
43　熊本県の歴史
44　大分県の歴史
45　宮崎県の歴史
46　鹿児島県の歴史
47　沖縄県の歴史

歴史散歩 全47巻(57冊)

好評の『歴史散歩』を全面リニューアルした,史跡・文化財を訪ねる都道府県別のシリーズ。旅に役立つ情報満載の,ハンディなガイドブック。

B6変型判　平均320頁　2～4色刷　　　　　　　　　　　　税込各1,260円

＊は既刊（＊以外は新書判にて刊行　各890円）

- ＊ 1 北海道の歴史散歩
- ＊ 2 青森県の歴史散歩
- ＊ 3 岩手県の歴史散歩
- ＊ 4 宮城県の歴史散歩
- ＊ 5 秋田県の歴史散歩
- ＊ 6 山形県の歴史散歩
- ＊ 7 福島県の歴史散歩
- ＊ 8 茨城県の歴史散歩
- ＊ 9 栃木県の歴史散歩
- ＊10 群馬県の歴史散歩
- ＊11 埼玉県の歴史散歩
- ＊12 千葉県の歴史散歩
- ＊13 東京都の歴史散歩 上中下
- ＊14 神奈川県の歴史散歩 上下
- ＊15 新潟県の歴史散歩
- ＊16 富山県の歴史散歩
- ＊17 石川県の歴史散歩
- ＊18 福井県の歴史散歩
- ＊19 山梨県の歴史散歩
- ＊20 長野県の歴史散歩
- ＊21 岐阜県の歴史散歩
- ＊22 静岡県の歴史散歩
- ＊23 愛知県の歴史散歩 上下
- ＊24 三重県の歴史散歩
- ＊25 滋賀県の歴史散歩 上下
- ＊26 京都府の歴史散歩 上中下
- ＊27 大阪府の歴史散歩 上下
- ＊28 兵庫県の歴史散歩 上下
- ＊29 奈良県の歴史散歩 上下
- ＊30 和歌山県の歴史散歩
- ＊31 鳥取県の歴史散歩
- ＊32 島根県の歴史散歩
- ＊33 岡山県の歴史散歩
- ＊34 広島県の歴史散歩
- ＊35 山口県の歴史散歩
- ＊36 徳島県の歴史散歩
- 37 香川県の歴史散歩
- ＊38 愛媛県の歴史散歩
- ＊39 高知県の歴史散歩
- ＊40 福岡県の歴史散歩
- ＊41 佐賀県の歴史散歩
- ＊42 長崎県の歴史散歩
- ＊43 熊本県の歴史散歩
- ＊44 大分県の歴史散歩
- ＊45 宮崎県の歴史散歩
- ＊46 鹿児島県の歴史散歩
- 47 沖縄県の歴史散歩

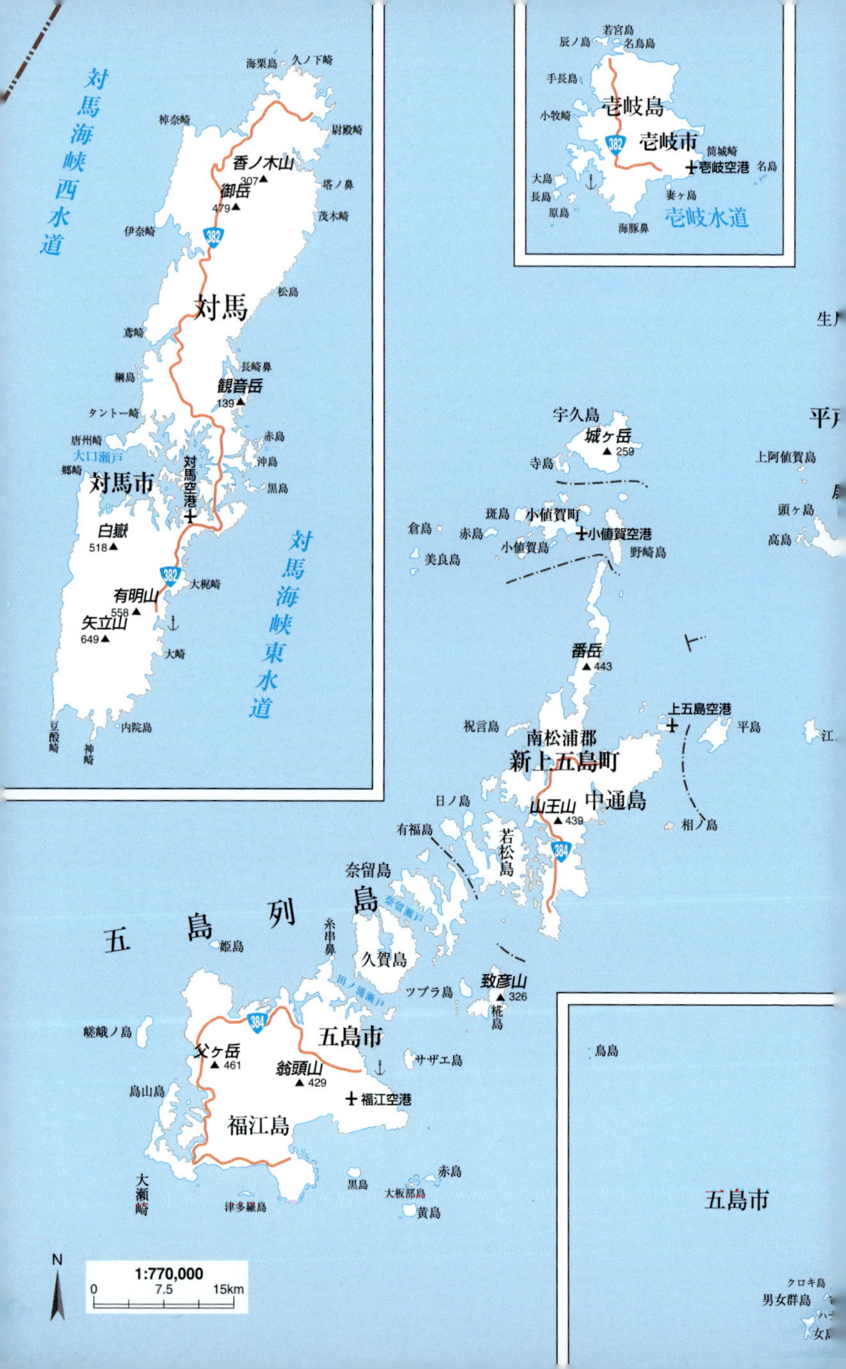
対馬海峡西水道
海栗島
久ノ下崎
棹崎
鰐浦
対馬
香ノ木山
307
御岳
479
382
塔ノ鼻
茂木崎
伊奈崎
松島
鳶崎
長崎鼻
網島
観音岳
139
タントー崎
唐州崎
赤島
大口瀬戸
沖島
郷崎
対馬市
黒島
対馬空港
白嶽
518
有明山
558
矢立山
649
大梶崎
大崎
対馬海峡東水道
豆酘崎
内院島
神崎
若宮島
辰ノ島
名鳥島
手長島
小牧崎
壱岐島
壱岐市
筒城崎
壱岐空港
名島
大島
長島
原島
妻ヶ島
海豚鼻
壱岐水道
宇久島
城ヶ岳
259
寺島
上阿値賀島
斑島
小値賀町
倉島
赤島
小値賀空港
頭ヶ島
小値賀島
野崎島
美良島
高島
番岳
443
上五島空港
祝言島
平島
南松浦郡
新上五島町
日ノ島
山王山
439
中通島
有福島
相ノ島
若松島
384
奈留島
五島列島
奈留瀬戸
糸串鼻
姫島
久賀島
田ノ浦瀬戸
致彦山
326
ツブラ島
椛島
384
嵯峨ノ島
五島市
父ヶ岳
461
翁頭山
429
サザエ島
島山島
福江空港
福江島
赤島
大瀬崎
黒島
大板部島
津多羅島
黄島
鳥島
五島市
クロキ島
男女群島
N
1:770,000
0
7.5
15km